Les 500
EXERCICES DE
PHONÉTIQUE

CD MP3 inclus (6 h 12 mn d'enregistrement)

Dominique ABRY
Maître de conférence en didactique du FLE
Université Stendhal – Grenoble 3

Marie-Laure CHALARON
Maître de conférence en didactique du FLE
Université Stendhal – Grenoble 3

FRANÇAIS LANGUE ÉTRANGÈRE
www.hachettefle.fr

Avant-propos

500 exercices de phonétique s'adresse à des apprenants de Français Langue Étrangère, adolescents ou adultes, qui ont atteint le niveau A2. Il propose des exercices d'entraînement correspondant aux niveaux B1 et B2 du **CECR** (Cadre européen commun de référence pour les langues).

Présenté en quatre parties, et accompagné d'un **CD audio**, il est conçu pour être utilisé :
- en situation d'auto apprentissage,
- en situation d'apprentissage guidé.

Cet ouvrage pratique propose :
- des **explications** sur le système phonétique du français standard ;
- une large gamme d'**exercices** :
  – d'observation et de perception (identification, discrimination),
  – d'entraînement articulatoire, rythmique et intonatif,
  – de phonie-graphie pour un approfondissement du code orthographique ;
- des **textes** pour travailler seul ou en classe la **diction** et l'**interprétation**.

En fin d'ouvrage des **annexes** et les **corrigés** des exercices complètent cet outil qui, nous l'espérons, répondra aux attentes des apprenants et des enseignants de FLE.

Les auteures

Couverture : Amarante/Médiamax
Maquette intérieure : Médiamax
Schémas : Lionel Auvergne
Illustrations : Corinne Tarcelin

Réalisation : Médiamax
Secrétariat d'édition : Anne Bancilhon
Crédits poésies : Marie-Laure Chalaron

Pour découvrir nos nouveautés, consulter notre catalogue en ligne, contacter nos diffuseurs ou nous écrire, rendez-vous sur Internet : www.hachettefle.fr.

ISBN 978-2-01-155754-4
© HACHETTE LIVRE 2011, 43 quai de Grenelle, F 75905 Paris Cedex 15.
Tous droits de traduction, de reproduction et d'adaptation réservés pour tous pays.

Le code de la propriété intellectuelle n'autorisant, aux termes des articles L.122-4 et L.122-5, d'une part, que « les copies ou reproductions strictement réservées à l'usage privé du copiste et non destinées à une utilisation collective » et, d'autre part, que « les analyses et les courtes citations » dans un but d'exemple et d'illustration, « toute représentation ou reproduction intégrale ou partielle, faite sans le consentement de l'auteur ou de ses ayants droit ou ayants cause, est illicite ».
Cette représentation ou reproduction, par quelque procédé que ce soit, sans autorisation de l'éditeur ou du Centre français de l'exploitation du droit de copie (20, rue des Grands-Augustins, 75006 Paris), constituerait donc une contrefaçon sanctionnée par les articles 425 et suivants du Code pénal.

Sommaire

Avant-propos 2
Conseils aux enseignants 4

Partie I — Le cadre rythmique et intonatif 7
1 La syllabe, l'accent, le groupe rythmique 8
2 Le cadre intonatif : les schémas mélodiques de base .. 14
3 Les procédés expressifs 23

Partie II — Les voyelles et les semi-voyelles 29
1 Les voyelles [i] – [y] – [u] et les semi-voyelles [j] – [ɥ] – [w] 30
2 Les voyelles intermédiaires
   /E/ : [e] – [ɛ] 43
   /Œ/ : [ø] – [œ] – [ə] 51
   /O/ : [o] – [ɔ] 58
   /E/ – /Œ/ – /O/ 66
3 Les voyelles nasales [ɛ̃] – [ɑ̃] – [ɔ̃] 75
   Voyelle orale / voyelle nasale 76
   Opposition [ɛ̃] – [ɑ̃] – [ɔ̃] 79

Partie III — Les phénomènes spécifiques 89
1 Le [ə] instable 90
2 Les liaisons et les enchaînements 98

Partie IV — Les consonnes 109
1 Les consonnes occlusives
   [p] – [b] 110
   La consonne occlusive [b] – La consonne constrictive [v] 117
   [t] – [d] 124
   [k] – [g] 133
2 Les consonnes constrictives
   [f] – [v] 141
   [s] – [z] 149
   [ʃ] – [ʒ] 159
   [s] – [ʃ] – [z] – [ʒ] 167
   [ʒ] – [j] – [ɲ] 173
3 Les consonnes liquides
   [R] 180
   [R] – [l] 187

Épilogue 195

Annexes
Phonie-graphie : les voyelles 196
Phonie-graphie : les consonnes 198
L'articulation des sons 200
Le « h » français 202
Tableau synoptique 204
Index des notions 205

Corrigés 207

Conseils aux enseignants

En matière d'introduction, nous tenterons de répondre aux questions que se posent les enseignants de FLE du niveau *indépendant* du CECRL.

FAUT-IL FAIRE DE LA PHONÉTIQUE EN CLASSE DE LANGUE AUX NIVEAUX B1 ET B2 ?

Oui, le travail sur les caractéristiques sonores de la langue à sa place à tous les niveaux de l'apprentissage d'une langue.

Pourquoi ?

- Parce qu'il est souhaitable, aux niveaux B1 et B2, d'approfondir la connaissance du système phonétique et du fonctionnement phonographique,
- Parce qu'au niveau intermédiaire, les apprenants n'ont pas toujours maîtrisé de manière durable les traits articulatoires et prosodiques du français et qu'il est nécessaire de consolider leurs acquis en matière de perception et de production.
- Parce que la production orale de textes variés visée aux niveaux B1 et B2 (dialogues, information, discours, publicité, récits, messages téléphoniques, annonces…) exige que l'on porte une attention toute particulière aux phénomènes rythmiques, prosodiques et expressifs.

Comment ?

- En entraînant les apprenants de manière régulière et systématique.
- En s'appuyant sur les descriptions du système articulatoire et prosodique.
- En développant leur capacité à entendre, observer, comparer, imiter.
- En accordant une importance accrue au travail sur des textes diversifiés.
- En prenant plaisir avec eux à jouer avec les sons, les rythmes, la musique de la langue, les inflexions de la voix…

QUE DOIVENT SAVOIR LES ÉTUDIANTS EN MATIÈRE DE PHONÉTIQUE ?

Aux niveaux B1 et B2, les étudiants doivent avoir compris :
- que le rythme et l'intonation constituent le cadre de toute production orale *(partie I)*,
- que l'intonation a une fonction distinctive et une fonction expressive *(partie I)*,
- que le rythme de la phrase française est lié au découpage en groupes rythmiques *(partie I)*,

Conseils aux enseignants

• que le système vocalique du français est riche en voyelles antérieures ([i], [e], [ɛ], [ɛ̃], [y], [ø], [œ], [a]), en voyelles arrondies ([y], [ø], [œ], [u], [o], [ɔ], [ɑ̃], [ɔ̃]) et en voyelles nasales ([ɛ̃], [ɑ̃], [ɔ̃]) *(partie II)*,
• que les voyelles, réalisées avec une certaine tension, ne sont jamais diphtonguées *(partie II)*,
• que la variation de durée des voyelles n'a pas de valeur significative, qu'elle dépend de l'environnement consonantique (+ [z] par exemple) et de la position (allongement sous l'accent) *(partie II)*,
• que le français a un système consonantique caractérisé par l'antériorité (toutes les consonnes sauf [k], [g], [ʁ]), par l'opposition sourde/sonore et par un [ʁ] uvulaire doux *(partie IV)*,
• qu'un phénomène spécifique tel que l'instabilité du « e » dit « muet » ou « instable », qui peut chuter ou se maintenir, brouille la reconnaissance des mots *(partie III, chapitre 1)*,
• que le phénomène de la liaison et de l'enchaînement entre les mots perturbe le découpage de la chaîne sonore en unités significatives *(partie III, chapitre 2)*.

Quelles erreurs devront corriger les étudiants ?

1. Des erreurs concernant :
– le découpage syllabique et le découpage rythmique,
– l'accentuation,
– les schémas intonatifs.

2. Des erreurs portant sur la perception et/ou la réalisation des **sons vocaliques** :
– confusion entre voyelle orale et voyelle nasale (exemple : [ɑ̃] prononcé [a]),
– confusion de timbre entre les voyelles nasales (exemple : [ɛ̃] prononcé [ɑ̃],
– rajout d'un appendice consonantique (exemple : [ɛ̃] prononcé [ɛⁿ],
– [y] prononcé selon les cas [i], [u] ou [ju],
– [ø] prononcé selon les cas [e] ou [o],
– [œ] prononcé selon les cas [ɛ] ou [ɔ],
– [u] trop antérieur,
– [a] prononcé [æ],
– diphtongaison* des voyelles (exemple : [ɛᵊ] au lieu de [ɛ]).

3. Des erreurs portant sur la perception et/ou la réalisation des sons consonantiques :
– non-distinction des consonnes sourdes et des consonnes sonores : confusion entre [p] / [b], [k] / [g] ou [s] / [z] par exemple,
– « l'aspiration » des consonnes occlusives sourdes : [p] prononcé [pʰ], [t] prononcé [tʰ],
– non-distinction entre [ʃ] / [s] et entre [ʒ] / [z],
– non-distinction entre consonnes occlusives et constrictives : [b] / [v] ou [p] / [f],
– non-distinction des consonnes liquides [l] / [ʁ],
– réalisation d'un [r] alvéolaire** au lieu du [ʁ] uvulaire*** français,
– réalisation de mi-occlusives au lieu de constrictives : [tʃ] au lieu de [ʃ] et [dʒ] au lieu de [ʒ].

---

* Diphtongaison : en phonétique, mutation d'une voyelle simple en une voyelle à deux timbres.
** Alvéolaire : articulé avec la pointe de la langue au niveau des alvéoles.
*** Uvulaire : articulé avec le dos de la langue contre la luette (partie postérieure de la langue).

Conseils aux enseignants

COMMENT CE MANUEL EST-IL CONÇU ?

• **La première partie** est consacrée au cadre syllabique, rythmique et intonatif, ainsi qu'aux procédés expressifs. Cette partie concerne tous les apprenants, quelle que soit leur langue maternelle.
Elle comprend **trois** chapitres obéissant à la construction suivante :
– « **Observation et discrimination** » : activités d'observation, exercices de perception et d'identification ;
– « **Entraînement** » : exercices de reproduction, d'imitation, de mémorisation ;
– « **Interprétation** » : lecture à voix haute d'extraits de romans et de théâtre, de poèmes.

• **La deuxième, la troisième et la quatrième partie** sont consacrées à un travail spécifique :
– sur les voyelles, sur le [ə] « instable », les liaisons (obligatoire, facultative ou interdite) et les enchaînements, sur les consonnes.

Ces chapitres s'articulent autour des rubriques suivantes :
– « **Sensibilisation** » : écoute et lecture de proverbes ;
– « **Discrimination** » : exercices de perception et d'identification ;
– « **Entraînement articulatoire** » : exercices de répétition de mots et de phrases (paires minimales, suites de sons, suffixation, enchaînement, variation de position – initiale, intervocalique ou finale…) ;
– « **Rythme et intonation** » : exercices de reproduction, d'imitation et de mémorisation de phrases et de textes variés (dialogues, citations, récits, inventaires, publicités, information, discours, messages, annonces…) ;
– « **Interprétation** » : lecture à voix haute de textes qui pourront aussi faire l'objet d'un travail de nature théâtrale ;
– « **Phonie-graphie** » : activités d'observation, de transcription, de recherche de mots ; dictées de phrases ou de textes ;
– « **Écriture créative** » : production individuelle ou collective de phrases et de textes à couleur sonore imposée (assonances, allitérations).

• On trouvera, en fin d'ouvrage, des **annexes** (le système vocalique et consonantique, un récapitulatif phonographique, le « h » français, un index…) et le corrigé des exercices complètent cet outil qui nous l'espérons répondra aux attentes des apprenants et des enseignants de FLE.

Les auteures

Partie I

Le cadre rythmique et intonatif

La syllabe, l'accent, le groupe rythmique 8

Le cadre intonatif : les schémas mélodiques de base 14

Les procédés expressifs 23

1 La syllabe, l'accent, le groupe rythmique

Faites le point sur la syllabe et le découpage syllabique

• Toutes les phrases énoncées peuvent se découper en syllabes.
Mesdames, messieurs, bonjour !
[me-dam-me-sjə-bɔ̃-ʒuʀ]

• Dans une phrase énoncée, le nombre de syllabes peut varier selon que l'on prononce ou non les « e ».
Entrez, je vous prie.
[ɑ̃-tʀe-ʒə-vu-pʀi] → 5 syllabes
[ɑ̃-tʀe-ʒvu-pʀi] → 4 syllabes

>>> Voir partie III-1, Le [ə] instable (pages 90-97). <<<

• Les consonnes finales peuvent passer dans la syllabe suivante (enchaînements et liaisons).
Nous allons nous rendre ensemble à l'auditorium.
[nu-za-lɔ̃-nu-ʀɑ̃-dʀə-sɑ̃-blə-a-lo-di-tɔ-ʀjɔm]

>>> Voir partie III-2, Les liaisons et les enchaînements (pages 98-108). <<<

• Les syllabes sont dites « ouvertes » lorsqu'elles se terminent par une voyelle, et « fermées » lorsqu'elles se terminent par une consonne.
Passons par là !
[pa-sɔ̃-paʀ-la] > | ouverte | ouverte | fermée | ouverte |

• Les syllabes peuvent être accentuées ou non.

OBSERVATION ET DISCRIMINATION

La parole est découpée en unités de sens comportant un nombre de syllabes variable : les groupes rythmiques.

☞ Entraînez-vous avec l'exercice **1**.

1 **Combien de syllabes entendez-vous ? Classez les phrases de chaque ligne dans le tableau. Les « e » barrés ne sont pas prononcés.**

Vous vous trompez. – C¢ n'est pas ça. – Mais non ! – C'est à vérifier.
C'est vraiment gentil. – J'accepte. – Je vous r¢mercie. – Je veux bien.

1. C'est même probable. – C'est possible. – Vous faites une erreur ! – Peut-être.
2. C'est exact. – Je n¢ discut¢rai plus. – Mais oui. – Je suis d'accord.
3. J'approuve. – C'est une bonne idée. – Ça va marcher. – Je suis pour.
4. Désolé. – Pardon. – J'ai oublié. – J¢ vous prie d¢ m'excuser.
5. C'est c¢ que nous voulions ! – Très bien. – Ça nous plaît. – Nous vous r¢mercions.

2 syllabes	3 syllabes	4 syllabes	5 syllabes
Mais non ! [mɛ-nɔ̃]	Ce n'est pas ça. [snɛ-pa-sa]	Vous vous trompez. [vu-vu-trɔ̃-pe]	C'est à vérifier. [sɛ-ta-ve-ʁi-fje]
J'accepte. [ʒa-ksɛpt]	Je veux bien. [ʒə-vø-bjɛ̃]	Je vous remercie. [ʒə-vu-ʁmɛʁ-si]	C'est vraiment gentil. [sɛ-vʁɛ-mɑ̃-ʒɑ̃-ti]
1.			
2.			
3.			
4.			
5.			

- Chaque groupe rythmique se termine par une **syllabe plus longue** (accent de durée) plus ou moins modulée (variation montante ou descendante de la mélodie).
- Le **rythme de la phrase** est marqué par le *tempo* des syllabes finales accentuées.

☛ Entraînez-vous avec les exercices **2** et **3**.

2 Pendant une première écoute, marquez les groupes rythmiques (/) et soulignez les syllabes finales accentuées. Écoutez pour vérifier.

Vous êtes en communication / avec le consulat de France. / Nous recherchons / votre correspondant. / Merci / de patienter... /

1. Bonjour / après le bip sonore, / l'appel sera facturé 35 centimes la minute, / depuis un poste fixe. / Pour ne plus écouter ce message, / appuyez sur dièse / lors du prochain appel. /

2. Bonjour, / et bienvenue / sur le nouveau service vocal / du groupe *MMM*. / Nos conseillers sont à votre écoute / du lundi au vendredi / de six heures à dix-huit heures trente. /

3. La société *Rapido* / vous prie / de patienter quelques instants. / Nous allons traiter votre appel. /

4. Vous allez être mis en relation / avec un conseiller. / Merci de rester en ligne... / Tous nos conseillers sont occupés / nous nous efforçons d'écourter votre attente. / Merci de patienter. /
Tous nos conseillers sont occupés. / Veuillez rappeler ultérieurement. /

3 Pendant une première écoute, marquez les groupes rythmiques (/).

Qu'est-ce qu'une expression idiomatique ?

Expression idiomatique, ça veut dire qu'elle est propre à un idiome, propre à une langue, par exemple en français, on dit « casser sa pipe » pour « mourir », il n'y a qu'en français qu'on dise « casser sa pipe » pour « mourir ». Mais comme c'est une expression qui passe souvent par une image, on dit « expression imagée ». Il y en a dans toutes les langues, certaines langues en ont plus, le français en a beaucoup, l'anglais aussi, l'italien en abonde – je crois qu'il y en a un peu moins en allemand – mais il y en a dans toutes les langues, et c'est nécessaire. Je dirais que l'expression imagée elle est propre au langage.

Entretien avec Bernard CERQUIGLINI, Merci professeur, TV5.

> Des **accents d'insistance et/ou d'expressivité**, propres au locuteur, peuvent s'ajouter aux accents qui marquent la dernière syllabe d'un groupe rythmique.
>
> >>> Voir partie I-3, Les procédés expressifs (pages 23-28). <<<

4 Soulignez les syllabes mises en relief. Répétez.

*Vous êtes en co**mmu**nication / avec le **ré**pondeur téléphonique / de **Ro**se Levasseur. / Laissez votre message / après le Bip sonore. /*

1. Je suis désolée de ne pas pouvoir vous répondre, / mais / laissez-moi un message / et je vous rappellerai. /

2. Vous êtes bien chez Fred et Sami, / mais nous sommes absents. / Merci de laisser vos coordonnées / et la raison de votre appel. /

3. Je ne suis pas joignable / pour le moment. / Je suis soit sous un tunnel, / soit sous ma couette. / Rappelez-moi. /

ENTRAÎNEMENT

5 Prononcez ces mots « à la française ». Allongez la dernière syllabe.

1. Noms communs

– – —   un taxi – une radio – un dollar – un orchestre – une nation – un hôtel

– – – —   un président – une radiation – une tragédie – un kimono – le chocolat – une conférence

– – – – —   un investissement – une kalachnikov – une révolution – la géographie – les mathématiques

2. Noms géographiques

– – —   le Mékong – la Volga – le Congo – l'Everest

– – – —   le Missouri – le Sahara – l'Himalaya

– – – – —   le Mississipi – le Rio grande – le Fujiyama – l'océan Indien

– – – – – — le Kilimandjaro – le lac Titicaca – les chutes du Niagara

6 Répétez (→). Respectez le nombre croissant de syllabes et le rythme.

A.

1 syllabe	2 syllabes	3 syllabes
– Tiens !	– Voilà !	– C'est pour toi !
– Oui !	– D'accord !	– Entendu !
– Ah !	– Enfin !	– Le voilà !
– Bon !	– Tant pis !	– C'est dommage !

B.

1 syllabe	2 syllabes	3 syllabes	5 syllabes
– Chut !	– Silence !	– Ça suffit !	– On ne s'entend plus !
– Oh !	– Pardon !	– Désolée.	– Je vous ai fait mal ?
– Bien.	– Très bien !	– C'est parfait !	– Félicitations.
– Quoi ?	– Comment ?	– Que dis-tu ?	– J'entends très très mal.

7 Prononcez ces phrases à trois groupes rythmiques d'égale longueur. Écoutez.

1. Bye-bye, / bisous, / je t'aime. //   2 / 2 / 2
2. À plus tard, / pense à moi, / écris-moi ! //   3 / 3 / 3
3. Fais bonne route, / sois prudent, / i̷l y a du monde.* // 3 / 3 / 3
4. Au re̷voir à tous, / merci pour tout, / et à bientôt ! // 4 / 4 / 4
5. Il faut se̷ quitter, / embrassons-nous, / ne pleurons pas. // 4 / 4 / 4

* Prononciation familière = chute du « il ».

8 Après une première écoute, prenez de mémoire le rôle de B. Respectez le nombre de syllabes et le rythme.

A : – Viens !	1	A : – Mais si, j'insiste.	2 / 2
B : – Non.	1	B : – Mais non, je ne̷ peux pas.	2 / 3
A : – Tu ne̷ viens pas ?	3	A : – C'est sûr que tu ne̷ peux pas ?	2 / 4
B : – Je ne̷ viens pas.	3	B : – Je̷ te jure que je ne̷ peux pas.	2 / 4

> Un même énoncé peut être découpé en **groupes rythmiques** de manières différentes. Le découpage dépend toujours de la structure syntaxique de la phrase.
>
> ☞ Entraînez-vous avec les exercices **9** et **10**.

9 Répétez avec des rythmes différents : d'abord lentement (1), puis rapidement (2).

1. J'ai perdu / mon passeport / quelque part / à l'aéroport.
2. J'ai perdu mon passeport / quelque part à l'aéroport.

1. J'ai mis mes papiers / dans la petite poche / de la grande valise.
2. J'ai mis mes papiers / dans la petite poche de la grande valise.

1. J'ai vu ton sac / sur la banquette arrière / de la camionnette.
2. J'ai vu ton sac / sur la banquette arrière de la camionnette.

10 Pendant l'écoute, observez le découpage rythmique. Répétez.

1. Le train / à destination / de Marseille / va entrer en gare / sur la voie G. // Veuillez vous éloigner / de la bordure du quai / s'il vous plaît.
2. En raison d'un incident / sur le train Dijon-Lyon, / le TGV / en provenance de Paris / est annoncé / avec un retard / de quarante-cinq minutes / environ.
3. Nous informons les voyageurs / que, / contrairement / à ce qui vient d'être annoncé, / le train de 18 h 10, / à destination de Genève, / partira / voie 8.
4. Mesdames, / messieurs / votre attention / s'il vous plaît. // Afin de faciliter le nettoyage / et l'agencement du TGV / actuellement en place, / nous vous demandons / de ne pas monter / dans la rame. // Merci de votre compréhension.

> L'accent peut aussi mettre **en relief un mot** qui revêt une importance particulière : par exemple, lorsque le locuteur veut éviter une ambiguïté.
>
> ☛ Entraînez-vous avec l'exercice **11**.

11 Pendant l'écoute, soulignez les mots marqués par un accent d'intensité. Répétez.

1. Tu vas aller chercher le vélo bleu – pas le rouge – et tu vas réparer la roue avant.
2. Tu vas aller chercher le vélo bleu et tu vas réparer la roue avant – pas la roue arrière.
3. Tu vas aller chercher le vélo bleu et tu vas réparer la roue avant – mais tu ne la changes pas.

> En français, on note de plus en plus souvent, et en particulier dans le discours journalistique et dans le discours public, une tendance à **accentuer**, en début de groupe rythmique, les **premières syllabes** de certains mots.
>
> ☛ Entraînez-vous avec l'exercice **12**.

12 Après une première écoute, répétez en même temps que le journaliste. Adoptez son rythme et ses accentuations.

« En France, aujourd'hui, plus de deux millions de personnes rencontrent des difficultés importantes pour lire et écrire. Et pourtant, depuis plus de vingt ans, des citoyens, des associations, des entreprises ainsi que les pouvoirs publics ont pris de multiples initiatives pour lutter contre l'illettrisme. Mais, malgré ces efforts, l'illettrisme est encore présent dans notre pays. »

Ces propos tenus il y a quelques années par le collectif *Lutter ensemble contre l'illettrisme* sont-ils toujours d'actualité ?

C'est la question que nous poserons aux invités de notre émission hebdomadaire *Regards croisés* qui réunit aujourd'hui, une anthropologue, un sociologue, un philosophe, des enseignants et le ministre de l'Éducation.

INTERPRÉTATION

13 Préparez ce poème pour le dire à voix haute, puis écoutez l'interprétation proposée.

> **Encore l'art po**
> [...]
> Oui mon po – oui mon po – mon poème
> C'est à pro – à propos – d'un pommier
> Car je l'ai – car je l'ai – car je l'aime
> Mon popo – mon popo – mon pommier
> Il donn' des – il donn' des – des poèmes
> Mon popo – mon popo – mon pommier
> C'est pour ça – c'est pour ça – que je l'aime
> La popo – la popomme – au pommier [...]
>
> Raymond QUENEAU (1903-1976), *Le Chien à la mandoline*, © Éditions Gallimard, 1987.

14 Préparez ce poème pour le dire à voix haute, puis écoutez l'interprétation proposée.

> **L'exode**
> Des vieilles affalées sur le bord de la route.
> Des vieilles et des vieux affalés sur le bord de la route.
> Des vieilles valises affalées à côté d'eux sur le bord de la route.
> Des vieilles et des vieux qui pleurent affalés sur le bord de la route. [...]
>
> Louis CALAFERTE (1928-1994), *C'est la guerre*, Coll. L'Arpenteur, © Éditions Gallimard, 1993.

15 Préparez ce texte pour le dire à voix haute, puis écoutez l'interprétation proposée.

> Vous qui avez des murs couverts d'étagères remplies de livres,
> vous qui ne savez plus où les ranger,
> vous qui êtes obligés, périodiquement, de faire place, de jeter, de donner, de remiser dans la maison de campagne les livres que vous avez lus et qui vous ont accompagnés mais que vous ne lirez plus,
> vous qui regardez les vieux livres chez les bouquinistes, dans les brocantes,
> vous qui avez gardé les livres de vos parents et de vos grands-parents,
> vous qui collectionnez les livres pour la reliure,
> vous qui les achetez sans les lire,
> vous qui entreposez, entassez, amassez les livres comme des objets,
> vous qui savez exactement l'emplacement de toute chose, la place de chaque livre,
> vous qui avez tout lu,
> vous qui classez par ordre alphabétique ou par sujet, par éditeur,
> vous qui avez quelques centaines, quelques milliers de livres, qui en aurez bien d'autres,
> vous pour qui bibliothèque est un mot naturel,
> vous qui n'avez pas eu besoin de l'apprendre à l'école, d'en demander le sens –
> vous l'aviez sous les yeux...
> avez-vous déjà pensé
> à ceux qui aiment lire mais qui n'ont pas de livres,
> à ceux qui voudraient savoir lire ? [...]
>
> Cécile WAJSBROT (http://remue.net/spip.php?article1729)

2 Le cadre intonatif : les schémas mélodiques de base

L'intonation participe à l'identification de l'assertion (affirmation ou négation), de l'interrogation et de l'injonction.

OBSERVATION ET DISCRIMINATION

Faites le point
Savez-vous distinguer les schémas mélodiques de base ?

1 Quel dialogue entendez-vous ? Cochez.

	– Assertion. – Question ?		– Question ? – Assertion.	
	– C'est lui. – C'est lui ?	✗	– C'est lui ? – C'est lui.	…
	– Ce n'est pas possible. – C'est possible ?	…	– Ce n'est pas possible ? – C'est possible.	✗
1.	– Ça va aller. – Ça va aller ?	…	– Ça va aller ? – Ça va aller.	…
2.	– Ce n'est pas fini. – Ce n'est pas fini ?	…	– Ce n'est pas fini ? – Ce n'est pas fini.	…
3.	– On aura le temps. – On aura le temps ?	…	– On aura le temps ? – On aura le temps.	…
4.	– Ça fait des histoires. – Ça fait des histoires ?	…	– Ça fait des histoires ? – Ça fait des histoires.	…
5.	– On se retrouve là-bas. – On se retrouve là-bas ?	…	– On se retrouve là-bas ? – On se retrouve là-bas.	…
6.	– Tout ne sera pas prêt à temps. – Tout ne sera pas prêt à temps ?	…	– Tout ne sera pas prêt à temps ? – Tout ne sera pas prêt à temps.	…

2 Qu'entendez-vous ? Écrivez les phrases avec un point d'interrogation pour une question ou un point d'exclamation pour un ordre.

[ty-tɑ̃-va] → – Tu t'en vas ?
[ty-pa-ʀi-me-djat-mɑ̃] → – Tu pars immédiatement !

1. [ty-tuʀ-na-goʃ] – ....
2. [ty-mɛ-sa-la] – ....
3. [ty-poz-ta-kɛs-tjɔ̃-mɛ̃t-nɑ̃] – ....
4. [vu-npo-ze-pa-dkɛs-tjɔ̃] – ....
5. [vu-vu-za-ʀe-te] – ....

> L'**intonation** participe à l'identification des groupes syntaxiques et au sens des énoncés.
>
> ☛ Abordez l'intonation avec l'exercice **3**.

3 Dans quel ordre entendez-vous ces paires de phrases ? Aidez-vous des précisions apportées.

1. _____↗_____
   Vous partez quand en août ?

2. _____↗____↗
   Vous partez quand ? en août ?

= **A** sait que **B** part en août, mais ne sait pas précisément quand.	2 – 1
= **A** ne sait pas quand **B** doit partir, en août peut-être ?	

A.
1. Tu le caches où ton argent dans ta chambre ?
2. Tu le caches où ton argent ? dans ta chambre ?

= **A** sait que **B** cache son argent dans sa chambre, mais ne sait pas où.	………
= **A** ne sait pas où **B** cache son argent, dans la chambre peut-être ?	

B.
1. Tu manges bien, à la cantine du collège ?
2. Tu manges bien à la cantine du collège ?

= **A** sait que **B** mange à la cantine, mais veut savoir si c'est bon.	………
= **A** demande à **B** une confirmation sur le lieu où il déjeune.	

3. Tes amis vivent bien, à Londres ?
4. Tes amis vivent bien à Londres ?

= **A** sait que les amis de **B** vivent à Londres, mais veut savoir si leur vie est agréable.	………
= **A** demande à **B** une confirmation sur le lieu où vivent ses amis.	

ENTRAÎNEMENT

A. Les phrases déclaratives

> La phrase **déclarative** se caractérise par une **descente nette de la voix sur la dernière syllabe**.
> S'il y a plusieurs groupes rythmiques, la voix peut monter ou descendre légèrement à la fin de chaque groupe mais, si elle descend, elle n'atteint jamais le niveau mélodique de la descente finale.
>
> ☛ Entraînez-vous avec les exercices **4** et **5** page suivante.

Le cadre intonatif : les schémas mélodiques de base

4 Répétez en faisant baisser nettement la voix sur la dernière syllabe de la phrase.

1. Exprimer son ignorance → Je ne sais pas, on ne m'a rien dit, je ne suis pas au courant.
2. Exprimer son accord → C'est vrai, vous avez raison, je suis de votre avis.
3. Exprimer son approbation → Tu as bien fait, tu as eu raison, je t'approuve.
4. Exprimer son envie → J'aimerais bien, j'en ai bien envie, ça me plairait.
5. S'excuser → Je suis en retard, je suis désolé, je vous prie de m'excuser.
6. Exprimer sa déception → Je suis déçu, c'est dommage, je ne voyais pas les choses comme ça.
7. Exprimer sa sympathie → Je compatis, je vous comprends, ce n'est pas facile.
8. Exprimer son soulagement → Ça va mieux, je suis rassuré, je me sens plus tranquille.

5 Répétez. Respectez le rythme et l'intonation.

1. Je recherche quelqu'un / dont l'anglais est la langue maternelle / pour relire / mes documents en anglais.
2. Je recherche un emploi / dans lequel je pourrais mettre à profit / mon sens des responsabilités / et mon dynamisme.
3. Je recherche un homme / qui s'appelle Eddy / et que j'ai rencontré, / il y a cinq ans, / sur le Vieux port / à Marseille.
4. Je recherche / le nom du chanteur / qui interprétait au début des années quatre-vingt-dix, / une chanson qui commençait par / « La nuit, la nuit ».

> L'**inversion de segments** de phrase d'une longueur comparable ne modifie pas les contours intonatifs.
>
> ☞ Entraînez-vous avec l'exercice **6**.

6 Répétez, puis inversez les deux éléments de la phrase. Lisez à voix haute, puis écoutez pour vérifier.

En passant par là, on gagne presque une heure.

→ *On gagne presque une heure, en passant par là.*

1. Avec un peu de chance, on arrivera à l'heure.
2. Au lieu de me calmer, ça m'a énervé.
3. Grâce à ton intervention, j'ai obtenu un rendez-vous.
4. À force de s'entraîner, il a atteint un bon niveau.
5. À cause des événements, on ne peut pas partir.

Lorsque les éléments d'une phrase sont mis en évidence par un « détachement » (voir les mots en gras dans les exercices ci-après), ils sont prononcés sur un **ton décalé** par rapport au reste de la phrase.

☞ Entraînez-vous avec les exercices **7** et **8**.

7 **Après une première écoute, répondez de mémoire aux questions. Respectez l'intonation.**

1. – Comment tu trouves mon blog ?
   – Il est bien… très bien… ton blog.
2. – Ton travail te plaît maintenant ?
   – Oui, il me plaît bien, mon nouveau job.
3. – Vous l'avez lu son article ?
   – Oui, je l'ai lu, son article, et même relu.
4. – Sa mère n'est pas hollandaise ?
   – Non, elle n'est pas hollandaise, sa mère, elle est hongroise.
5. – Tu peux acheter le journal ?
   – Le journal, je l'ai déjà acheté.
6. – Où est-ce que je peux accrocher mon manteau ?
   – Un portemanteau… vous en avez un là-bas.

8 **Prononcez les différentes formulations de la première phrase. Écoutez pour vérifier.**

J'ai du mal à sortir du lit le matin. → **Moi**, j'ai du mal à sortir du lit le matin.
→ J'ai du mal à sortir du lit, **moi**, le matin.
→ J'ai du mal à sortir du lit le matin, **moi**.

Les **incises** (sortes de parenthèses de commentaire, de restriction…) sont dites sur un ton décalé par rapport au reste de la phrase.

☞ Entraînez-vous avec les exercices **9** et **10**.

9 **Faites varier l'intonation selon la place de l'incise.**

1. Le service va être réorganisé prochainement – je crois.
   Le service va être réorganisé – je crois – prochainement.
   Le service va – je crois – être réorganisé prochainement.
2. L'été sera particulièrement sec – paraît-il.
   L'été sera – paraît-il – particulièrement sec.
   L'été – paraît-il – sera particulièrement sec.
3. Le directeur vient de déposer sa démission – à ce qu'on dit.
   Le directeur vient – à ce qu'on dit – de déposer sa démission.
   Le directeur – à ce qu'on dit – vient de déposer sa démission.

10 Après une première écoute, répétez les conversations téléphoniques en même temps que le locuteur.

1. Allô ! Oui, c'est elle-même… Je vous écoute… oui… oui… C'est délicat, bien sûr… Oui… évidemment… Oui, c'est vrai, c'est tout à fait vrai, vous avez raison… Ah ! ça probablement, oui… certainement… Je comprends… Eh bien, oui, je vous dis oui, j'accepte.

2. Allô ?… Oui, c'est moi !… Non, pas du tout… Mais non, je t'assure, tu ne me déranges pas… absolument pas… Mais oui, tu peux venir dîner, bien sûr… Elle aussi, c'est évident… Non, ce n'est pas la peine… Non, non, rien… Je vous attends vers vingt heures.

3. Allô… Ah, non… Non, c'est pas possible !… Non pas maintenant, je ne peux pas, je suis désolée… Non, vraiment, c'est non… Ça m'est impossible, je vous assure, n'insistez pas… Oui c'est ça, une autre fois peut-être… Au revoir.

B. Les énoncés interrogatifs

Les questions **sans mots interrogatifs** ne se distinguent des phrases déclaratives que par l'intonation. La courbe mélodique est toujours montante en fin d'énoncé.

☞ Entraînez-vous avec les exercices **11** à **15**.

11 Faites monter la voix sur chacune des trois questions.

Tu as fini ? Tu ne veux plus rien ? Tu ne prends pas de dessert ?

1. Tu es sûr ? Tu es bien décidé ? Tu ne vas pas changer d'avis ?
2. Tu pars ? Tu es pressé ? Tu ne peux pas rester un peu plus ?
3. Vous n'êtes pas d'ici ? Vous êtes de passage ? Vous ne connaissez pas le coin ?
4. Vous cherchez quelque chose ? Je peux vous aider ? Vous avez besoin d'aide ?
5. Vous n'avez pas aimé ? Ça ne vous a pas plu ? Vous n'avez pas trouvé ça intéressant ?

12 Répétez ces séries de questions.

Le tango est-il né en Espagne ? en Argentine ? en Finlande ?

1. La tour Eiffel a-t-elle été construite en 1700 ? en 1800 ? en 1900 ?
2. La peine de mort a-t-elle été abolie en France en 2001 ? en 1991 ? en 1981 ?
3. La locomotive à vapeur a-t-elle été inventée par un Anglais ? par un Américain ? par un Australien ?
4. Les croissants ont-ils été inventés par un Français ? par un Polonais ? par un Italien ?
5. La dernière Coupe du monde de football a-t-elle été remportée par une équipe européenne ? africaine ? latino-américaine ?

13 Passez d'une formulation à une autre en modifiant le schéma mélodique. Écoutez pour vérifier.

*Vous préférez voyager **seul** ? **en groupe** ?*

→ *Vous préférez voyager **seul ou en groupe** ?*

1. Vous préférez le sucré ? le salé ? → …
2. Vous cuisinez au beurre ? à l'huile ? → …
3. Vous êtes végétarien ? carnivore ? → …
4. Vous êtes plutôt scientifique ? plutôt littéraire ? → …
5. Vous êtes plutôt de droite ? plutôt de gauche ? → …
6. Vous êtes plutôt philanthrope ? plutôt misanthrope ? → …

14 Passez d'une formulation à une autre en modifiant l'intonation.

1. Vous savez comment c'est fait ? → Vous savez, **vous**, comment c'est fait ?
2. Tu sais où c'est fabriqué ? → Tu sais, **toi**, où c'est fabriqué ?
3. Ils ne savent pas à quoi ça sert ? → Ils ne savent pas, **eux**, à quoi ça sert ?
4. Elle sait combien ça coûte ? → Elle sait, **elle**, combien ça coûte ?

15 Après une première écoute, prenez de mémoire le rôle de B. Respectez l'intonation.

1. A : – Je travaille le dimanche.
   B : – Et le lundi, tu travailles aussi, le lundi ?
2. A : – Son téléphone fixe ne répond pas.
   B : – Et son portable, il ne répond pas non plus, son portable ?
3. A : – La semaine prochaine, ce n'est pas possible.
   B : – Et la semaine suivante, ce n'est pas possible non plus, la semaine suivante ?
4. A : – Les étudiants sont en grève.
   B : – Et les professeurs, ils sont en grève aussi, les professeurs ?

Les questions avec des mots interrogatifs n'ont pas nécessairement **une courbe mélodique ascendante**.

☞ Entraînez-vous avec les exercices **16** à **18**.

---

16 Répétez en même temps que le locuteur.

Qu'est-ce que la méthode « QQOQCP » ?
La méthode « QQOQCP » sert à identifier un problème rencontré sur un lieu de travail à partir de six questions : Quoi ? Qui ? Où ? Quand ? Comment ? Pourquoi ?
• **Quoi ?** Qu'est-ce qui se passe ? De quoi s'agit-il ?
• **Qui ?** Quelles sont les personnes concernées par la situation ?
• **Où ?** Où le problème apparaît-il ? Dans quel service ?
• **Quand ?** Quand est apparu le problème ? Quelle est sa fréquence ?
• **Comment ?** Comment trouver une solution ? Comment agir avec diplomatie ?
• **Pourquoi ?** À chaque question, il faut se demander pourquoi.

17 Répétez les dialogues. Respectez le changement mélodique lié à la place du mot interrogatif.

1. – **À quoi** ça sert ? **Comment** ça marche ?
   – Mais oui... Ça sert **à quoi** ? Ça marche **comment** ?
2. – **Quand** est-ce qu'il part ?
   – Ah oui, au fait, il part **quand** ?
3. – **Quelle route** on prend maintenant ?
   – Bonne question. On prend **quelle route**, maintenant ?
4. – **Qu'est-ce que** vous voulez boire ?
   – Tu prends **quoi**, toi ?

 **18** Alternez les courbes intonatives des questions avec et sans mots interrogatifs.

– Qu'est-ce qui ne va pas ? Il y a un problème ? Il y a quelque chose qui ne va pas ?

1. – Qu'est-ce que vous voulez dire ? Vous pouvez m'expliquer ? Vous pouvez reformuler ?
2. – Qu'est-ce que vous en pensez ? Personne n'a rien à ajouter ? On passe à un autre sujet ?
3. – Est-ce que je me suis mal expliqué ? Vous ne m'avez pas compris ? C'était confus ?
4. – Est-ce que c'était clair ? Je me suis fait comprendre ? Il n'y a pas d'ambiguïté ?
5. – Est-ce que je vous ai bien compris ? Vous voulez dire que vous refusez ? Vous refusez de nous aider ?

> Une même phrase peut changer de sens, du fait du découpage (du rythme) et de l'intonation.
>
> ☛ Entraînez-vous avec les exercices **19** et **20**.

 19 Distinguez bien les phrases par le découpage et l'intonation.

1. Où est-ce que tu es né en France ?
   → Où est-ce que tu es né ? en France ?
2. Vous allez où en vacances en Grèce ?
   → Vous allez où en vacances ? en Grèce ?
3. C'est quand ton concert en avril ?
   → C'est quand ton concert ? en avril ?
4. Quand repartez-vous la semaine prochaine ?
   → Quand repartez-vous ? la semaine prochaine ?
5. On les accroche où les tableaux dans le hall ?
   → On les accroche où les tableaux ? dans le hall ?

>>> Voir exercice 3 (page 15). <<<

20 Distinguez bien les phrases par le découpage et l'intonation.

1. On est bien / dans le train de Lyon ?   → On est bien dans le train de Lyon ?
2. On mange bien / au buffet de la gare ?   → On mange bien au buffet de la gare ?
3. On va bien dormir / dans un hamac ?   → On va bien dormir dans un hamac ?
4. Tu connais bien la route / pour y aller ?   → Tu connais bien la route pour y aller ?
5. Vous jouez bien / du saxo ?   → Vous jouez bien du saxo ?

C. Les énoncés injonctifs

> La mélodie des phrases impératives est caractérisée par une **forte descente de la voix** jusqu'à la dernière syllabe.
>
> ☞ Entraînez-vous avec l'exercice **21**.

21 Écoutez ce message fantaisiste. Répétez les impératifs en gras en même temps que le locuteur.

Vous êtes en communication avec le service des urgences de l'hôpital.
- Pour une affection dermatologique, **appuyez sur le 1**.
- Pour des troubles neurologiques, **tapez 2**.
- Pour une fracture ouverte, **tapez 3**.
- Pour une plaie à suturer, **composez le 4**.
- Pour un empoisonnement, **faites le 5**.
- Pour un traumatisme crânien, **appuyez sur le 6**.
- Pour une hémorragie légère, **composez le 7**.
- Pour une hémorragie importante, **tapez 8**.
- Pour un malaise cardiaque, **tapez 9**.
- Pour une urgence, **tapez 10**.
- Pour réécouter ce message, **veuillez appuyer sur dièse**.

INTERPRÉTATION

22 Préparez cet extrait théâtral pour le dire à voix haute, puis écoutez l'interprétation proposée.

> Je m'appelle Matthieu… Je lis tout. J'ai commencé à cinq ans. Je n'ai jamais joué. J'ai lu. Je n'ai jamais fait de sport, ni d'excursions, ni de politique. J'ai lu. Je n'ai jamais joué aux cartes, aux échecs, aux courses, aux loteries. Je lis. Tout. Les romans. Les poèmes. Les essais. Les confessions. Les mémoires. Les récits de voyage. Les journaux de toutes tendances, les revues, les magazines, les études, les traités, les guides,
> les revues scientifiques, même erronées, les calendriers, les alphabets, les horaires
> de chemin de fer […]. Si je m'arrête de lire, je deviens aveugle.
>
> Denise BONAL, *Turbulences et petits détails*, Éditions Théâtrales, 1994.

23 Préparez cet extrait théâtral pour le dire à voix haute, puis écoutez l'interprétation proposée.

> Il était électricien. C'est comme ça qu'on s'est rencontrés.
> Les plombs avaient sauté, ma période noire. J'ai appelé avec les pages jaunes, il est venu avec sa caisse à la maison, en dépannage et il a remis les choses bien en place, les plombs dans les trucs, y m'a remis la lumière.
> Je l'ai regardé et je lui ai dit, la conne, j'aime bien les gens qui remettent la lumière dans ma maison.
> Tout s'est rallumé, la radio, la télé, mon frigo, tout.
> Il est reparti faire d'autres sauvetages et le soir, il était là, de retour chez moi, à se laver les mains dans le lavabo pour passer à table.
>
> Xavier DURRINGER, *Chroniques des jours entiers, des nuits entières*, éditions Théâtrales, 1996.

 24 Préparez ce texte pour le dire à voix haute, puis écoutez l'interprétation proposée.

> *Le travail de Jérôme et de Sylvie, un couple de psychosociologues consiste à interviewer des gens sur des sujets variés.*
> Et pendant quatre ans, peut-être plus, ils explorèrent, interviewèrent, analysèrent : […] Aime-t-on la purée toute faite, et pourquoi ? Parce qu'elle est légère ? Parce qu'elle est onctueuse ? Parce qu'elle est facile à faire : un geste et hop ? Trouve-t-on vraiment que les voitures d'enfant sont chères ? N'est-on pas toujours prêt à faire un sacrifice pour le confort des petits ? Comment votera la Française ? Aime-t-on le fromage en tube ? Est-on pour ou contre les transports en commun ? À quoi fait-on d'abord attention en mangeant un yaourt ; à la couleur ? à la consistance ? au goût ? au parfum naturel ? Lisez-vous beaucoup, un peu, pas du tout ? […] Combien pensez-vous que coûte un briquet comme ça ? Quelles qualités demandez-vous à votre matelas ? Pouvez-vous me décrire un homme qui aime les pâtes ? Que pensez-vous de votre machine à laver ? etc ; etc. […]
>
> Georges PEREC, *Les Choses*, Julliard, 1965.

 25 Préparez cet extrait théâtral pour le dire à voix haute, puis écoutez l'interprétation proposée.

> Vous êtes assis en face de votre chef de service pour lui demander une augmentation. Décontractez-vous, respirez profondément, essuyez la sueur qui ruisselle sur votre visage, maîtrisez le tremblement nerveux qui fait s'entrechoquer vos genoux […]. Exposez votre cas d'une voix intelligible et avec le minimum de concision et de clarté ; sachez trouver les mots qu'il faut pour convaincre, mettez tout en œuvre pour remuer le cœur de pierre de votre chef de service […]. Ne vous jetez pas aux pieds de votre chef de service ; ne lui embrassez pas les genoux. […] Et s'il refuse, ne faites aucun geste que vous pourriez regretter par la suite.
>
> Georges PEREC, « L'augmentation », *Théâtre 1*, Hachette, 1987.

Les procédés expressifs 3

En français, comme dans toutes les langues, les variations mélodiques et l'accentuation peuvent avoir une **fonction expressive**.

OBSERVATION ET DISCRIMINATION

Faites le point
Percevez-vous le caractère plus ou moins expressif d'un énoncé ?

1 Chaque phrase est prononcée deux fois. Quelle interprétation vous semble la plus expressive : A ou B ? Cochez.

	A	B			A	B
Il est complètement fou.	...	✗		*Il n'est pas question de partir.*	✗	...
1. Trois cents euros.	...	...	4.	Certainement pas.	...	...
2. C'est honteux.	...	...	5.	Fais attention.	...	...
3. C'est formidable.	...	...	6.	Je vous remercie infiniment.	...	...

Faites le point
Distinguez-vous les différents procédés expressifs ?
- Découpage :   *C'est for-mi-dable.*
- Allongement :   *Bravooo, c'est fformidable !*
- Intensité :   *C'est FORmidable.*

- Hauteur de la voix : *Mais c'est formi**dable** !*

2 Réécrivez les énoncés en mettant en évidence les procédés expressifs entendus. Aidez-vous de l'encadré ci-dessus.

A. – Ce n'est pas vrai. Tu mens. → ....
 – Mais c'est faux, c'est complètement faux ! → ....
 – Comment peux-tu dire ça ? → ....
 – Mais c'est une honte ! → ....

B. – Qu'est-ce qu'on est bien ici ! → ....
 – C'est merveilleux ! → ....
 – Je suis tellement contente ! Vraiment ! → ....
 – On est bien, on est bien, on est bien ! → ....

Faites le point

Pouvez-vous :
– percevoir l'expressivité dans la mélodie d'un énoncé ?
– identifier le ton d'un énoncé ?
– qualifier l'humeur d'un locuteur ?

3 Indiquez à chaque fois sur quel ton est prononcée la phrase.

simple information – doute, scepticisme – *satisfaction, joie* – mécontentement, irritation – étonnement – critique ironique

Les professeurs sont en grève la semaine prochaine. → *satisfaction, joie*

1. Les professeurs sont en grève la semaine prochaine. → ....
2. Les professeurs sont en grève la semaine prochaine. → ....
3. Les professeurs sont en grève la semaine prochaine. → ....
4. Les professeurs sont en grève la semaine prochaine. → ....
5. Les professeurs sont en grève la semaine prochaine. → ....

ENTRAÎNEMENT

Un locuteur peut ponctuer ses phrases d'**accents d'insistance ou d'expressivité** :
– pour attirer l'attention de l'interlocuteur,
– pour agir sur un auditoire,
– pour insister,
– pour mettre en relief un mot…
Ces accents viennent s'ajouter aux accents en fin de groupe rythmique.

☛ Entraînez-vous avec l'exercice **4**.

4 Répétez. Pour la seconde interprétation, aidez-vous des éléments en gras.

1. – Surtout, vous n'en parlez à personne.
   – Il ne faut pas que l'affaire s'ébruite.
   – Ce que je vous ai dit est strictement confidentiel.
   – Ça doit **ab**solument rester **en**tre nous.
   – Je me permets d'insister.
   – Je compte sur vous… Je compte **vrai**ment sur votre discrétion.

2. – Surtout, vous n'en parlez à personne.
   – Il ne faut **pas** que l'affaire s'ébruite.
   – Ce que je vous ai dit est **stric**tement confidentiel.
   – Ça doit **ab**solument rester entre nous.
   – Je me permets d'insister.
   – Je compte sur vous… Je compte **vrai**ment sur votre discrétion.

Le **ton des énoncés** manifeste l'état d'esprit du locuteur, ses humeurs.

☛ Entraînez-vous avec les exercices **5** à **8**.

5 Répétez ces phrases en imitant les deux manières de les prononcer.
1. Je te parle, Jacques.
   → *1. ton calme, neutre / 2. ton irrité, agressif*
2. Je te l'ai déjà dit plusieurs fois.
   → *1. ton calme, neutre / 2. ton abattu, découragé*
3. Vous allez mettre votre fils en pension ?
   → *1. question, ton neutre / 2. question, ton stupéfait*
4. Ne recommencez plus jamais !
   → *1. ordre, ton calme / 2. ordre, ton cassant, menaçant*

6 Imitez la tonalité de ces phrases (ton de la voix, accents, rapidité, pauses…).
1. **S'excuser**
   – Oh ! Bonjour… Excusez-moi… Vraiment désolée… Je ne vous avais pas reconnue.
2. **Exprimer de la joie, du bonheur**
   – Je ne sais pas comment vous dire ce que je ressens… Merci… merci… Merci à tous d'être là !
3. **Exprimer un soulagement**
   – Ouf… Je me sens mieux… J'étais vraiment inquiète… T'étais pas rentré… Mais t'es là… Ça va mieux.
4. **Faire un reproche**
   – Non, mais… tu as vu l'heure ? C'est à cette heure-ci que tu arrives ? Tu te fiches* du monde, ou quoi ?
5. **Manifester de l'indifférence**
   – Mouais… Si tu veux… Si tu veux… Choisis ce que tu veux… Moi, tu sais… Camembert ou Reblochon*… Pff… Je m'en fous*.
6. **Compatir**
   – Oh les pauvres ! Quel malheur ! Mon Dieu !… C'est terrible ce qui leur arrive !
7. **Exprimer des doutes**
   – Il est parti ? définitivement ?… Oh, non ! C'est pas vrai ça… J'ai du mal à le croire… Non, je ne te crois pas…
8. **Imposer une règle**
   – Ça ne se fait pas, ça ne se fait pas. C'est comme ça, il n'y a pas à discuter. Voilà !
9. **Émettre des réserves**
   – Très sportive… euh non…, je ne dirai pas ça… euh, elle fait un peu de sport… de temps en temps… mais de là à dire qu'elle est sportive…

* Français familier : se ficher du monde = se moquer des autres, les mépriser ; s'en foutre : se désintéresser, être indifférent.
**Reblochon : fromage français de Haute-Savoie.

7 Prononcez ces phrases, d'abord sur un ton calme et courtois, puis sur un ton agacé, irrité ou excédé. Écoutez pour vérifier.

1. Tu pourrais ne pas insister ? Tu pourrais nous laisser tranquilles ?
2. Vous pourriez vous taire un moment et nous laisser regarder le film !
3. Vous pourriez peut-être vous pousser et me laisser passer ?
4. On ne pourrait pas changer de sujet ? Passer à autre chose ?

8 Répétez ces phrases en français familier sur un ton nerveux et excédé.

Automobilistes au volant
– Mais qu'est-ce qu'ils attendent pour avancer, le feu est vert !
– Merde ! Ça n'avance pas !
– Il ne va quand même pas me piquer* ma place, cet abruti* !
– Tu l'as vu, ce dingue* ? À quelle allure il roule !
– Chauffard ! Ça ne va pas non ?
– Mais, c'est pas vrai, il a failli me rentrer dedans celui-là !

* Français familier : piquer ma place = me prendre ma place ; un abruti = un idiot, dénué d'intelligence ; un dingue = un fou.

> Les **interjections** participent à l'expressivité de la parole.
>
> ☞ Entraînez-vous avec les exercices **9** à **15**.
>
> Voir aussi :
> – « Zut ! », partie II-1, [i], [y], [u], exercice 21 (page 37) ;
> – « Encore ! », partie II-2, /O/, exercice 14 (page 62) ;
> – « Bravo ! » / « Vraiment ! », partie IV-1, [b] – [v], exercice 13 (page 121) ;
> – « Vivement… » / « Enfin ! » / « Ouf ! », partie IV-2, [f] – [v], exercice 13 (page 144) ;
> – « Aïe ! », partie IV-2, [ʒ] – [j] – [ɲ], exercice 10 (page 176).
> – « Bravo ! » / « Merci ! », partie IV-3, [ʀ], exercice 14 et [ʀ] – [l], exercice 15 (pages 184 et 191).

9 Répétez.

1. Quelle histoire ! Oh ! là, là !
2. Oh ! là, là ! Eh bien, dites donc ! Bravo !
3. Attention ! Oh ! là, là ! C'est dangereux ça !
4. Oh ! là, là ! Tu as vu le prix des places de concert !
5. Oh ! là, là ! Ça barde chez les voisins du dessus !
6. Il est déjà 8 heures ! Oh ! là, là ! Je vais encore être en retard !

10 Faites varier l'intonation selon le contexte. Écoutez pour vérifier.

1. Ah ! Ça ! Je ne sais pas ! C'est possible, mais j'en sais rien !
2. Ah ! Quand même ! Il a fini par accepter !
3. Ah ! Ça suffit maintenant ! J'en ai assez !
4. Ah ! Je comprends maintenant ! Tout s'explique !
5. Ah ! Vous n'êtes pas libre ? C'est vraiment dommage !
6. Ah ! J'y pense, j'ai un message pour toi, j'allais oublier.

Les procédés expressifs

11 **Distinguez le « bravo » de félicitations du « bravo » ironique.**

1. – Tu as réussi ton permis de conduire ? Bravo !
   – On t'a retiré ton permis de conduire ? Eh bien, bravo !

2. – Dix-huit sur vingt en maths ? Bravo !
   – Cinq sur vingt en maths ? Bravo ! Félicitations !

3. – Tu as pu faire démarrer la voiture ? Eh bien, bravo !
   – Quoi ? Tu as encore embugné* la voiture ? C'est pas vrai ! Eh ben, bravo !

* Français familier : embugner une voiture = la heurter.

12 **Faites varier l'intonation selon le contexte.**

A. – Eh bien ? Que dites-vous de ma proposition ?
   – Eh bien ? Qu'est-ce qu'on fait ce soir ? un petit cinoche ?
   – Eh bien ? Comment ça s'est passé ton examen ?
   – Eh bien ? Comment tu as trouvé le film ?

B. – Eh bien ! Réponds quand on te pose une question.
   – Eh bien vas-y ! Vas-y à ma place, puisque ça te fait plaisir.
   – Plus de questions ? Eh bien, passons au sujet suivant !
   – Tout le monde est là ? Eh bien, allons-y… On peut commencer.

13 **Répétez. Faites varier l'intonation selon le contexte.**

A. – Et alors ? Vous avez des nouvelles de l'affaire ?
   Comment ça s'est résolu le problème ?
   – Et alors ? Tu changes d'ordi* ou non finalement ?
   – Et alors ? Ta fête finalement, c'est quand ?

B. – Je ne parle pas… Et alors ! J'ai le droit de ne rien dire, non ?
   – J'ai eu tort… Oui, bon… Et alors ! Ça arrive.
   – Je n'y connais rien à l'informatique. Bon… Et alors ! Je m'en passe très bien.
   – J'aime bien les grosses voitures ? Bon… Et alors ! C'est interdit ?

* Français familier : ordi = ordinateur.

14 **Ces phrases sont incomplètes. Écoutez-les en entier, puis répétez-les de mémoire avec l'intonation proposée.**

Quand je pense que je t'ai sauvé la vie !...
→ *Quand je pense que je t'ai sauvé la vie !* **Et c'est comme ça que tu me remercies !**
Quand je pense que je t'ai sauvé la vie !...
→ *Quand je pense que je t'ai sauvé la vie !* **J'en suis encore toute retournée !**

1. – Quand je pense à tous les livres qu'il me reste à lire !… → ....
   – Quand je pense à tous les livres qu'il me reste à lire !… → ....

2. – Quand je pense au travail qui nous attend !… → ....
   – Quand je pense au travail qui nous attend !… → ....

3. – Quand je pense que tu disais que tu m'aimais !… → ....
   – Quand je pense que tu disais que tu m'aimais !… → ....

Les procédés expressifs

15 Répétez ces interjections proposées sous forme de courts dialogues.

1.
– Alors ?
– Parfait !

2.
– Bravo !
– Bof !

3.
– Coucou !
– Ah ! Enfin !

4.
– Vous ici ?
– Eh oui !
– Ça alors !

5.
– Dommage ! Tant pis !
– Oh non ! Tant mieux !

6.
– Ras le bol !
– Ah bon ?

7.
– Stop ! Ça suffit !
– D'accord, d'accord.

8.
– Mince !
– Oui, la barbe !
– Tant pis !

9.
– Ouste ! Dehors !
– Ça alors ! Mais Pourquoi ?

10.
– Chapeau ! Vraiment !
– Merci, merci !

11.
– S'il vous plaît ?
– Voilà ! voilà ! J'arrive.

12.
– Merde et merde !
– Pardon ?
– Oh ! Pardon, pardon !

INTERPRÉTATION

16 Préparez cet extrait théâtral pour le dire à voix haute, puis écoutez l'interprétation proposée.

> Oui, le *Père Tranquille**, j'écoute. Ah ! Alors, t'es où ?… Mais tu sais quelle heure il est ?… Ah bon ? Et pourquoi ?… Mouais… Ah bon… Mouais… Mmmmmh… Et tu as besoin de partir chez ta copine pour réfléchir, tu peux pas réfléchir à la maison ?…
> Mais à quoi ? À quoi tu veux réfléchir ?… Je comprends rien, je comprends pas ce que tu me dis… *(s'énervant)* Qui c'est qui t'a foutu ces idées dans la tête, d'abord ?…
> Et tu choisis le vendredi soir, pour me faire ça ?… *(Il tâche de se dominer)* Bon. Écoute, Arlette, écoute […].
>
> « *Un air de famille* de Agnès JAOUI et Jean-Pierre BACRI, Paris, Éditions L'avant-scène théâtre, collection Quatre-Vents ».
>
> * *Le Père Tranquille* : bistrot et restaurant parisien connu, situé à Paris dans le premier arrondissement entre les Halles et Beaubourg.

17 Préparez ce dialogue à deux pour le jouer, puis écoutez l'interprétation proposée.

> A : – Ça ne va pas ?
> B : – Si, si, ça va, ça va.
> A : – Mais non, ne me dis pas que ça va ; je vois bien que ça ne va pas !
> B : – Mais puisque je te dis que ça va !
> A : – Bon, bon, très bien, très bien.

Partie II

Les voyelles et les semi-voyelles

[i] – [y] – [u]
et
[j] – [ɥ] – [w] 30

/E/ : [e] – [ɛ] 43

/Œ/ :
[ø] – [œ] – [ə] 51

/O/ : [o] – [ɔ] 58

/E/ – /Œ/ – /O/ 66

[ɛ̃] – [ɑ̃] – [ɔ̃] 75

1 Les voyelles [i] – [y] – [u] et les semi-voyelles [j] – [ɥ] – [w]

SENSIBILISATION

PROVERBES

- L'habitude est une seconde nature.
- Plus on est de fous, plus on rit.
- Celui qui ne brille pas le jour, brille la nuit. *(Suisse)*
- Au royaume des aveugles, les borgnes sont rois.

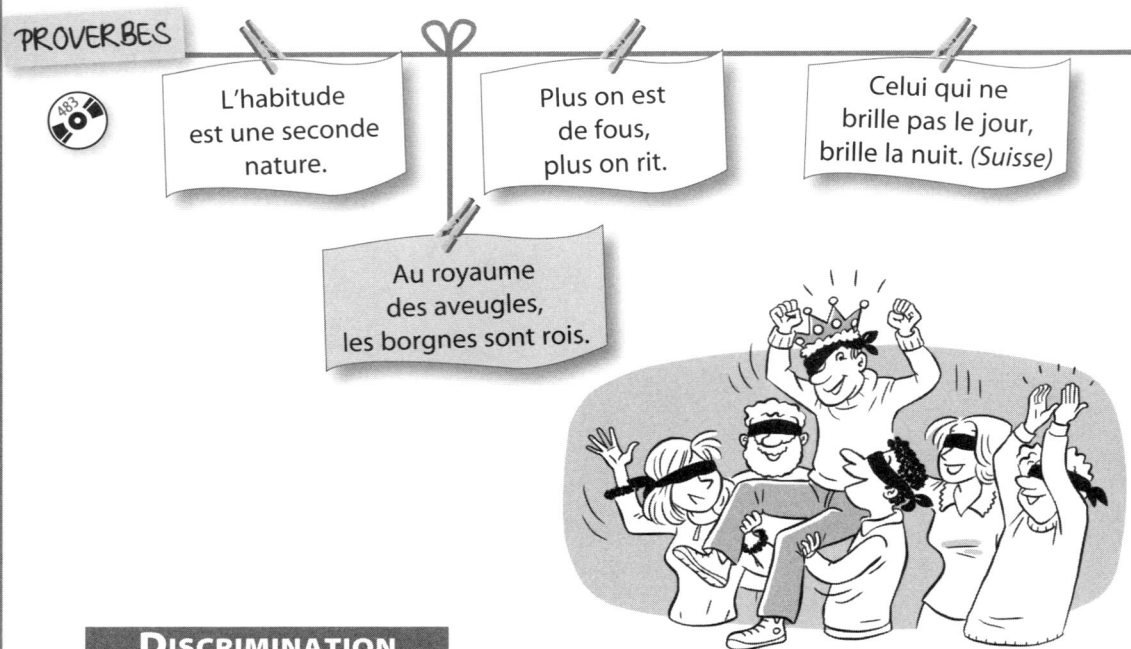

[i]
[y]
[u]

[j]
[ɥ]
[w]

DISCRIMINATION

Faites le point
Distinguez-vous [y] de [i] et [u] ? Distinguez-vous les deux semi-voyelles [ɥ] et [w] ?
Entendez-vous la semi-voyelle [j] à la fin d'un mot ?

1 Dans quel ordre entendez-vous ces mots ?

A. Syllabe ouverte

	1 [i]	2 [y]	3 [u]	
	pis	*pu*	*pou*	2-1-3
1.	qui	cul	cou	…
2.	bi	bu*	bout	…
3.	mie	mue	mou	…
4.	fit*	fut*	fou	…

B. Syllabe fermée

	1 [i]	2 [y]	3 [u]	
	pisse	*puce*	*pousse*	3-1-2
5.	pire	pur	pour	…
6.	bise	buse	bouse	…
7.	bile	bulle	boule	…
8.	figue	fugue	fougue	…

* Formes verbales de *boire, faire, être*.

2 Quel mot entendez-vous ? Cochez.

A.
	[i]		[ij]	
	qui	...	quille	✗
1.	gentil	...	gentille	...
2.	fit*	...	fille	...
3.	Papi	...	papille	...
4.	maquis	...	maquille*	...
5.	mordit*	...	mordille*	...
6.	sourcil	...	sourcille*	...

B.
	[u]		[uj]	
	houx	✗	houille	...
1.	boue	...	bouille	...
2.	toux	...	touille*	...
3.	fou	...	fouille*	...
4.	mou	...	mouille*	...
5.	nous	...	nouille	...
6.	roue	...	rouille	...

* Formes verbales de faire, maquiller, mordre, mordiller, sourciller, touiller, fouiller, mouiller.

3 Entendez-vous [ɥ] ou [w] ? Cochez et complétez le texte.

[ɥ]	[w]	
✗	...	*Monsieur Dup......is*
✗	...	*est né en j......in 1950 à Saint-Malo.*
...	✗	*Il est mal......in d'origine,*
...	...	*mais vit maintenant à Cal......ire,*
...	...	*dans le hameau de « La B......isse ».*
...	...	*Il a un fils, L......is,*
...	...	*qui est h......issier.*
...	...	*M. Dup......is est un homme aux épaules p......issantes*
...	...	*et à l'air réj......i .*
...	...	*C'est un habit......é du « Café du c......in ».*
...	...	*où il va j......er aux dés.*
...	...	*Et p......is,*
...	...	*il a une curieuse passion : les m......ettes et les ping......ins !*

[i]
[y]
[u]

[j]
[ɥ]
[w]

↪ • **Devant [i] et [ɛ̃], le « u » se prononce toujours [ɥ] : lui** [lɥi]**, juin** [ɥɛ̃].
• **Devant [e] :**
– **le « u » peut se prononcer [y] ou [ɥ] : buée** [bye] **ou** [bɥe]**,**
– **le « ou » peut se prononcer [u] ou [w] : bouée** [bue] **ou** [bwe]**.**

ENTRAÎNEMENT ARTICULATOIRE

Pour le [i], les lèvres sont écartées ; pour le [y] et le [u], elles sont arrondies et projetées en avant.

[i]
[y]
[u]

[j]
[ɥ]
[w]

4 Répétez. Distinguez bien les deux voyelles de chaque mot.

1. [i] – [y] → une issue – une tribu – un tissu – un fichu
              → une pilule – une virgule – un virus – un rictus

2. [y] – [i] → un fusil – un sursis – une pénurie – une écurie
              → lucide – multiple – unique – public

3. [u] – [y] → j'ai voulu – j'ai couru – j'ai tout vu – j'ai tout lu
              → une moulure – une foulure – une bouture – une fourrure

4. [y] – [u] → tu cours – tu loues – tu joues – tu louches
              → un burnous – l'humour – un tue-mouches – Mulhouse

5 Répétez. Distinguez bien les sons [y] et [u] dans les mots en gras.

1. C'est une grosse **puce**.   C'est une grosse **pousse**.
2. Dis-lui « **tu** ».   Dis-lui **tout**.
3. **Tu** dors.   **Tout** dort.
4. Quelle **fugue** !   Quelle **fougue** !
5. Tu **as vu** ?   Tu **avoues** ?
6. Il y a de l'**abus** !   Il y a de **la boue** !
7. Prenez cette **rue**.   Prenez cette **roue**.

6 Répétez. Distinguez bien les sons [i] et [y] dans les mots en gras.

1. **Luce lisse** sa chevelure.
2. **Ulysse dîne** sur la **dune**.
3. Arthur est **riche** grâce à ses **ruches**.
4. Murielle passe de la **cire sur** les moulures.
5. **Émile** fait des **émules**.
6. Tous les **six sucent** leur pouce.
7. « Hurluberlu », c'est **dur** à **dire**.

7 Cherchez des mots dérivés. Prononcez-les, puis écoutez pour vérifier.

A. Substantif   → Adjectif   Substantif   → Substantif
    une tête   → *têtu*   *un lecteur*   → *la lecture*
    une barbe   → barbu   un sculpteur   → la sculpture
    un poil   → poilu   un relieur   → la reliure
    une bosse   → bossu   un graveur   → la gravure
    une joue   → joufflu   un coiffeur   → la coiffure

Verbe	→ Substantif	Adjectif	→ Substantif
blesser	→ une blessure	plat(e)	→ la platitude
brûler	→ une brûlure	long(ue)	→ la ....
couper	→ une capture	exact(e)	→ l'..................
piquer	→ une piqûre	las(se)	→ la ....
déchirer	→ une déchirure	apte	→ l'..................

B.
Substantif	→ Verbe	Substantif	→ Verbe
la séduction	→ séduire	la constitution	→ constituer
la réduction	→ réduire	la situation	→ situer
une traduction	→ traduire	l'accentuation	→ accentuer
une introduction	→ introduire	la distribution	→ distribuer
une reproduction	→ reproduire	la pollution	→ polluer

↪ **Les mots terminés par « -ture », « -tude » et « -tion » sont la plupart du temps des mots féminins :** *la peinture, la certitude, une section.*

8 Répétez en articulant distinctement les semi-voyelles ([ɥ], [w]).

1. La situation a évolué.
   La négociation a échoué.
   La Russie a déjoué un attentat.

2. Des squatteurs ont été évacués.
   L'attitude des élus a été saluée.
   Le revenu minimum a été réévalué.

3. La fracture sociale s'est accentuée.
   La tradition du poisson d'avril s'est perpétuée.
   Le bruit en ville s'est atténué.

>>> Voir la remarque après l'exercice 3 (page 31). <<<

[i]
[y]
[u]

[j]
[ɥ]
[w]

9 Répétez.

Ne faites pas de liaison ni d'enchaînement devant un « h » dit « aspiré ».
(Voir en annexe, page 202.)

1. « h » non aspiré :
   liaison, enchaînement.
   des histoires humoristiques
   une hystérie collective
   un hiver doux
   une grande humanité
   des huissiers de justice
   les huit hôpitaux

2. « h » aspiré :
   pas de liaison, pas d'enchaînement.
   Les # hiboux # hululent.
   des # hurlements # horribles
   une forte # houle
   un # huit sur vingt
   un # huis-clos dramatique
   des # hauts-parleurs puissants

II / 1

10 Suivez les itinéraires et répétez le nom des villes.

[i]
[y]
[u]

[j]
[ɥ]
[w]

De Paris à Londres via *Lille*.
De Paris à Bruxelles via *Amiens et Lille*.

1. De Lille à Nice *via* Vichy et Nîmes.
2. De Tours à Lourdes *via* Bourges et Toulouse.
3. De Bruges à Tulle *via* Mulhouse.
4. Du Puy-en-Velay à Marseille *via* Lyon.
5. De Villejuif à Tourcoing *via* Amiens.
6. De Fréjus à Ajaccio *via* Bastia.

RYTHME ET INTONATION

11 Écoutez. Notez les liaisons et les enchaînements. Répétez en respectant le rythme et l'intonation.

Dans une rue / un soir à huit heures...
Le bus 68 s'arrête au terminus.

Une voiture rouge brûle un feu rouge.
Un type furieux insulte le conducteur de la voiture.
Un cycliste file à toute allure.
Des parapluies s'ouvrent.
Un homme enfouit ses mains dans les poches de son pardessus.
Une femme en jupe de cuir court vers l'abribus.
L'enfant refuse de courir. La femme crie : « Louis, suis-moi ! »
Une jeune fille en noir fume, debout sous la pluie.
Un chien aboie, une sirène hurle.
Les hirondelles se réunissent sur les fils téléphoniques.

12 Passez du présent au passé composé. Prononcez avec une intonation neutre. Écoutez pour vérifier.

Je vous attends, je vous vois. → Je vous ai attendu(e)(s) et je vous ai vu(e)(s).
Je vous vois, mais je ne vous reconnais pas.
→ Je vous ai vu(e)(s), mais je ne vous ai pas reconnu(e)(s).

1. Je vous entends et vous m'émouvez. → ...
2. Je vous vois et je vous reconnais. → ...
3. Je vous aperçois, mais vous ne me voyez pas. → ...
4. Je vous déplais, mais vous ne m'excluez pas. → ...
5. Vous me suivez et je ne vous fuis pas. → ...
6. Je ne vous crois pas, vous ne me convainquez pas. → ...

13 Indiquez les groupes rythmiques et ajoutez la ponctuation. Répétez.

C'est sûr au SAMU les urgences c'est de plus en plus dur surtout la nuit.
→ C'est sûr, / au SAMU, / les urgences, / c'est de plus en plus dur, / surtout la nuit.

1. J'ai retenu des places oui huit places pour le huit juillet.
2. Six oui six truites tout de suite oui pour la table dix-huit !
3. Non ce n'est pas lui Louis Louis c'est lui là-bas celui qui s'en va sous la pluie.
4. Si si c'est bientôt à vous je vous assure restez ici ne vous éloignez pas trop.

14 Répétez, puis inversez les deux éléments de la phrase. Lisez à voix haute, puis écoutez pour vérifier.

Depuis qu'on s'est revus, on ne se quitte plus.
→ On ne se quitte plus, depuis qu'on s'est revus.

1. Depuis qu'on vit en couple, on se dispute de plus en plus.
2. Depuis qu'il est barbu, je lui trouve un air plus bourru.
3. Depuis que tu es revenu, je te trouve de plus en plus taciturne.
4. Depuis qu'on est réunis, on ne s'ennuie plus du tout.

[i]
[y]
[u]

[j]
[ɥ]
[w]

15 Répétez, puis inversez les deux éléments de la phrase. Lisez à voix haute, puis écoutez pour vérifier.

Puisque tu ne dis pas tout, je ne dirai rien non plus.
→ *Je ne dirai rien non plus, puisque tu ne dis pas tout.*

1. Puisque ce sujet est tabou, n'en parlons plus.
2. Puisque les journalistes l'ont su, demain ce sera sûrement à la une.
3. Puisque je suis élu, je vais m'occuper de tout.
4. Puisque personne ne m'avait reconnue, j'ai pu m'éclipser avant la nuit.
5. Puisque tu connais mon point de vue, tu ne seras pas surpris de mon refus.

16 Ces cinq phrases sont incomplètes. Écoutez-les en entier, puis répétez-les de mémoire avec l'intonation proposée.

À mesure que la lutte se durcit,…
→ *À mesure que la lutte se durcit, **les réactions de la rue évoluent**.*

1. À mesure que l'édifice décrié se construisait,…
2. À mesure que les nuages s'accumulaient,…
3. Les injustices se sont accentuées à mesure que…
4. Au fur et à mesure de la discussion,…
5. Le scénario s'est modifié…

[i]
[y]
[u]

[j]
[ɥ]
[w]

17 Répétez les questions avec une intonation montante.

→ → → →   ↗
Tu as lu le livre ?

1. Vous avez reçu la facture ?
2. Vous avez entendu le flûtiste ?
3. Tu as reconnu le moustachu ?
4. Vous avez convaincu les élus ?
5. Tu as revendu tes chaussures ?
6. Vous avez entendu le discours ?

18 Passez d'une formulation à une autre en respectant l'intonation. Écoutez pour vérifier.

Tu as lu le livre sur la culture turque ?
→ → → →/→ →   → → → → → ↗
→ *Tu l'as lu, le livre sur la culture turque ?*

Vous avez traduit votre livre de cuisine ?
→   → → →→ / →→ → → → ↗
→ *Vous l'avez traduit, votre livre de cuisine ?*

1. Vous avez reçu la facture de l'huissier ?   → …
2. Vous avez entendu le flûtiste du quatuor ?   → …
3. Tu as reconnu le moustachu tatoué en costume gris ? → …
4. Vous avez convaincu les élus de la commune ?   → …
5. Tu as revendu tes chaussures de cuir ?   → …
6. Vous avez entendu le discours du ministre de la Culture ? → …

19 Répétez les phrases lentement l'une après l'autre en articulant très distinctement, puis reprenez-les en les enchaînant plus rapidement.

> Reculez, reculez... plus loin !

> Ne poussez pas s'il vous plaît !

> Ne vous bousculez pas !

> Évacuez la rue tout de suite !

> Surtout, ne criez pas, ne hurlez pas !

> Pas de brusqueries, pas de hurlement, pas de panique !

20 Répétez. Allongez les phrases en respectant le rythme et l'intonation.

1. Quelle superbe vue !
   Quelle superbe vue vous aurez !
   Quelle superbe vue vous aurez de ce huitième étage !

2. Quel ennui !
   Quel ennui, ce discours !
   Quel ennui, ce discours insipide, inintéressant et insignifiant !

21 Observez les différents usages de l'interjection « zut », puis répétez.

1. Oh, zut ! C'est une rue sans issue ! demi-tour...
2. Zut ! J'ai perdu le fil ! Je ne sais plus du tout où j'en suis...
3. Ils n'ont pas retenu ta candidature ? Oh, zut alors !
4. Zut alors, si je ne t'ai pas convaincu !
5. J'hésite, j'hésite à y aller... Oh ! et puis zut..., j'y vais...
6. Je ne peux pas acheter ce truc*, je n'ai plus un sou... Oh, et puis zut...

* Français familier : un truc = sert à désigner une chose sans la nommer.

22 Imitez les deux manières d'adresser ces reproches : la première plutôt neutre, la seconde plus vive.

1. Je vous ai attendu plus d'une heure ! Vous auriez pu m'avertir !
2. Tu aurais tout de même pu m'avertir ! Ça fait plus d'UNE heure que je poireaute* !
3. Vous avez eu tort ! Vous auriez dû écouter ses conseils !
4. Tu as eu tort sur TOUTE LA LIGNE ! Tu aurais VRAIment dû l'écouter !
5. Vous auriez tout de même pu noter le rendez-vous, Mademoiselle Loyal !
6. T'as oublié, COMME d'habitude, t'aurais pu noter le rendez-vous !

* Français familier : poireauter = attendre.

[i]
[y]
[u]

[j]
[ɥ]
[w]

23 Déplacez le premier élément à la fin de chaque phrase. Lisez les couples de phrases à voix haute. Écoutez pour vérifier.

Tu abuses ! Tu cours partout ! Tu touches à tout !
→ Tu cours partout ! Tu touches à tout ! ***Tu abuses !***

1. Tu abuses ! Tu fouines partout ! Tu fouilles partout !
2. Tu es un filou ! Tu nous pilles... Tu nous dépouilles.
3. Tu nous ennuies ! Tu critiques tout... Tu juges de tout.
4. Tu m'éblouis ! Tu séduis tout le monde... Tu réussis tout.
5. Tu me rassures ! Tu t'occupes de tout... Tu surveilles tout.
6. Tu nous trahis ! Tu dis tout… Tu répètes tout.

24 Les réponses aux questions sont incomplètes. Écoutez-les en entier, puis répétez-les de mémoire avec l'intonation proposée.

– Tu ne l'as pas lu, son livre ?
– Si, bien sûr que si, je l'ai lu... *juste après sa parution.*

[i]
[y]
[u]

1. – Vous ne l'avez pas reçue, votre facture ?
   – Si, si, bien sûr, je vous le confirme, je l'ai reçue...
2. – Tu n'as pas entendu hurler, cette nuit ?
   – Si, si, oh, que si ! Et je n'ai pas pu me rendormir...
3. – Tu ne l'as pas su, qu'ils se sont revus ?
   – Mais si... Je l'ai su, bien entendu. Je l'ai su...
4. – Vous ne les avez pas rendus, vos livres ?
   – Si, si, vous pouvez en être sûr, je les ai rendus...

[j]
[ɥ]
[w]

25 Écoutez les dialogues une première fois, puis écoutez à nouveau et donnez la réplique. Imitez les intonations proposées.

1. – Ce type est plutôt riche, non ?
   – Riche ? Il n'est pas riche, il est richissime.
2. – Il n'est pas un peu bourru ton ami ?
   – Bourru ? Non. Il est plus timide que bourru.
3. – C'est une idée absurde, non ?
   – Absurde ? Non, pas absurde. Saugrenue plutôt qu'absurde.
4. – Tu n'es pas un peu buté ?
   – Moi, buté ? Je ne suis pas buté, je suis têtu.
5. – C'est une brute, ce type, non ? ! Tu ne trouves pas ?
   – Une brute ? mmm... non... une fripouille plutôt.
6. – Vous êtes fatigué ?
   – Je ne suis pas fatigué, je suis exténué !!

26 Répétez en manifestant la même humeur que le locuteur.

1. – J'ai tout vendu.
   – Tu as tout vendu ? Tout ? Non !

2. – J'ai tout vu.
   – Tu as vraiment tout vu ?

3. – J'ai tout perdu, tout, en une minute.
   – Non, tu as tout perdu ?

4. – Ils ont tous été réélus, tous !
   – Tous ? Même les nouveaux venus ?

5. – On s'est beaucoup ennuyé.
   – Oh, pas tout le temps tout de même ?

6. – Tous les détenus se sont enfuis.
   – Enfuis ? Les détenus ? Tous ?

27 Après une première écoute, écoutez à nouveau, puis répondez en même temps que le locuteur.

1. – Pourvu que le beau temps dure !
   – Pourvu qu'il dure jusqu'à dimanche surtout !

2. – Pourvu qu'il arrive aujourd'hui !
   – Pourvu qu'il arrive à temps surtout !

3. – Pourvu que ça se passe bien son concours !
   – Et pourvu qu'elle réussisse surtout !

4. – Pourvu que tout s'arrange !
   – Et que ça s'arrange vite, surtout !

5. – Pourvu qu'on puisse entrer !
   – Et qu'on soit bien placé, surtout !

[i]

[y]

[u]

[j]

[ɥ]

[w]

28 Après une première écoute, prenez de mémoire le rôle de B. Respectez le rythme et l'intonation.

A : – Je n'aurais pas dû lui dire ça hier.
B : – Ça, c'est sûr ! Tu n'aurais pas dû lui dire ce que tu lui as dit !
A : – Il faudra que je m'excuse.
B : – Oui, bien entendu, il faut que tu t'excuses.
A : – Rassure-moi, il ne m'en a pas trop voulu ?
B : – Mais bien sûr que si, il t'en a voulu...
A : – Et toi, tu l'as comprise mon attitude ?
B : – Oui, moi, oui, mais pas tout de suite, tout de suite.
A : – Ah ! Tu me rassures.

29 Lisez ces citations à voix haute, en même temps que le locuteur. Répétez-les autant de fois que nécessaire pour les mémoriser.

- « Un dictionnaire, c'est tout l'univers par ordre alphabétique. » Anatole FRANCE
- « C'est la nuit qu'il est beau de croire à la lumière. » Edmond ROSTAND

[i]
[y]
[u]

[j]
[ɥ]
[w]

 **30** Après une première écoute, lisez le texte à voix haute en suivant le rythme et les pauses du locuteur. Écoutez pour vérifier.

« Je suis debout dans une rue sur un mur. Tout est obscur, c'est le crépuscule. Tout autour partout des hiboux, des ubus et des loups. Les loups pullulent et hurlent. Les hiboux hululent en sourdine et les ubus crient en continu : "Fuis, fuis, fuis, fuis". Je suis debout sur le mur et à mon tour je crie : "Je ne suis pas sourd !" – C'est vrai, ça, Docteur, j'ai l'ouïe fine. – Et puis, tout à coup un individu roux et hirsute déboule du bout de la rue et me susurre : "Suis, suis, suis, suis". Je roule en bas du mur et je suis l'individu roux qui court à toute allure. Du coup tous s'enfuient : loups, hiboux et ubus, et moi je cours, voilà. C'est tout Docteur. »

 31 Après une première écoute du texte en entier, lisez les cinq phrases à voix haute et complétez-les de mémoire. Écoutez pour vérifier.

Aujourd'hui l'assurance-vie est, parmi la multitude de produits d'épargne rémunérés, le contrat favori des Français. Pourquoi ?
– Parce que c'est un système…
– Parce que c'est une formule…
– Parce que c'est un contrat…
– Et surtout parce que l'assurance-vie…
– Bref c'est l'outil d'épargne…

INTERPRÉTATION

 **32** Préparez ce texte pour le dire à voix haute, puis écoutez l'interprétation proposée.

Déclaration des Droits de l'enfant 20 novembre 1959
PRINCIPE PREMIER
L'enfant doit jouir de tous les droits énoncés dans la présente Déclaration. Ces droits doivent être reconnus à tous les enfants sans exception aucune, et sans distinction ou discrimination fondées sur la race, la couleur, le sexe, la langue, la religion, les opinions politiques ou autres, l'origine nationale ou sociale, la fortune, la naissance, ou sur toute autre situation, que celle-ci s'applique à l'enfant lui-même ou à sa famille.

PHONIE-GRAPHIE

33 Sélectionnez, dans le chapitre ou dans votre lexique personnel, des mots avec les sons [i], [y], [u]. Notez-les.

[i]			
« i »	« î »	« ï »	« y »
....	....	maïs, égoïste, ambiguïté	....
....	....		....

Mots d'origine anglaise
- « i » = [aj] → *outsider, prime-time.*
- « i » = [œ] → *flirt, flirter, tee-shirt.*
- « ea », « ee » = [i] → *dealer, feedback, feeling, free-lance, has-been, tee-shirt, week-end.*

[y]*		
« u »	« û »	« uë »
....	....	Quelques mots : *aiguë, contiguë, exiguë, ambiguë*
....	....	

* Le participe passé du verbe *avoir* se prononce [y] mais s'écrit « eu » : j'ai eu [jɛy].

Mots d'origine anglaise
- « u » = [u] → *blues* ; = [i] → *business* ; = [œ] → *bluff, bluffer, club, hold-up, puzzle, start-up, surf* ; = [ju] → *fuel* [fjul].

[u]	
« ou »	« oû / où »
....	....
....	....

Mots d'origine anglaise
- « oo » = [u] → *cool, fast-food, foot, groom, look, surbooker.*

>>> Voir le *Tableau des graphies* (page 196). <<<

[i]
[y]
[u]
[j]
[ɥ]
[w]

34 Orthographiez ces adjectifs. Aidez-vous de votre dictionnaire.

un récit [mitik] → *un récit mythique*

1. une lettre [anɔnim] → ....
2. une secousse [sismik] → ....
3. un phénomène [siklik] → ....
4. des mots [sinɔnim] → ....
5. un boulevard [peʁifeʁik] → ....
6. une attitude [eʁɔik] → ....
7. un débat [pɔlitik] → ....
8. des troubles [psiʃik] → ....
9. un voyage [idilik] → ....
10. un homme [ipɔkʁit] → ....
11. un soldat [stɔik] → ....
12. une attitude [egoist] → ....

35 Orthographiez ces homonymes. Aidez-vous de votre dictionnaire.

Je viens chercher mon [dy] auprès [dy] patron.
→ *Je viens chercher mon **dû** auprès **du** patron.*

1. Cet homme d'âge [myʀ] aime la confiture de [myʀ]. → .... / ....
2. Il est [syʀ] qu'il y a de l'argent [syʀ] son compte. → .... / ....
3. [flyt] ! J'ai perdu ma [flyt] de Pan. → .... / ....
4. Il fait [du] pour un mois [du]*. → .... / ....
5. Il est complètement [su], il dort [su] la table ! → .... / ....
6. J'ai reçu un [ku] sur le [ku]. → .... / ....

* Ce mot peut se prononcer [ut] ou [u].

↪ **Les rectifications orthographiques de 1990 autorisent l'absence l'accent circonflexe sur le « u », sauf pour les formes verbales** *(il fût, nous fûmes, il a dû)* **et les homonymes** *(sûr, mûr, août).*

[i]
[y]
[u]

[j]
[ɥ]
[w]

Dictée

36 Écoutez et écrivez

....
....
....
....
....
....
....
....
....

ÉCRITURE CRÉATIVE

37 Écrivez, seul ou à plusieurs, des phrases ou des textes (virelangues, proverbes, récits, poèmes, chansons, recettes…) contenant en grand nombre les sons étudiés dans ce chapitre. Vous pouvez vous inspirer des exemples proposés dans le corrigé (p. 209) et les écouter.

Les voyelles intermédiaires
/E/ : [e] – [ɛ]

2

SENSIBILISATION

PROVERBES

- Déshabiller Pierre pour habiller Paul.
- Ciel pommelé et femme fardée ne sont pas de longue durée.
- Plaie d'argent n'est pas mortelle.
- L'abeille qui reste au lit n'amasse pas de miel. (Québec)

[e]

[ɛ]

DISCRIMINATION

Faites le point
Distinguez-vous la voyelle fermée [e] de la voyelle ouverte [ɛ] ?

1 **Notez le son entendu : [e] ou [ɛ]. Complétez les phrases.**

Il a gagné son procès. → [e] – [ɛ]
Si on y allait en tramway ? → [ɛ] – [ɛ]

1. Il fait frais. → [......] – [......]
2. L'hiver sera sec. → [......] – [......]
3. Mon siège est occupé. → [......] – [......]
4. Il va chez son banquier. → [......] – [......]
5. La pièce a du succès. → [......] – [......]
6. J'ai la flemme d'y aller. → [......] – [......]
7. Achète un gros poulet au marché. → [......] – [......] – [......]
8. Elle est arrivée le treize. → [......] – [......] – [......]

ENTRAÎNEMENT ARTICULATOIRE

[e]
[ɛ]

2 Observez et répétez (→) les mots en syllabe fermée.

[ɛ]

e + C	→ un chef	un échec	un concert
e + CC	→ des lunettes	une caisse	une poubelle
è + C	→ un chèque	une carrière	une grève
ê + C	→ un rêve	une fête	une gêne
ai + C	→ l'air	une aile	une chaise
ei + C	→ la neige	c'est beige	une baleine

↪ **En syllabe fermée, prononcez toujours [ɛ] devant une consonne.**
Allongez le [ɛ] ([ɛ:]) devant [ʒ], [ʁ], [v] et [z] : *beige, concert, rêve, chaise*.

3 Observez et répétez (→) les mots en syllabe ouverte.

Série 1 : [e]

-é	→ un bébé	l'été	un député
-ée	→ une soirée	une cuillerée	une assemblée
-er	→ un dîner	un épicier	un quartier
-ez	→ chez	un nez	vous savez

↪ **Prononcez toujours [e] les graphies suivantes : « é », « er », « ez ».**

Série 2 : [ɛ]

ai	→ la paix	une baie	un portrait
et	→ l'alphabet	un sommet	un trajet
êt	→ un arrêt	un prêt	une forêt
ès	→ un succès	un procès	un abcès
ay, ey	→ un tramway*	un jockey*	le hockey*

* Mots d'origine anglaise.

↪ **Pour les autres graphies, la prononciation normative est [ɛ].**
Mais dans plusieurs régions, ces terminaisons sont prononcées [e].

4 Formez des mots avec le préfixe « télé- ». Gardez la même prononciation pour les deux « é » de « télé- » : [e]. Écoutez pour vérifier (↓).

vision	→ *une télévision*	*cabine*	→ une ....
phone	→ un	commande	→ une ....
surveillance	→ une	gramme	→ un ....
siège	→ un	objectif	→ un ....

5 Écoutez la prononciation officielle de ces formes verbales.

Prononciation officielle : [e]			Prononciation officielle : [ɛ]	
Passé composé	Futur	Passé simple	Imparfait	Conditionnel
J'**ai** parl**é**	Je parler**ai**	Je parl**ai**	Je parl**ais**	Je parler**ais**
J'**ai** cherch**é**	Je chercher**ai**	Je cherch**ai**	Je cherch**ais**	Je chercher**ais**

↳ • La distinction traditionnelle entre futur ([e]) / conditionnel ([ɛ]) et passé simple ([e]) / imparfait ([ɛ]) est de moins en moins réalisée. La prononciation varie : certains prononcent toutes ces formes [e], d'autres les prononcent toutes [ɛ].
• On doit prononcer :
– [e] dans *j'ai*, mais [ɛ] est courant,
– [ɛ] dans *je sais, je vais, tu es, il est, c'est,* mais [e] est courant.

6 Cherchez des mots dérivés. Prononcez-les, puis écoutez pour vérifier.

[e] fermé   -ée   -ité
une cuillère   → *une cuillerée*   *fidèle*   → *la fidélité*
une assiette   → *une assiettée*   *fiable*   → *la fiabilité*

une pince   → une ....   crédible   → la ....
une bouche   → une ....   hospitalier → l'........................
une gorge   → une ....   fragile   → la ....
un poing   → une ....   instable   → l'........................
un soir   → une ....   vulnérable   → la ....
un matin   → une ....   nerveux   → la ....
une maison   → une ....   immortel   → l'........................

[e]
[ɛ]

7 Cherchez des mots dérivés. Prononcez-les, puis écoutez pour vérifier.

[ɛ] ouvert   -aire   -aine
un parlement   → *un(e) parlementaire*   *dix*   → *une dizaine*

une colocation → un(e) ....   quinze   → une ....
une propriété   → un(e) ....   vingt   → une ....
une publicité   → un(e) ....   trente   → une ....
une université → un(e) ....   quarante   → une ....
un retard   → un(e) ....   cinquante → une ....
un célibat   → un(e) ....   cent   → une ....

8 Soulignez les diminutifs. Lisez à voix haute, puis écoutez pour vérifier.

Un garçon<u>net</u> gentil<u>let</u> et une fil<u>lette</u> bru<u>nette</u> en jupette sortent en courant du jardinet de leur maisonnette pour s'enfoncer dans la ruelle en riant, car ils ont trouvé des piécettes et vont s'acheter une tartelette.

9 Lisez à voix haute, d'abord les lettres de l'alphabet, puis les sigles et leur signification. Écoutez pour vérifier.

A. [e] : B – C – D – P – T – V – W / [ɛ] : F – L – M – N – R – S

B.
- le PS → le [peɛs]   – le parti socialiste
- le PCF   – le parti communiste français
- la SNCF   – la Société nationale des chemins de fer (France)
- la SNCB   – la Société nationale les chemins de fer belges (Belgique)
- le TGV   – le train à grande vitesse
- le RMI   – le Revenu minimum d'insertion
- la CMU   – la Couverture maladie universelle
- le FMI   – le Fonds monétaire international
- un SMS   – Short Message Service
- un DVD   – Digital Video Disc
- un VTT   – un vélo tout terrain

[e]
[ɛ]

10 Classez les groupes de mots selon les suites de sons [e] ou [ɛ] qu'ils contiennent. Écoutez pour vérifier.

1.

une bière fraîche – un café léger

une télé allumée – une fenêtre ouverte –

un bonnet de laine – une adresse courriel –

des souliers usés – un fichier endommagé

	[ɛ] – [ɛ]	[e] – [e]
	une bière fraîche	un café léger
	....	....
	....	....
	....	....

2.

un thé au lait – une baie vitrée

des papiers en règle –

un cuisinier en goguette –

un parquet ciré – un vêtement démodé –

un clavier anglais – un billet périmé

	[e] – [ɛ]	[ɛ] – [e]
	un thé au lait	une baie vitrée
	....	....
	....	....
	....	....
	....	....

Ne faites pas de liaison ni d'enchaînement devant un « h » dit « aspiré ».
(Voir en annexe, page 202.)

11 Écoutez. Notez les liaisons et les enchaînements s'il y a lieu. Répétez.

Je # hais les‿hésitations. – Un‿hexagone a cinq côtés.

1. On hésite à vous héberger.
2. Dans cet hebdomadaire, vous saurez tout sur les|hérons et les|hérissons.
3. Il est rentré dans son pays en|héros.
4. Leur hélicoptère a perdu son hélice en survolant la Hongrie.
5. Près de la haie, il y a un parterre avec des‿herbes aromatiques.

RYTHME ET INTONATION

12 Écoutez. Notez les liaisons et les enchaînements. Répétez en respectant le rythme et l'intonation.

Veille de Noël
Un bijoutier baisse son volet en fer.
Les caissiers de la BNP encaissent les derniers chèques de la journée.
Une libraire empaquette des best-sellers.
Un grand-père essoufflé, très chargé de paquets bien ficelés,
s'arrête et s'appuie sur un réverbère.
Des gens emmitouflés se pressent dans le RER.
Un père Noël harassé court à la crèche chercher son dernier-né.
Quelques étrangers désorientés errent sans savoir quoi faire.
Il est sept heures, il neige, c'est la veille de la fête de Noël.

13 Ces quatre phrases sont incomplètes. Écoutez-les en entier, puis répétez-les de mémoire.

Ils s'arrêtèrent sur le gué, ramassèrent des pierres et… → ***les jetèrent dans la rivière.***

1. Ils passèrent par derrière, cassèrent une vitre et…
2. Elles s'arrêtèrent sous le réverbère, craquèrent une allumette et…
3. Elles relevèrent la tête, se dévisagèrent et…
4. Ils ajustèrent leur visière, tournèrent la clef et…

14 Répétez ce texte avec les pauses et les allongements proposés.

Où était-ce ? dans un pré ? près de la mer ? sur un quai ? dans les blés ?… Je ne sais pas.
Quand était-ce ? en janvier ? en mai ? en juillet… J'ai oublié.
Que portais-je ? un blazer ? un ciré ? un bonnet ? un cache-nez ?… Je ne me rappelle pas.
Avec qui étais-je ? avec un gangster ? un douanier ? un loup de mer ?… Je ne sais pas, j'ai oublié, je ne me rappelle pas. Ah, quelle mauvaise mémoire !

[e]
[ɛ]

15 Répétez en respectant l'intonation proposée.

– Le sel !
– Passez-moi le sel !
– Le sel, s'il vous plaît.
– Vous pouvez me passer le sel ?
– Est-ce que je pourrais avoir le sel ?
– Est-ce que vous pourriez me passer le sel, s'il vous plaît ?
– Seriez-vous assez aimable pour me passer le sel, s'il vous plaît ?
– Auriez-vous l'extrême obligeance de me passer le sel, s'il vous plaît ?

16 Répétez en respectant l'intonation et l'accentuation proposées.

1. Il a une de ces veines ! C'est un SAcré veinard !
2. Tu es d'un SANS-gêne ! Mais d'un sans-gêne ! Là… VRAIment tu exagères !
3. Cette femme est d'une BEAUté ! Mais d'une BEAUté… EXceptionnelle !
4. Mais c'est d'une bêtise ! C'est VRAiment BÊte !

17 Écoutez les dialogues une première fois, puis écoutez à nouveau et donnez la réplique en même temps que le locuteur, d'une manière très courtoise.

1. – Je vous sers un café, Albert ?
   – Mais très volontiers, ma chère, très volontiers.

2. – Vous venez dîner, grand-mère ?
   – C'est une très bonne idée, Norbert… une excellente idée.

3. – On pourrait peut-être commencer, Maître ?
   – En effet, nous pourrions commencer, mademoiselle.

18 Lisez cette citation à voix haute en même temps que le locuteur. Répétez-la autant de fois que nécessaire pour la mémoriser.

« Parler du désert, ne serait-ce pas, d'abord, se taire, comme lui, et lui rendre hommage non de nos vains bavardages, mais de notre silence ? »
Théodore MONOD

19 Pendant une première écoute, notez les liaisons et les enchaînements. Puis lisez le texte à voix haute en suivant le rythme du locuteur.

Suivez le guide !

Voici un célèbre portrait de Baudelaire peint par Gustave Courbet en 1848. Vous le savez Baudelaire est un des poètes français les plus célèbres. Il est né à Paris en 1821.

Sa mère avait vingt-sept ans quand il est né et son père – qui était sexagénaire – est mort quelques années après et sa mère s'est remariée avec un militaire que Baudelaire détestait. Après ses études secondaires – il était pensionnaire dans un collège lyonnais – sa mère et son beau-père voulaient qu'il devienne ambassadeur, mais Baudelaire ne le souhaite pas ; il préfère mener une vie de bohème et devenir poète.
Ce portrait de Courbet, est, comme vous le voyez, un portrait de Baudelaire, homme de lettres, la plume à la main.

[e]
[ɛ]

INTERPRÉTATION

20 Préparez cet extrait de roman pour le dire à voix haute, puis écoutez l'interprétation proposée.

Monsieur Bovary, médecin de campagne, rêve devant le berceau de sa fille.
« Ah ! Qu'elle serait jolie plus tard, à quinze ans, quand, ressemblant à sa mère, elle porterait, comme elle, dans l'été, de grands chapeaux de paille. On les prendrait de loin pour les deux sœurs. Il se la figurait travaillant le soir auprès d'eux, sous la lumière de la lampe ; elle lui broderait des pantoufles ; elle s'occuperait du ménage, elle emplirait toute la maison de sa gentillesse et de sa gaieté. »
Gustave FLAUBERT (1821-1880), *Madame Bovary*, 1857.

21 Préparez ce texte historique pour le dire à voix haute, puis écoutez l'interprétation proposée.

> Appel du 22 juin 1940 à Londres par le Général de Gaulle.
> « J'invite tous les militaires français des armées de terre, de mer et de l'air, j'invite les ingénieurs et les ouvriers français spécialistes de l'armement qui se trouvent en territoire britannique ou qui pourraient y parvenir, à se réunir à moi.
> J'invite les chefs, les soldats, les marins, les aviateurs des forces françaises de terre, de mer, de l'air, où qu'ils se trouvent actuellement, à se mettre en rapport avec moi.
> J'invite tous les Français qui veulent rester libres à m'écouter et à me suivre.
> Vive la France libre dans l'honneur et dans l'indépendance ! »

VARIATION : Vous pouvez aussi apprendre ces textes par cœur (exercices 20 et 21) et travailler l'interprétation à partir des textes mémorisés.

PHONIE-GRAPHIE

22 Sélectionnez, dans le chapitre ou dans votre lexique personnel, des mots avec les graphies du /E/ : [e] ou [ɛ]. Notez-les.

[e]
[ɛ]

/E/				
« -é / -ée »	« -ès »	« -et »	« -er »	« -ez »
....	....	....	....	....
....	....	....	....	....

« è / ê / ë »	« ai / ei »	« ay / ey »	« e » + consonne prononcée
....	....	....	....
....	....	....	....

>>> Voir le *Tableau des graphies* (page 196). <<<

23 Orthographiez les adjectifs. Aidez-vous des mots de la même famille dans la colonne de gauche.

un plan : une [plɛn] ➜ *une plaine*

1. la plénitude : La bouteille est [plɛn]. ➜ ....
2. la vanité : Votre insistance est [vɛn]. ➜ ....
3. la santé : C'est une nourriture [sɛn]. ➜ ....
4. les freins : La voiture [fʀɛn] mal. ➜ ....
5. la sérénité : C'est une femme [səʀɛn]. ➜ ....
6. la clarté : Les pièces sont [klɛʀ]. ➜ ....

24 Rétablissez les accents qui manquent.

la bibliotheque → la bibliothèque

- la scolarite : la reussite et l'echec scolaire
- le lycee et les lyceens
- l'universite et les etudiants
- le college et les collegiens
- les tetes de classe
- la vie estudiantine

25 Orthographiez les homonymes. Aidez-vous de votre dictionnaire.

*Ils [sɛm] ou ils [sɛm] ? → Ils **s'aiment** ou ils **sèment** ?*

1. Ne [fɛt] pas la [fɛt] sans nous ! → ………… / …………
2. Un enfant vêtu de [vɛʀ] ramasse les [vɛʀ] de terre → ………… / …………
   et les met dans un grand [vɛʀ]. → …………
3. On enchaîna le prisonnier à un [ʃɛn], mais il cassa ses [ʃɛn]. → ………… / …………
4. [kɛs] que c'est que cette énorme [kɛs] pleine de [pɛl] → ………… / …………
   jetées [pɛl]-mêle ? → …………
5. Sa [mɛʀ] est [mɛʀ] d'une commune du bord de [mɛʀ]. → ………… / ………… / …………
6. Un grand aigle [sɛʀ], dans ses [sɛʀ], un tout jeune [sɛʀ]. → ………… / ………… / …………
7. Il faut te coucher par [tɛʀ] et te [tɛʀ]. → ………… / …………

Dictée

26 Écoutez et écrivez.

1. Malgré un été sec, ...
   ....
2. Malgré le succès, de sa pièce, ...
   ....
3. Malgré une sévère défaite ....
   ....
4. Malgré les efforts et ....
   ....
5. Malgré l'arrestation d'un suspect, ...
   ....

ÉCRITURE CRÉATIVE

27 Écrivez, seul ou à plusieurs, des phrases ou des textes (virelangues, proverbes, récits, poèmes, chansons, recettes…) contenant un grand nombre de [e] ou de [ɛ]. Vous pouvez vous inspirer des exemples proposés dans le corrigé (p. 210) et les écouter.

Les voyelles intermédiaires
/Œ/ : [ø] – [œ] – [ə]

SENSIBILISATION

PROVERBES

- Loin des yeux, loin du cœur.
- Malheureux au jeu, heureux en amour.
- Bon menteur, bon vendeur. (Québec)

DISCRIMINATION

Faites le point

Entendez-vous la différence entre la voyelle fermée [ø] et la voyelle ouverte [œ] ?

1 Quel son entendez-vous ? Classez les mots dans le tableau.

un lieu – une coiffeuse – un coiffeur – des œufs – un œuf – un deuil – l'accueil – un œil – un feu – une feuille – heureuse – heureux – l'orgueil – des bœufs – une œuvre – un meuble – curieuse – une sœur – cueillir – un seuil – un vœu – une veuve

[ø]

[œ]

[ə]

	Syllabe finale ouverte		Syllabe finale fermée	
	[ø]	[œ]	[ø] + C	[œ] + C
• « eu »	un lieu		une coiffeuse*	un coiffeur*
	....		....	....
	....		....	....
• « œu »	des œufs			un œuf
	....			....
	....			....
• « euil »				un deuil
				....
				....
• « cueil », « gueil »				l'accueil
				....
				....
• « œil »				un œil

* En syllabe fermée on entend toujours [œ] (*coiffeur* [kwafœʀ]) sauf devant [z] (*coiffeuse* : [kwaføz]). Voir aussi les exercices **2** et **3**.

ENTRAÎNEMENT ARTICULATOIRE

2 Lisez les mots à voix haute, puis écoutez pour vérifier.

Prononcez toujours [ø] en syllabe ouverte.

1. [ø] en syllabe ouverte
- il pleut – tu veux – on peut
- un lieu – des adieux – un nœud – un vœu
- chanceux – silencieux – curieux – mélodieux

Prononcez [ø] devant [z]. Allongez la voyelle.

2. [ø] devant [z]
- une coiffeuse – une voleuse – une berceuse – une rêveuse
- moqueuse – travailleuse – heureuse – tricheuse

Prononcez [ø] dans ces mots (prononciation normative).

3. [ø] dans quelques mots
- une meule – une meute – une émeute – du feutre – le jeûne
- neutre – pleutre

↪ **Attention !** « ai » se prononce /Œ/ :
- dans certaines formes du verbe « faire » : *nous faisons / je faisais, nous faisions / en faisant* et des mots dérivés : *(in)faisable, bienfaisant, malfaisant, la faisabilité* ;
- dans : *faisan, faisandé*.

[ø]
[œ]
[ə]

3 Répétez.

Prononcez [œ] en syllabe fermée, sauf devant le [z] et quelques mots.

[œ]
- les jeunes – un fleuve – un recueil – une œuvre – des mœurs*
- rieur – menteur – fonceur – râleur – tricheur
- on déjeune – ils peuvent – elles veulent – ils m'émeuvent

* Mœurs : ce mot peut se prononcer [mœr] ou [mœrs].

↪ **Un certain nombre de mots empruntés à l'anglais se prononcent** [œ].
Voir la rubrique *Phonie-graphie*, exercice 15, page 57.

4 Répétez (↓).
- Mon neveu revient de Dreux.
- Celui qui le veut le peut.
- Écoutez ce que dit le professeur.
- Je ne peux pas ce soir.
- Ils reviennent de Grenoble.

↪ Lorsqu'il n'était pas « muet », le « e » était autrefois toujours prononcé [ə]. Même s'il est encore prononcé [ə] dans certaines régions, il est de plus en plus réalisé [œ] ou [ø].

>>> Voir partie III-I, *Le* [ə] *instable* (pages 90-97). <<<

5 Écrivez les adjectifs. Prononcez-les, puis écoutez pour vérifier.

la brume	→	brumeux		le courage	→	courageux
1. un nuage	→	....	7. la paresse	→	....
2. un orage	→	....	8. la vanité	→	....
3. le vent	→	....	9. l'orgueil	→	....
4. la pluie	→	....	10. un mystère	→	....
5. la lumière	→	....	11. le silence	→	....
6. la boue	→	....	12. un nerf	→	....

6 Classez les groupes nominaux. Écoutez pour vérifier et répétez.

des yeux bleus – un jeune chômeur – des jeux dangereux – une rumeur de meurtre – un lieu mystérieux – une heure de bonheur – un milieu joyeux – un seul acteur

1. [ø] – [ø]	2. [œ] – [œ]
des yeux bleus	un jeune chômeur
....	....
....	....
....	....

des vœux de bonheur – des mœurs douteuses – un peu de beurre – des yeux rieurs – un monsieur moqueur – des hors-d'œuvre copieux – un camaïeu de couleurs – une erreur malheureuse

3. [ø] – [œ]	4. [œ] – [ø]
des vœux de bonheur	des mœurs douteuses
....	....
....	....
....	....
....	....

[ø]
[œ]
[ə]

7 Répétez ces expressions (↓).

– un bleu de travail
– un steak bleu
– un cordon-bleu
– une colère bleue
– une peur bleue
– une zone bleue
– Être fleur bleue

– Avoir le cœur sur la main
– Ne pas avoir le cœur à rire
– Avoir un cœur d'artichaut
– Être sans cœur ou avoir du cœur
– Être jolie comme un cœur
– Être un bourreau des cœurs
– Parler à cœur ouvert

RYTHME ET INTONATION

8 Écoutez. Soulignez les « e » prononcés, notez les liaisons et les enchaînements. Répétez.

À l'école, un peu avant le déjeuner, les_élèves sont placés deux‿à deux, côte‿à côte.
Pupitre 1.   Mathieu classe des feuilles dans son classeur.
                   Fleur regarde rêveusement dehors. Il pleut.

Pupitre 2.   Ils sont amoureux tous les deux.
                   Ils n'ont d'yeux que pour Fleur, assise devant eux.

Pupitre 3.   Deux sœurs jumelles aux yeux bleus feuillettent une revue.

Pupitre 4.   Le premier en maths compte et recompte ses stylos-feutre.
                   Sa voisine lui pique son agrafeuse.

Pupitre 5.   Pendant que l'un des deux regarde l'heure,
                   l'autre lui parle d'un nouveau jeu sur son ordinateur.

Pupitre 6.   Elle est seule. Elle corrige les erreurs signalées par le professeur, et recopie.

Pupitres 7, 8 et 9...   Quelques élèves sérieux écoutent leur jeune professeur qui leur parle d'un chef-d'œuvre inconnu d'eux.

[ø]
[œ]
[ə]

9 Prononcez distinctement les « e » en gras. Écoutez pour vérifier.
1. N**e** m**e** **re**dis jamais ça !
2. Tu t**e** tais ! Tu t**e** tais !
3. Mais n**e** t**e** fâche pas ! N**e** t**e** fâche pas ! Rest**e** calme !
4. Faites-l**e** sortir, mais n**e** l**e** brusquez pas !
5. N**e** bouge pas ! N**e** t**e** dérange pas !
6. N**e** m**e** reprochez pas d**e** n**e** rien faire. J**e** n**e** peux rien faire.
7. S'il t**e** plaît, arrête ! N**e** **re**commence jamais à m**e** faire peur !
8. Tu veux bien n**e** pas m**e** redire dix fois la même chose.

10 Écoutez les dialogues une première fois, puis écoutez à nouveau et donnez la réplique de mémoire. Imitez les intonations proposées.

– Quelle honte ! C'est vraiment honteux !
– Oui ! C'est honteux cette affaire !

1. – Ce que vous venez de dire est scandaleux !
   – C'est vrai... C'est un scandale de dire ce que vous avez dit !

2. – Quelle merveille de se réveiller au milieu des fleurs et des chants d'oiseaux !
   – Le petit matin, les fleurs et les oiseaux... C'est MERveilleux !

3. – Mmmm... Ce que c'est bon ! C'est délicieux !
   – Un vrai délice, oui. Ce velouté est un délice !

4. – C'est prodigieux l'intelligence de ce jeune chercheur !
   – C'est un prodige... Oui un prodige. Je vous le dis !

11 Répétez avec l'intonation proposée. Respectez le nombre de syllabes.

→ → → → ↗ ? → → → → → → ↗ ?
Vous naviguez seule ? Vous n'avez pas de skipper ?

1. Vous êtes joueur ? Vous aimez le jeu ?
2. Tu vas mieux ? Tu es moins malheureux ?
3. Vous êtes veuf ? Vous vivez seul ?
4. Tu ne pleures pas ? Ça ne t'émeut pas ?
5. Tu vis à Elbeuf ? Tu as quitté Périgueux ?

12 Lisez ces citations à voix haute en même temps que le locuteur. Répétez-les autant de fois que nécessaire pour les mémoriser.

• « On ne connaît pas son bonheur. On n'est jamais aussi malheureux qu'on croit. »
Marcel PROUST

• « Le bonheur, c'est savoir ce que l'on veut et le vouloir passionnément. »
Félicien MARCEAU

13 Écoutez, puis exercez-vous à exposer le déroulement du jeu.

[ø]
[œ]
[ə]

Règle du jeu de Mémory

Type de jeu : jeu d'observation et de mémoire.

Matériel : 72 cartes = 36 paires d'images (ou moins si on le désire).

But du jeu : tenter de posséder à la fin de la partie le plus grand nombre de paires d'images.

Déroulement :
• On mélange les cartes et on les pose à l'envers sur la table. Ensuite, on peut : soit laisser les cartes dans le désordre, telles qu'elles se trouvent, soit les disposer en carré ou en rectangle.
• Le joueur qui commence retourne deux cartes, l'une après l'autre.
– Si les deux cartes sont différentes, il les repose à leur place, à l'envers sur la table, et c'est au tour du joueur suivant.
– Si les images sont identiques, le joueur retire ces cartes du jeu et les prend. Il peut alors retourner deux autres cartes. Si elles sont identiques, il retire ces cartes du jeu, etc. Il continue ainsi jusqu'à ce qu'il retourne deux cartes différentes. Ces deux cartes sont alors remises à leur place, à l'envers, et c'est au tour du joueur suivant de jouer.
• Le jeu se termine lorsque la dernière paire d'images a été retournée. Le gagnant est celui qui a formé le plus de paires.

INTERPRÉTATION

 14 Lisez cette bande dessinée et préparez une interprétation de ce dialogue. Écoutez l'interprétation proposée.

LA GUEULE

[ø]
[œ]
[ə]

© BRETÉCHER – DARGAUD 2011.

VARIATION : Vous pouvez aussi apprendre ce texte par cœur et travailler l'interprétation à partir du texte mémorisé.

PHONIE-GRAPHIE

15 Sélectionnez, dans le chapitre ou dans votre lexique personnel, des mots avec les graphies du /Œ/ : [ø] ou [œ]. Notez-les.

/Œ/			
[ø] – [œ]		[œj]	
« eu / eû »	« œu »	« euil / euill »	« ueil / ueill » (après « c- » et « g- »)
....	....	....	....
....	....	....	....

> **Mots d'origine étrangère**
> • « i » = [œʀ] → *flirt, tee-shirt.*
> • « u » = [œ] → *bluff, bug, check-up, club, hold-up, nurse, rush, surf, trust.*
> • « -er » = [œʀ] → *baby-sitter, best-seller, cutter, dealer, flipper, freezer, hamburger, leader, manager, mixer, outsider, overdose, roller, skipper, tagger, thriller, toaster.*
> • « -er » = [ɛʀ] → *bulldozer, charter, docker, gangster, joker, poker, reporter, scanner.*
> • « -gle » = [œl] → *single.*

>>> Voir le *Tableau des graphies* (page 197). <<<

[ø]
[œ]
[ə]

Dictée

16 Écoutez et écrivez.

1. ....
2. ....
   ....
3. ....
   ....
4. ....
   ....
5. ....
6. ....

ÉCRITURE CRÉATIVE

17 Écrivez, seul ou à plusieurs, des phrases ou des textes (virelangues, proverbes, récits, poèmes, chansons, recettes…) contenant un grand nombre de [ø] et de [œ]. Vous pouvez vous inspirer des exemples proposés dans les corrigés (p. 210) et les écouter.

Les voyelles intermédiaires
/O/ : [o] – [ɔ]

SENSIBILISATION

PROBERBES

Les cordonniers sont les plus mal chaussés.

Chose promise, chose due.

En octobre, qui n'a pas de manteau doit en trouver un bientôt.

DISCRIMINATION

Faites le point
Entendez-vous la différence entre un « o » ouvert [ɔ] et un « o » fermé [o] ?

[o]
[ɔ]

1 Quel son entendez-vous ? Classez les mots dans le tableau.

le repos – une chose – un choc – un impôt – un diplôme – des travaux – une pause – le maximum – la gauche – une radio – la peau – un dépôt – le cacao – un album – un corps – un fantôme – un faux – un mot – un oiseau – un pilote – une scoliose – une clause – une dose – une épaule – une époque – la chicorée

	Syllabe finale ouverte		Syllabe finale fermée	
	[o]	[ɔ]	[o] + C	[ɔ] + C
• « o »	le repos		une chose	un choc
	....		....	....
	....		....	....
	....		....	....
• « ô »	un impôt		un diplôme	
	....		....	
• « au » « eau »	des travaux		une pause	
	....		....	
	....		....	
	....		....	
• « -um »				le maximum
				....

ENTRAÎNEMENT ARTICULATOIRE

2 Répétez, puis classez les mots en gras dans le tableau.

*Cette **hotte** de cheminée est trop **haute**.*

1. Pose la **pomme** sur ta **paume**.
2. Il y a du **khôl** sur ton **col**.
3. Pourquoi cette **sotte saute**-t-elle ?
4. Les **saules** poussent-ils dans un **sol** pauvre ?
5. Donnez-moi le passeport de **votre** fils et le **vôtre**.
6. Cet homme à la voix **rauque** est un **roc** !
7. On ne peut pas confondre l'**atome** et la **tomme**.
8. **Maud** adore la **mode**.

[o]	[ɔ]
haute	une hotte
....	....
....	....
....	....
....	....
....	....
....	....
....	....
....	....

En syllabe ouverte, prononcez toujours [o].
En syllabe fermée, « o » se prononce [ɔ] sauf devant z
« au », « ô » se prononcent [o].

3 Passez de [o] à [ɔt]. Écoutez pour vérifier.

1. *un garçonnet sot* → *une fillette sotte*
   un appartement vieillot → une décoration …
   un enfant pâlot → une enfant …
   un conflit idiot → une dispute …
   un déguisement rigolo → une tenue …

2. *Il prépare un complot.* → *Il complote.*
   Ils font du tricot. → Ils … .
   Ils travaillent dur leur bachot*. → Ils … .
   Le bateau est à flot. → Il … .
   Il éclate en sanglots. → Il … .

* Français familier : le bachot = le baccalauréat, le bac (examen de fin d'études secondaires).

4 Formez le féminin et notez-le. Lisez à voix haute en allongeant le [o] fermé ([o:]). Écoutez pour vérifier.

Ce meuble est trop haut. → *Cette étagère est trop haute.*

1. Votre numéro de téléphone est faux. → Votre adresse est ....
2. L'été sera chaud. → La saison sera ....
3. Les hommes sont sains et saufs. → Les femmes sont ....
4. Ce gros homme rougeaud, lourdaud et pataud, me semble bien penaud.
   → Cette grosse femme ....

↪ **Devant [ʀ], [v], [z] et [ʒ], la voyelle [o] s'allonge** → [o:].

5 Formez des mots en « -eau » de la même famille. Écoutez pour vérifier.

un chapelier → *un chapeau*   *jumeler* → *des jumeaux*

1. un batelier → un ....
   un chamelier → un ....
   un tonnelier → un ....
   un châtelain → un ....
   une muselière → un ....
   une cervelle → un ....

2. morceler → un ....
   niveler → un ....
   peler → une ....
   ruisseler → un ....
   sceller → un ....
   ciseler → des ....

6 Formez des mots avec les suffixes « -logie » et « -logue ». Écoutez pour vérifier.

	[loʒi]		[lɔg]
radio	→ *la radio-logie*	et	*les radio-logues*

1. géo → ....   → ....
2. grapho → ....   → ....
3. anthropo → ....   → ....
4. spéléo → ....   → ....
5. astro → ....   → ....
6. neuro → ....   → ....

[o]
[ɔ]

7 Classez selon la suite de /O/ entendue. Écoutez pour vérifier.

Séries 1 et 2 : un score médiocre – un gros mot – un bistrot vieillot – un drôle de rôle – un gosse précoce – un homme myope – une époque folle – un faux numéro

Séries 3 et 4 : un homme morose – un beau port – une porte close – une robe mauve – une fausse note – un ténor chauve – une chose idiote – une drôle d'époque

• **Série 1 :** [ɔ] – [ɔ]
un score médiocre

....
....
....

• **Série 2 :** [o] – [o]
un gros mot

....
....
....

• **Série 3 :** [ɔ] – [o]
un homme morose

....
....
....

• **Série 4 :** [o] – [ɔ]
un beau port

....
....
....

8 Prononcez ligne par ligne. Écoutez pour vérifier.

Musique
un mélomane, une mélodie,
un orchestre, un compositeur,
une soprano, un alto, un ténor,
un solo, un duo, un trio, un quatuor,
un piano, un saxophone, les cordes, les violons,
un concerto, une sonate, une symphonie, un opéra,
le solfège, les notes, une octave, un do, un sol, un bémol.

> Ne faites pas de liaison ni d'enchaînement devant un « h » dit « aspiré ».
> (Voir en annexe, page 202.)

9 Répétez.
1. C'est # honteux de faire payer de tel‿s honoraires, ce n'est pas‿ honnête.
2. Le # hobby de cet‿ homme, c'est le # hockey.
3. Je connais bien la # Hollande et les # Hollandais.
4. Le niveau de la classe est‿ homogène.
5. Il‿ était # hors de lui et il a # haussé le ton.
6. C'est‿un‿ honneur de recevoir des‿ hôtes de qualité dans mon‿ hôtel.

[o]
[ɔ]

10 Après une première écoute, écrivez les mots en gras sans les abréger.

*Je ne peux pas faire cet **exo** sans **dico**.* → *exercice – dictionnaire*

1. Il est en **pneumo** à l'**hosto**.

   → ....

2. Mes **proprios** écoutent les **infos** à la télé en buvant un **apéro**.

   → ....

3. Ils ont de très gros **frigos** dans les **restos**.

   → ....

4. Il faut lire cet **édito** sur les **écolos**.

   → ....

5. La **déco** est très différente chez les **aristos** et chez les **prolos**.

   → ....

↳ Les abréviations en « o » sont fréquentes en français familier :
– *les ados* → *les adolescents* ; *un pseudo* → *un pseudonyme* ;
– *le bulletin météo* → *le bulletin météorologique*.

RYTHME ET INTONATION

11 Répétez en respectant le rythme et l'intonation.

Sur la place Beaubourg
Un saxophoniste improvise.
Un peintre fignole un tableau devant des badauds ébahis.
Des pièces de monnaie s'amoncellent dans le chapeau d'un clown.
Son chien fait le beau.
Un homme en poncho multicolore dort sur son sac à dos.
Deux galopins galopent.
Leur mère s'égosille : « Victor et Castor ! Stop !!! »
Des marchands à la sauvette exposent des objets hétéroclites.
Une grappe d'écoliers japonais croque des pop-corn.
Il y a des badauds partout.
Il fait beau place Beaubourg.

12 Prononcez chaque phrase, puis inversez les deux éléments. Écoutez pour vérifier.

Pour cause d'inventaire, le magasin est fermé.
→ *Le magasin est fermé pour cause d'inventaire.*

1. Pour cause de travaux, cette autoroute est bloquée.
2. À cause du mauvais temps, le match est reporté.
3. À cause des mauvaises ventes, les vêtements sont soldés.
4. À cause de la grève, le vol est annulé.
5. À cause du tapage nocturne, la police a contrôlé les passeports.

[o]
[ɔ]

13 Ces cinq questions sont incomplètes. Écoutez-les entier, puis répétez-les de mémoire avec l'intonation proposée.

La camomille favorise-t-elle... ?
→ *La camomille favorise-t-elle **le sommeil** ?*

1. Les végétaux produisent-ils... ?
2. Qu'est-ce qui provoque... ?
3. La consommation d'alcool modifie-t-elle... ?
4. Qu'est-ce qui est à l'origine... ?
5. Quelles sont les causes... ?
6. Les mauvaises notes à l'école sont-elles la cause... ?

14 Ces cinq phrases sont incomplètes. Écoutez-les entier, puis répétez-les de mémoire.

Encore le téléphone !...
→ *Encore le téléphone ! **Ras le bol*** du téléphone !*

1. Encore un zéro !...
2. Encore des mégots et du Porto !...
3. Encore sur les réseaux sociaux !...
4. Encore du boulot !...
5. Encore un problème ?...

* Français familier : en avoir ras le bol = en avoir assez de quelque chose, en être lassé ;
être au bout du rouleau = ne plus avoir d'énergie, de ressort. Voir corrigé, phrase 4, page 211.

15 Prononcez chaque phrase, puis modifiez-la en déplaçant le prénom en gras en début de phrase. Écoutez pour vérifier.

*Rapproche-toi, rapproche-toi encore de Léo, **Éléonore** !*
→ ***Éléonore** ! Rapproche-toi, rapproche-toi encore de Léo.*

1. Stop ! Arrête ! Cesse de sauter, **Aude** !
2. Dehors ! Sors avec ton os, **Médor** !
3. Ne te moque pas, **Rose**, il ne faut pas te moquer d'Hector.
4. Il faut que tu bosses* ! Que tu sois autonome ! Cherche du boulot*, **Norbert** !
5. Il faut que tu sortes, **Laure**, que tu fasses quelque chose !
6. Il est trop tôt, dors **Léo**. Il faut te rendormir.

* Français familier : bosser = travailler ; du boulot = du travail.

16 Écoutez les dialogues une première fois, puis écoutez à nouveau et donnez la réplique. Imitez les intonations proposées.

1. – Il ne serait pas un peu macho ton copain Georges ?
   – Macho ! Georges ?! Il n'est pas macho Georges !

2. – On n'irait pas au restaurant ? Il n'y a plus rien dans le frigo !
   – Encore au resto ! Y'a jamais rien dans le frigo !

3. – Tu pourrais arrêter de grogner et de ronchonner ?
   – Comment ça, arrêter de grogner et de ronchonner ? Mais je ne grogne pas ! Je ne ronchonne pas !

4. – On n'écouterait pas les infos plutôt que ces jeux idiots ?
   – Comme tu veux ! Mais aux infos, c'est toujours la même chose.

5. – Tu ne pourrais pas penser à autre chose qu'au boulot ?
   – C'est vrai que le boulot, toi, tu n'y penses pas trop !

[o]
[ɔ]

17 Lisez cette citation à voix haute en même temps que le locuteur. Répétez-la autant de fois que nécessaire pour la mémoriser.

« Le plus beau sommeil ne vaut pas le moment où l'on se réveille. » André GIDE

18 Écoutez. Notez les liaisons et les enchaînements. Puis lisez le texte à voix haute.

Quelle est l'origine de l'expression « le garde des Sceaux » ?
Comme vous le savez probablement, un sceau apposé sur un écrit authentifie cet écrit : il en garantit l'origine. Sous la monarchie, le Sceau royal était apposé sur les documents officiels du royaume et un officier de la Couronne était chargé des sceaux royaux ; il était « garde des Sceaux ». C'est désormais, en France, l'autre nom donné au ministre de la Justice.

INTERPRÉTATION

19 Préparez cet extrait de roman pour le dire à voix haute, puis écoutez l'interprétation proposée.

> La mère de Rico vend des robes au marché. Des robes qu'elle confectionne elle-même. Ses clients sont pour la plupart des paysans des environs de Petit-Goâve*. Ils descendent en ville vendre leur café, et remontent quelquefois avec une robe pour leur femme. La mère de Rico coud de jolies robes, simples et colorées, qu'elle étale par terre, juste devant elle. Je la vois toujours assise sur une minuscule chaise. Il arrive qu'un client réclame la robe qu'elle est en train de terminer. Dans ce cas, elle demande au client d'aller faire un tour et de revenir dans une dizaine de minutes, le temps de faire l'ourlet. Des fois quand le tissu manque, la mère de Rico n'hésite pas à ajouter un morceau de tissu de couleur différente. Il lui arrive aussi de faire une robe avec cinq morceaux de tissus de couleurs différentes, souvent de couleurs très vives. Heureusement qu'elle ne demande pas trop cher pour ces robes bariolées. Cela permet aux paysans les moins fortunés de rapporter quelque chose à leur femme.
>
> Dany LAFERRIÈRE (1953), *Le Charme des après-midi sans fin*, Le serpent à plumes, 1998.
>
> * Petit-Goâve : commune d'Haïti.

[o]
[ɔ]

VARIATION : Vous pouvez aussi apprendre ce texte par cœur et travailler l'interprétation à partir du texte mémorisé.

PHONIE-GRAPHIE

20 Sélectionnez, dans le chapitre ou dans votre lexique personnel, des mots avec les graphies du /O/ : [o] ou [ɔ]. Notez-les.

/O/					
[o]			[ɔ]		
« o / ô »	« au »	« eau »	« o »	« au »	« eau »
....	....	....	....	....	....
....	....	....	....	....	....

Quelques mots
- « um » = [ɔm] → *album, maximum, minimum, référendum, rhum, sodium.*
- « oo » (préfixe « co- ») = [oo] → *coopérer* [koopeʀe], *coordination, coordonner.*
- « oo » = [u] → *cool, football, scoop, scooter, surbooker.*
- « oo » = [ɔ] → *alcool* [alkɔl].

>>> Voir le *Tableau des graphies* (page 197). <<<

21 Orthographiez ces homonymes. Aidez-vous de votre dictionnaire.

Ne fais pas le [so] avec ton [so] d'eau ! ➝ *le sot / ton seau*

1. Voici un [po] de crème pour [po] sèches. ➝ .... / ....
2. Il est trop [to] pour dire quel sera le [to] de change. ➝ .... / ....
3. L'écriture des [mo] difficiles peut donner de légers [mo] de tête. ➝ .... / ....
4. Faisons une [poz], puis nous prendrons la [poz] pour une photo. ➝ .... / ....
5. Sur les [kano] de Venise, il y a des gondoles et non des [kano]. ➝ .... / ....
6. Le [pɔʀ] est spécialisé dans l'exportation des [pɔʀ]. ➝ .... / ....
7. J'ai tout le [kɔʀ] endolori et j'ai des [kɔʀ] aux pieds. ➝ .... / ....
8. Le pot à [o] est en [o], sur l'étagère. ➝ .... / ....

Dictée

22 Écoutez et écrivez.

Carte postale 1 – ....
....
....
....

Carte postale 2 – ....
....
....
....

Carte postale 3 – ....
....
....
....
....

[o]

[ɔ]

ÉCRITURE CRÉATIVE

23 Écrivez, seul ou à plusieurs, des phrases ou des textes (virelangues, proverbes, récits, poèmes, chansons, recettes…) contenant un grand nombre de [o] et/ou de [ɔ]. Vous pouvez vous inspirer des exemples proposés dans les corrigés (p. 212) et les écouter.

Les voyelles intermédiaires
/E/ – /Œ/ – /O/

SENSIBILISATION

PROVERBES

Il ne faut pas mettre tous ses œufs dans le même panier.

À tout seigneur tout honneur.

Il n'est pire eau que l'eau qui dort.

/E/
/Œ/
/O/

DISCRIMINATION

Faites le point
Entendez-vous la différence entre /E/, /Œ/ et /O/* ?
* /E/ = [e] – [ɛ] ; /Œ/ = [œ] – [ø] – [ə] ; /O/ = [o] – [ɔ].

1 Quelle voyelle finale entendez-vous ? Classez ces noms de fleuves et de rivières.
l'Allier – la Creuse – le Rhône – la Seine – l'Hérault – l'Eure – la Garonne – la Meurthe – la Drôme – la Meuse – l'Isère – l'Escaut – le Lot – l'Ardèche – la Somme – la Saône – le Cher

/E/ → *l'Allier* – ....
/Œ/ → *la Creuse* – ....
/O/ → *le Rhône* – ....
....

2 Quel mot est répété ? Soulignez-le.

A. Syllabe ouverte

	[e]	[ø]	[o]		[e]	/Œ/	[o]
	fée	<u>feu</u>	faux		<u>ces</u>	ce	saut
1.	et	<u>eux</u>	haut	6.	les	le	l'eau
2.	<u>B</u>	bœufs	beau	7.	des	<u>de</u>	dos
3.	dé	deux	<u>dos</u>	8.	mes	<u>me</u>	mot
4.	<u>C</u>	ceux	seau	9.	tes	te	<u>tôt</u>
5.	<u>V</u>	veux	veau	10.	ses	<u>se</u>	seau

B. Syllabe fermée

	[ɛ]	[œ]	[ɔ]
	mer	meurt	<u>mort</u>
1.	père	<u>peur</u>	port
2.	serre	sœur	<u>sort</u>
3.	sel	seul(e)	sol
4.	<u>R</u>	heure	or
5.	flair	fleur	flore

3 Cochez la phrase entendue.

Présent		Passé composé	
Je rougis.	…	*J'ai rougi.*	✗
1. Je dis non.	✓	J'ai dit non.	…
2. Je fais ça souvent.	…	J'ai fait ça souvent.	✓
3. Il se joint à nous.	…	Il s'est joint à nous.	✓
4. Ça se produit souvent.	✓	Ça s'est produit souvent.	…
5. Tu te trahis.	…	Tu t'es trahi(e).	✓

Entraînement articulatoire

4 Répétez (→) ces phrases.

• /Œ/ – /E/

1. Distinguez le singulier du pluriel.

Ne le tue pas.   Ne les tue pas.
Prends-le donc.   Prends-les donc.
Laisse-le là.   Laisse-les là.

2. Distinguez *deux* de *des*.

Faites deux vœux.   Faites des vœux.
Je me fais deux œufs.   Je me fais des œufs.
Passe-moi deux dés.   Passe-moi des dés.

3. Distinguez le présent du passé.

Qu'est-ce que je dis ?   Qu'est-ce que j'ai dit ?
Le temps se radoucit.   Le temps s'est radouci.
La situation se durcit.   La situation s'est durcie.

4. Distinguez *vouloir* de *aller*.

Je veux partir.   Je vais partir.
Je veux réfléchir.   Je vais réfléchir.
Je veux bien.   Je vais bien.

/E/
/Œ/
/O/

5 Répétez (↓) ces verbes deux par deux.

• /Œ/ – /E/

je mets – j'émets	je tire – j'étire	je sais – j'essaie
je me lance – je m'élance	je me dis – je médis	je me gare – je m'égare
je me lève – je m'élève	je me penche – je m'épanche	je m'étire – je me tire*

* Français familier : se tirer = s'en aller, quitter.

6 Complétez le tableau avec des mots de la même famille contenant « o » ou « eu », puis prononcez-les. Écoutez pour vérifier.

• /Œ/ – /O/

Nom	Nom	Verbe	Adjectif / Adverbe
« eu », « œu »	« o », « eu »		
une couleur	un coloriage, une coloration	colorer, décolorer	coloré, colorié
un honneur		honorer, déshonorer	honorifique, honoré, honorable
un éditeur	....		....
un intérieur	....	....	....
un moteur	....	....	....
une faveur		....	....
une odeur	....	....	....
des pleurs		....	....
des fleurs, un fleuriste	....	....	....
un peuple, une peuplade	....	....	....
un meuble, un meublé	....	....	....
le cœur	....		....

/E/
/Œ/
/O/

7. Formez les verbes dérivés. Prononcez-les, puis écoutez pour vérifier.

A. Devant une consonne

                         [de]   [ʀœ]

    faire   → **dé**faire   et   **re**faire

1. monter → ....
2. construire → ....
3. structurer → ....
4. boucher → ....

B. Devant une voyelle

                         [dez]   [ʀe]

    unir   → **dés**unir   et   **ré**unir

5. organiser → ....
6. s'habituer → ....
7. armer → ....
8. s'abonner → ....

8. Répétez (→). Distinguez bien les mots en gras.

• /Œ/ – /E/

            [ø]   /E/

1. Je **veux** m'en aller.   Je **vais** m'en aller.
2. C'est un petit **feu** d'hiver.   C'est un petit **fait** divers.
3. Rajoute **des euros**.   Rajoute **des zéros**.
4. Il **se** plaint de tout.   Il **s'est** plaint de tout.

            [œ]   [ɛ]

5. Il est à **l'heure**.   Il est à **l'air**.
6. Il est sans **peur**.   Il est sans **père**.
7. Il y a un **jeune** en trop.   Il y a un **gène** en trop.
8. Votre **sœur** est belle.   Votre **serre** est belle.

9. Répétez (→). Distinguez bien les mots en gras.

• /Œ/ – /O/

            [ø]   [o]

1. C'est un **feu** bien fait.   C'est un **faux** bien fait.
2. Vous avez de beaux **cheveux**.   Vous avez de beaux **chevaux**.
3. Bravo pour le **grelot**.   Bravo pour le **gros lot**.
4. Je ne **veux** rien.   Je ne **vaux** rien.

            [œ]   [ɔ]

5. Qu'est-ce qu'ils **veulent** ?   Qu'est-ce qu'ils **volent** ?
6. Je respecte les **fleurs** !   Je respecte la **flore** !
7. Mes **peurs** s'évanouissent.   Mes **porcs** s'évanouissent.
8. Elle attend son **heure**.   Elle attend son **or**.

/E/
/Œ/
/O/

10 Répétez.

• /Œ/ – /E/

[e] – [ø]
un nez affreux
un millier de curieux
un lycée fameux
un été pluvieux

[ø] – [e]
un lieu fermé
des œufs en gelée
un monsieur pressé
un pneu crevé

[ɛ] – [œ]
une mère en pleurs
un collège en deuil
un bouquet de fleurs
un gangster sans peur

[œ] – [ɛ]
une sœur jumelle
des feuilles vertes
un jeune mec
un professeur sévère

 11 Répétez.

• /Œ/ – /O/

[o] – [ø]
un saut périlleux
des mots creux
un drôle d'aveu
une côte rocheuse

[ø] – [o]
un peu d'eau
un milieu clos
un jeu de rôle
un lieu de débauche

[ɔ] – [œ]
la mode des jeunes
une bonne odeur
une forte chaleur
un homme de valeur

[œ] – [ɔ]
une feuille d'or
une couleur ocre
une douleur à la gorge
un meuble en solde

/E/
/Œ/
/O/

 12 Prononcez (↓) ces expressions idiomatiques. Notez les liaisons et les enchaînements. Écoutez pour vérifier.

tête à tête
– nez à nez
– dos à dos
– pied à pied
– corps à corps
– œil pour œil
– côte à côte

de la tête aux pieds
– des pieds à la tête
– un tête à queue
– un pied de nez
– la main sur le cœur
– le bouche à oreille

13 Répétez ces phrases qualifiant un prix.

– Ça coûte trop cher, c'est inabordable, c'est hors de prix !
– Le prix est modéré, raisonnable, plutôt avantageux.
– Le prix n'est pas négociable, il est ferme et définitif.
– C'est peu coûteux, ce n'est pas trop onéreux…

RYTHME ET INTONATION

14 Écoutez. Notez les liaisons et les enchaînements. Soulignez les « e » qui sont prononcés. Puis lisez le texte à voix haute.

Vide-greniers

Un vieux monsieur avait posé à même le sol, des objets variés :
un fauteuil Voltaire et un curieux lampadaire,
un vieux pot à eau ébréché,
des photos jaunies,
un tableau représentant un bouquet de fleurs séchées,
un meuble de chevet auquel il manquait un pied,
un médaillon contenant une mèche de cheveu,
des œufs de Pâques décorés mais décolorés,
deux chapeaux neufs en feutre,
et une canne au pommeau sculpté.

15 Formulez oralement les questions. Écoutez pour vérifier.

1. Demandez à un acteur :
– s'il apprend facilement ses rôles par cœur.
➜ *Apprenez-vous facilement vos rôles par cœur ?*
– s'il a peur avant d'entrer en scène. ➜ … ?
– quel est son metteur en scène préféré. ➜ … ?
– s'il est un comédien heureux. ➜ … ?

2. Demandez à un libraire :
– quels sont ses auteurs préférés. ➜ … ?
– quelles œuvres il conseille aux jeunes lecteurs. ➜ … ?
– quel est son coup de cœur de l'année. ➜ … ?
– s'il est un libraire heureux. ➜ … ?

/E/
/Œ/
/O/

16 Répétez ces annonces entendues dans un aéroport.

1. Votre attention, s'il vous plaît. Dernier appel pour les passagers du vol 2242.
2. Les voyageurs Morel et Feutiaux sont priés de se présenter à l'accueil.
3. Votre attention s'il vous plaît ! Monsieur Forteguerre est prié de se faire connaître.
4. En raison d'un contrôle technique, l'embarquement du vol 902 à destination de Bordeaux est retardé. Veuillez nous excuser de ce retard.
5. Le vol 209 est prêt pour l'embarquement. Les passagers de ce vol sont priés de se présenter à la porte 2 C.

17 Répétez avec l'intonation proposée.

1. Bravo ! C'est mieux ! C'est de mieux en mieux !
2. Quel chef-d'œuvre ! C'est une merveille !
3. Tu m'as fait une de ces peurs ! J'ai eu tellement peur… mais peur !
4. Deux cents euros ! Mais c'est beaucoup trop, deux cents euros !

II / 2

/E/
/Œ/
/O/

18 **Écoutez le dialogue une première fois, puis écoutez à nouveau et prenez le rôle de B.**

A : – Tu peux venir mercredi ? C'est possible ?
B : – Non, mercredi, ce n'est pas possible. Je ne peux pas.
A : – Et jeudi ?
B : – Attends… je regarde. Jeudi… Ah, non, désolée, je ne peux pas non plus.
A : – Vendredi alors ?
B : – Vendredi… oui, vendredi après-midi, je peux.
A : – Ah… tant mieux !
B : – À quelle heure tu veux que je vienne ?
A : – Vers deux heures.
B : – Deux heures, c'est un peu tôt. Deux heures et demi, ce serait mieux.
A : – À deux heures et demi vendredi, alors.
B : – C'est d'accord.

19 **Lisez cette citation à voix haute en même temps que le locuteur. Répétez-la autant de fois que nécessaire pour la mémoriser.**

« La vie est un voyageur qui laisse traîner son manteau derrière lui, pour effacer ses traces. »
Louis Aragon

« La pensée a des ailes, nul ne peut arrêter son envol. »
Youssef Chahine

« Le cœur n'a-t-il pas ses raisons qui se moquent de la raison ? »
Alexandre Jardin

20 **Écoutez. Notez les liaisons et les enchaînements. Soulignez les « e » prononcés. Répétez en même temps que le locuteur en respectant le rythme et les pauses.**

En vol

Mesdames et messieurs, bonjour, le commandant de bord Monsieur Le Beauchaix et son équipage sont heureux de vous accueillir à bord de ce vol Air France à destination de Brest.

Notre décollage est imminent. La durée du vol est d'une heure trente. Il fait beau à Brest et la température extérieure est de 12 degrés. Nous vous rappelons que pour des raisons de sécurité, il est interdit de fumer dans les toilettes. Les téléphones portables doivent maintenant être éteints et ce, jusqu'à l'arrêt complet de l'appareil. Veuillez attacher vos ceintures et relever le dossier de votre siège. Une notice placée dans la pochette devant votre siège décrit les consignes de sécurité. Veuillez la lire attentivement. Vous pourrez vous déplacer librement dès l'extinction du signal lumineux.

INTERPRÉTATION

21 Écoutez ce dialogue, puis travaillez-le à deux pour le dire à voix haute ou le jouer. Si vous êtes seul prenez le rôle du quincaillier.

Le Monsieur et le quincaillier

Le Monsieur : – Bonjour, Monsieur.

Le quincaillier : – Bonjour, Monsieur.

Le Monsieur : – Je désire acquérir un de ces appareils qu'on adapte aux portes et qui font qu'elles se ferment d'elles-mêmes.

Le quincaillier : – Je vois ce que vous voulez, Monsieur. C'est un appareil pour la fermeture automatique des portes.

Le Monsieur : – Parfaitement. Je désirerais un système pas trop cher.

Le quincaillier : – Oui, Monsieur, un appareil bon marché pour la fermeture automatique des portes.

Le Monsieur : – Et pas trop compliqué surtout.

Le quincaillier : – C'est-à-dire que vous désirez un appareil simple et peu coûteux pour la fermeture automatique des portes.

Le Monsieur : – Exactement. Et puis pas un de ces appareils qui ferment les portes si brusquement…

Le quincaillier : – … qu'on dirait un coup de canon. Je vois ce qu'il vous faut : un appareil simple et peu coûteux, pas trop brutal pour la fermeture automatique des portes.

Le Monsieur : – Tout juste. Mais pas non plus un de ces appareils qui ferment les portes si lentement…

Le quincaillier : – … qu'on croirait mourir ! L'article que vous désirez, en somme, c'est un appareil simple et peu coûteux, ni trop lent, ni trop brutal, pour la fermeture automatique des portes.

Le Monsieur : – Vous m'avez compris, tout à fait. Ah ! et que mon appareil n'exige pas, comme certains systèmes que je connais, la force d'un taureau pour ouvrir la porte.

Le quincaillier : – Bien entendu. Résumons-nous. Ce que vous voulez, c'est un appareil simple et peu coûteux, ni trop lent, ni trop brutal, d'un maniement aisé pour la fermeture automatique des portes.

Le Monsieur : – Eh bien, montrez-moi un modèle.

Le quincaillier : – Je regrette, Monsieur, mais je ne vends aucun système pour la fermeture automatique des portes.

Alphonse ALLAIS (1859-1905), « Captain Cap », *Œuvres posthumes*, La Table Ronde, 1964.

/E/
/Œ/
/O/

VARIATION : Vous pouvez aussi apprendre ce texte par cœur et travailler l'interprétation à partir du texte mémorisé.

PHONIE-GRAPHIE

Pour les différentes graphies, voir partie II-2, *Les voyelles intermédiaires* :
– « /E/ » (page 49),
– « /Œ/ » (page 57),
– « /O/ » (page 64).

Dictée

22 Écoutez et écrivez.

/E/
/Œ/
/O/

ÉCRITURE CRÉATIVE

23 Écrivez, seul ou à plusieurs, des phrases ou des textes (virelangues, proverbes, récits, poèmes, chansons, recettes…) contenant un grand nombre de /E/, de /Œ/ et de /O/. Vous pouvez vous inspirer de l'exemple proposé dans le corrigé (p. 213) et l'écouter.

Les voyelles nasales
[ɛ̃] – [ɑ̃] – [ɔ̃]

3

Le français a quatre voyelles nasales [ɛ̃], [ɑ̃], [ɔ̃] et [œ̃]. Mais en raison de la faible occurrence du [œ̃], la tendance actuelle du français est de prononcer le [œ̃] comme [ɛ̃].

SENSIBILISATION

PROVERBES

Une hirondelle ne fait pas le printemps.

Qui n'entend qu'une cloche, n'entend qu'un son.

C'est en forgeant que l'on devient forgeron.

ouf!

[ɛ̃]
[ɑ̃]
[ɔ̃]

75

Voyelle orale / voyelle nasale

DISCRIMINATION

Faites le point
Distinguez-vous les voyelles nasales des voyelles orales correspondantes ?
→ [ɛ] de [ɛ̃] ? – [a] de [ɑ̃] ? – [ɔ] de [ɔ̃] ?

1 La voyelle nasale est-elle dans la première syllabe ou dans la deuxième syllabe ?

	[ɛ̃]	[ɑ̃]	[ɔ̃]
accent	–	2ᵉ	–
bonbonne	–	–	1ʳᵉ
1.	…	…	↓
2.	…	…	↓
3.	…	↓	…

	[ɛ̃]	[ɑ̃]	[ɔ̃]
teinter	1ʳᵉ	–	–
campagne	–	1ʳᵉ	–
4.	↓	…	…
5.	…	…	…
6.	…	…	…

[ɛ̃]
[ɑ̃]
[ɔ̃]

ENTRAÎNEMENT ARTICULATOIRE

• Lorsqu'une voyelle orale est suivie d'une consonne nasale ([an], [am], [in], [im], [on], [om]), prononcez la voyelle de la même manière que devant une autre consonne ; ne nasalisez pas la voyelle.
• Exemple : prononcez le [a] de *canne* comme le [a] de *cale*. Ne donnez pas un son nasal au [a] → [kan] et non [kɑ̃].

2 Répétez chaque série (→).

[ɛ] – [ɛ̃]	laine	lin	laine	aime	hein	aime
	benne	bain	benne	crème	crin	crème
	pleine	plein	pleine	sème	sein	sème
[a] – [ɑ̃]	âne	an	âne	lame	lent	lame
	canne	quand	canne	rame	rang	rame
	panne	pend	panne	dame	dent	dame
[ɔ] – [ɔ̃]	sonne	son	sonne	homme	on	homme
	bonne	bon	bonne	tomme	ton	tomme
	lionne	lion	lionne	rhum	rond	rhum

3 Répétez les mots de la même famille. Respectez la syllabation → [ɔ̃] /O/.

[ɔ̃]	/O/	/O/
un don	une do-na-tion	do-nner
1. une prison	un prisonnier	emprisonner
2. une fonction	un fonctionnaire	fonctionner
3. un son	une sonnerie, une sonnette	sonner
4. un champion	un championnat	–
5. un poison	un empoisonneur	empoisonner

4 Répétez les mots de la même famille. Respectez la syllabation → [ɑ̃] [a].

[ɑ̃]	[a]	[a]
un plan	une pla-ni-fi-ca-tion	pla-ni-fier, a-pla-nir
1. un paysan	la paysannerie	–
2. un pan	un panneau	–
3. des cancans	–	cancaner
4. un paon	–	se pavaner
5. le cran	un crâneur	crâner

5 Cherchez des mots de la même famille. Écoutez pour vérifier et répétez.

[ɛ̃]
[ɑ̃]
[ɔ̃]

	Voyelle nasale	Voyelle orale	Voyelle orale
[ɛ̃] – /E/	un bain	une bai-gnoire	se bai-gner
	le plein	la plénitude	
	un citoyen	la citoyenté	
[ɛ̃] – [i]	la fin	une fi-nalité	fi-naliser
	un voisin	le voisinage	voisiner
	un magasin	un magasinier	
	un examen		
[œ̃] – [y]	un un (1)	une u-nion, l'u-nification	u-nir, u-nifier
	un parfum	une parfumeuse, pax	
	les humbles		
	un tribun	tribun	tribuna
[ɛ̃] – [a]	une main	une ma-nucure, une mani-pulation	ma-nipuler
	un pain	panini, de la pan-	
	un gain	un ganton	
	les humains		humanizat
[wɛ̃] – [wa]	un soin	un soi-gnant	soi-gner
	un témoin	témoinage	
	un poing		
	le lointain		

6 Formez le contraire des adjectifs, puis classez-les selon la prononciation du préfixe « in- » (« im- » devant les lettres « p » et « b »). Écoutez pour vérifier et répétez.

compétent – attendu – concevable – compréhensible – accompli – opportun – buvable – envisageable – patient – attentif

« in » → [ɛ̃]	« in » → [i-n]
incompétent → in-compétent	*inattendu → i-nattendu*

↪ Devant la consonne nasale « m », les deux prononciations existent.
- [i-m] : *i-mmobile, immatériel, immortel, immodéré, immérité...*
- [ɛ̃] : *im-mangeable, immettable, immanquable, immariable...*

[ɛ̃]
[ɑ̃]
[ɔ̃]

7 La voyelle nasale [œ̃].

Faites le point
Dans le nord, le sud et l'est de la France, ainsi qu'en Belgique et en Suisse, [œ̃] est souvent prononcé, il n'a pas disparu.

A. Écoutez la différence entre [ɛ̃] et [œ̃].
brin / brun   emprunt / empreint
à jeun / Agen   l'un / lin
alun / Alain   hein / un

B. Répétez les phrases.
1. Quelques-**un**s des malades sont à je**un** depuis l**un**di.
2. Les trib**un**s se succèdent **un** à **un** à la tribune.
3. Il serait opport**un** que vous fassiez un empr**un**t en comm**un**.
4. Chac**un** a reçu **un** échantillon du nouveau parf**um** « J**un**gle ».
5. Le déf**un**t était **un** homme h**um**ble.
6. Il n'y a auc**un** br**un** dans notre famille de Mel**un**.

Opposition [ɛ̃] – [ɑ̃] – [ɔ̃]

DISCRIMINATION

Faites le point
Distinguez-vous l'une de l'autre, les trois voyelles nasales [ɛ̃], [ɑ̃], [ɔ̃] ?

1 Dans quel ordre entendez-vous les mots ?

	Syllabe ouverte				Syllabe fermée**			
	1. [ɛ̃]	**2.** [ɑ̃]	**3.** [ɔ̃]		**1.** [ɛ̃:]	**2.** [ɑ̃:]	**3.** [ɔ̃:]	
	teint	temps	ton	2-1-3	pinte	pente	ponte	1-2-3
1.	lin	lent	long	....				
2.	sain	cent	son	....				
3.	main	ment*	mon	....				
4.	rein	rang	rond	....				
5.	faim	fend*	font	....				
6.					teinte	tante	tonte	....
7.					mainte	menthe	monte	....
8.					linge	lange	longe	....
9.					Reims	rance	ronce	....
10.					feinte	fente	fonte	....

* Formes verbales de *mentir* et *fendre*.
** En syllabe fermée, la voyelle nasale s'allonge.

[ɛ̃]
[ɑ̃]
[ɔ̃]

ENTRAÎNEMENT ARTICULATOIRE

2 Répétez et écrivez le nom des habitants de quelques provinces françaises.

		[ɛ̃]	[ɑ̃]	[ɔ̃]
	Bretagne			*Breton*
1.	Languedoc	....	....	....
2.	Poitou	....	....	....
3.	Berry	....	....	....
4.	Anjou	....	....	....
5.	Normandie	....	....	....
6.	Alsace	....	....	....
7.	Bourgogne	....	....	....
8.	Gascogne	....	....	....
9.	Vendée	....	....	....

3. Répétez. Distinguez bien les mots en gras.

1. [ɑ̃] – [ɛ̃]
   - **Laurent** est **lorrain**.
   - **Étends**-toi et **éteins** la lampe.
   - Je lis un **roman** de **Romain** Rolland.
   - Mon **parrain** est un **parent** de mon père.

2. [ɔ̃] – [ɑ̃]
   - Tu perds **ton temps**.
   - Sa **grande** sœur le **gronde**.
   - Que nous **conte** Kant ?
   - Monsieur le **savant**, prêtez-moi votre **savon**.

3. [ɔ̃] – [ɛ̃]
   - J'aime **ton teint**.
   - Quel **bon bain** !
   - Quels sont les **songes** des **singes** ?
   - Détache les **liens** des pattes des **lions**.

4. Écrivez les substantifs. Prononcez-les, puis écoutez pour vérifier. Répétez.

Vie politique

[sjɔ̃]

élire	→	élection
décider	→	décision
réunifier	→	réunification
discuter	→	discussion
planifier	→	planification
administrer	→	administration
contester	→	contestation
manifester	→	manifestation

[ɑ̃:s]*

influer	→	influence
assister	→	assistance
diverger	→	divergence
exiger	→	exigence
prévoir	→	prévoyance
tolérer	→	tolérance
persévérer	→	persévérance
défendre	→	défense

* En syllabe fermée accentuée, la voyelle nasale s'allonge.

[mɑ̃]

gouverner	→	gouvernement
remanier	→	remaniement
apaiser	→	apaisement
renouveler	→	renouvellement
rapprocher	→	rapprochement
regrouper	→	regroupement
parler	→	parlement
(se) renseigner	→	renseignement

5 Répétez les phrases suivantes.

> Ne faites pas de liaison ni d'enchaînement (#) devant un « h » dit « aspiré ».
> (Voir, en annexe, page 202.)

1. Les_Hindous ont-ils la # hantise des maisons # hantées ?
2. Ils jouent au # handball dans_un # hangar.
3. Je connais bien la # Hongrie et les # Hongrois.
4. C'est # honteux de ne pas laisser leur place aux_handicapés*.

↳ **L'usage accepte les deux prononciations pour *handicap* et *handicapé* :**
– ***l'handicap*** [lɑ̃dikap] / ***le handicap*** [ləɑ̃dikap],
– ***les handicapés*** [leɑ̃dikape] / ***les handicapés*** [lezɑ̃dikape].

6 Répétez le nom des fromages français et de leur région.

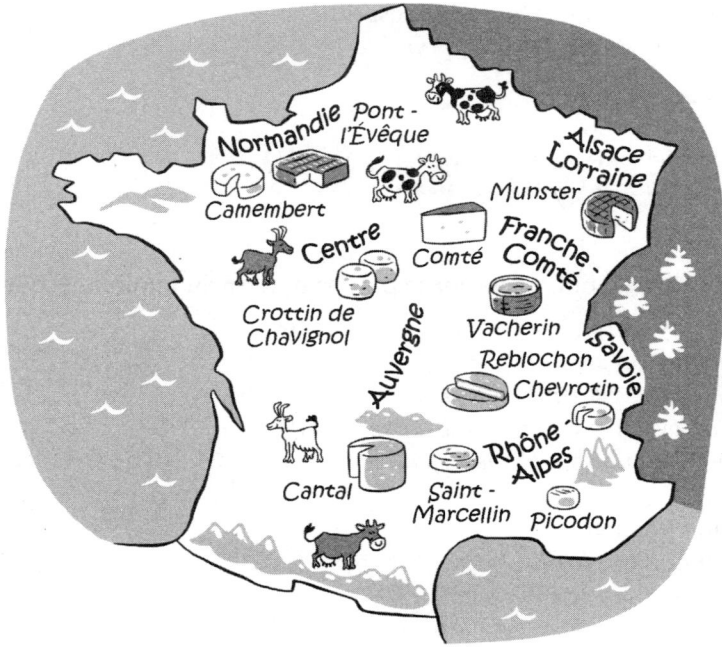

[ɛ̃]

[ɑ̃]

[ɔ̃]

La France est un pays qui possède des centaines de fromages dont :
– le cantal en Auvergne,
– le munster en Alsace-Lorraine,
– le crottin de Chavignol dans le Centre,
– le camembert et le pont-l'évêque en Normandie,
– le reblochon, le chevrotin en Savoie,
– le comté, le vacherin en Franche-Comté,
– le picodon, le Saint-Marcellin en Rhône-Alpes.

Sans oublier le fromage blanc, à consommer très frais, en fin de repas, poivré ou sucré.

7 Lisez à voix haute le nom de ces écrivains, les dates et le titre d'une de leurs œuvres. Écoutez pour vérifier.

- Jean de la Fontaine   (1621-1695)   *Contes et nouvelles en vers*
- Arthur Rimbaud   (1854-1891)   *Une saison en enfer*
- André Breton   (1896-1966)   *Les Champs magnétiques*
- Antoine de Saint-Exupéry   (1900-1944)   *Le Petit Prince*
- Louis Aragon   (1897-1982)   *Aurélien*
- Francis Ponge   (1899-1988)   *Le Grand Recueil*
- Raphaël Confiant   (1951)   *Bassin des ouragans*

8 Répétez la prononciation française de ces mots étrangers.
1. Le **planning** de mon **week-end** est inscrit dans mon **agenda**.
2. Je dois passer au **pressing**, acheter du **gin** et du **rhum**, et faire du **shopping**.
3. Les éditeurs envoient gratuitement des **spécimens**.
4. Où trouve-t-on des mines d'**uranium** et d'**aluminium** ?
5. La proposition d'un **référendum** est examinée.
6. C'est une condition *sine qua non*.

[ɛ̃]
[ɑ̃]
[ɔ̃]

RYTHME ET INTONATION

9 Lisez à voix haute, puis reprenez la phrase entière au féminin. Écoutez pour vérifier.

C'est un paysan.
C'est un paysan argentin.
C'est un paysan argentin blond.
C'est un paysan argentin blond, un peu bougon.
    → *C'est une paysanne argentine blonde, un peu bougonne.*

1. C'est un musicien.
   C'est un bon musicien.
   C'est un bon musicien catalan.
   C'est un bon musicien catalan, un peu mondain.

   → ....

2. C'est un espion.
   C'est un grand espion.
   C'est un grand espion américain.
   C'est un grand espion américain, un peu maigrichon.

   → ....

10 Écoutez. Notez les liaisons et les enchaînements. Répétez en respectant le rythme et l'intonation.

Chambres d'hôtel

Au second étage

Chambre 100. Quelqu'un sanglote.

Chambre 101. On entend quelqu'un ronfler.

Chambre 105. Le téléphone sonne longuement.

Chambre 111. Un enfant appelle : « Maman ! Maman ! »

Chambre 115. Un étranger est en train de prendre un bain moussant.

Chambre 120. La femme de chambre chantonne en lavant la salle de bains.

Chambre 121. Par la porte entrouverte, dans la pénombre, on entrevoit une ombre.

Chambre 125. Quelqu'un éteint la télévision en appuyant sur la télécommande.

Chambre 131. … Silence. On dort.

11 Imitez le ton embarrassé de ces phrases.

1. – Tu sais pour vendredi…
   – Pour vendredi, ça risque de tomber à l'eau…
   – Ça risque de tomber à l'eau parce que…
   – Parce que… pour mon remplacement, c'est pas évident…

2. – Tu sais pour demain…
   – Tu sais… pour la réunion de demain…
   – Eh bien, je ne suis pas encore certain…
   – Je ne suis pas encore certain que ça me concerne vraiment…

[ɛ̃]

[ɑ̃]

[ɔ̃]

12 Transformez les phrases interrogatives, puis écoutez pour vérifier. Répétez.

> • On insère un « -t- », dit « euphonique », à la 3ᵉ personne du singulier lorsque la forme verbale au présent n'est pas terminée par « -t » ou « -d » :
> – *Quand commence-**t**-on ?*
> – *Quand va-**t**-on commencer ?*
> • Lorsque la forme verbale au présent est terminée par « -d », le « d » se prononce « t » devant une voyelle : *Quand **reprend-on** ?* [kɑ̃-ʀəpʀɑ̃tɔ̃]

On reprend quand la réunion ? → *Quand reprend-on la réunion ?*
On va décider quand ? → *Quand va-t-on décider ?*

1. On peut attendre quoi de cette réunion ?   → Que… ?
2. On en pense quoi à la direction ?   → Qu'… ?
3. On en tire quoi comme conséquence ?   → Qu'… ?
4. On préconise quoi comme solution ?   → Que… ?
5. On répond comment à leurs attentes ?   → Comment… ?
6. On va présenter comment notre argumentation ? → Comment… ?

Répétez. Respectez le rythme et l'intonation.
1. Donc, en conclusion, si on résume, tout le monde a raison et personne n'a tort.
2. Donc, après réflexion, vous avez pris la décision d'être candidat aux élections ? Je vous ai bien compris ?
3. Donc, si nous vous avons bien entendu, vous avez décidé de ne pas rompre les relations diplomatiques ?
4. Donc, si je comprends bien, le jugement rendu vous semble particulièrement injuste ? C'est bien ça ?

 Répétez ces formulations. Respectez l'intonation.
– Entrez !
– Entre, mais entre donc ! C'est ouvert.
– Entrez, entrez vite les enfants.
– Entrez, entrez donc, je vous en prie, ne restez pas dehors !
– Entrez ! Suivez-moi, je passe devant.
– Donnez-vous la peine d'entrer et de visiter le magasin !
– Si monsieur veut bien se donner la peine d'entrer.

[ɛ̃]
[ɑ̃]
[ɔ̃]

 Répétez en même temps que le locuteur. Respectez les pauses proposées.
1. Bon, bon, reprenons… Où en est-on ? Ne mélangeons pas tout… Réfléchissons tranquillement et notons les arguments point par point…
2. Allons, allons, voyons, messieurs, restons courtois, ne nous fâchons pas, cessons de nous parler sur ce ton…
3. Continuons, continuons, vous avez raison… Poursuivons… Ne nous arrêtons pas en chemin… C'est bientôt la fin…
4. Il me semble sincèrement que nous tournons en rond… Nous n'avançons pas… Nous sommes encore loin d'avoir la solution… Nous piétinons…

 Les cinq phrases sont incomplètes. Écoutez-les en entier, puis répétez-les de mémoire avec l'intonation proposée.

Je suis d'une lenteur !... → *mais d'une lenteur le matin au réveil !*

1. Tu es d'une insolence !…
2. Il est d'une intelligence cet étudiant !…
3. Elle est d'une naïveté !…
4. Oh là là, cette inauguration est d'un ennui !…

 Répétez en respectant l'intonation (ton agacé, irrité).
– J'en ai assez ! J'en ai marre* ! J'en ai par-dessus la tête !
– J'en ai ras le bol* de tout ce béton, de mes voisins, de la circulation, de nos dirigeants, du manque d'argent, du mauvais temps…
– Je suis à cran tout le temps ! Je n'en peux plus ! J'en ai plein le dos* !

* Français familier : en avoir marre / en avoir ras le bol / en avoir plein le dos de quelque chose ou quelqu'un = en avoir assez / être fatigué de quelque chose ou de quelqu'un / ne plus pouvoir supporter.

18 Écoutez le dialogue complet une première fois, puis prenez de mémoire le rôle de B.

1. A : – On y va maintenant !
   B : – …
   A : – Maintenant.
   B : – …

2. A : – Je pense sincèrement ce que je dis !
   B : – …
   A : – Sincèrement.
   B : – …

3. A : – J'en prends régulièrement !
   B : – …
   A : – Régulièrement !
   B : – …

4. A : – Le fonctionnement est simple.
   B : – …
   A : – Oui, je vous assure, vraiment simple.
   B : – …

19 Répondez en respectant les liaisons, les enchaînements et l'accentuation expressive.

   – C'est utile ou inutile, tu en penses quoi ?
   – C'est‿absolument inutile ! Ça ne sert à rien !

1. – C'est fou le monde qu'il y a à cette manifestation !
   – Ouais, c'est dingue, c'est‿inimaginable !

2. – Elle n'est pas très vraisemblable, cette‿histoire ?
   – Elle est totalement invraisemblable !

3. – Tu supportes bien son absence ?
   – Non, ça m'est‿insupportable… certains jours surtout !

4. – Sincèrement… tu trouves cette décision juste ?
   – Juste ? Ah non ! Vraiment injuste !!! Injuste et inadmissible !

[ɛ̃]
[ɑ̃]
[ɔ̃]

20 Lisez une première fois, puis écoutez et répondez en même temps que le locuteur.

1. – Quel est le nombre de francophones dans le monde ?
   – On en compte environ deux cents millions, dont cent millions en Afrique.

2. – Quel est le nombre d'accidents de la circulation recensés, cette année, dans le département de l'Isère ?
   – La gendarmerie en a recensé encore un peu plus de mille, dont plus de cinquante pour cent en ville.

3. – Combien de noms de famille compte-t-on en France ?
   – On en compte plus d'un million, dont Martin, le patronyme le plus répandu.

21 Lisez ces citations à voix haute, en même temps que le locuteur. Répétez-les autant de fois que nécessaire pour les mémoriser.

- « Je ne peins pas ce que je vois, je peins ce que je pense. » Pablo Picasso
- « Je ne trempe pas ma plume dans un encrier mais dans la vie. » Blaise Cendrars

Interprétation

22 Préparez ce texte pour le dire à voix haute, puis écoutez l'interprétation proposée.

> **Le chat**
> Dans ma cervelle se promène,
> Ainsi qu'en son appartement,
> Un beau chat, fort, doux et charmant.
> Quand il miaule, on l'entend à peine,
> Tant son timbre est tendre et discret ;
> Mais que sa voix s'apaise ou gronde,
> Elle est toujours riche et profonde.
> C'est là son charme et son secret.
>
> Charles Baudelaire (1821-1867),
> *Les Fleurs du mal*, 1857.

[ɛ̃]
[ɑ̃]
[ɔ̃]

23 Préparez ce texte pour le dire à voix haute, puis écoutez l'interprétation proposée.

> À 7 heures et demie du matin, on est venu me chercher et la voiture cellulaire m'a conduit au Palais de justice. Les deux gendarmes m'ont fait entrer dans une petite pièce qui sentait l'ombre. Nous avons attendu, assis près d'une porte derrière laquelle on entendait des voix, des appels, des bruits de chaise et tout un remue-ménage qui m'a fait penser à ces fêtes de quartier où, après le concert, on range la salle pour pouvoir danser. Les gendarmes m'ont dit qu'il fallait attendre la cour et l'un d'eux m'a offert une cigarette que j'ai refusée. Il m'a demandé peu après « si j'avais le trac ». J'ai répondu que non. Et même, dans un sens, cela m'intéressait de voir un procès. Je n'en avais jamais eu l'occasion dans ma vie : « Oui, a dit le second gendarme, mais cela finit par fatiguer. »
>
> Albert Camus (1913-1960), *L'Étranger*, © Éditions Gallimard, 1942.

Variation : vous pouvez aussi apprendre les deux textes par cœur (exercices 22 et 23) et travailler l'interprétation à partir des textes mémorisés.

PHONIE-GRAPHIE

24 Sélectionnez, dans le chapitre ou dans votre lexique personnel, des mots avec les sons [ɛ̃], [ɑ̃], [ɔ̃]. Notez-les.

[ɛ̃]				
« in / im »	« yn / ym »	« ein »	« ain »	« un / um »
....	....	....	....	....
....	....	....	....	....
....	....	....	....	....
+ coïncidence				

« ien / yen » [jɛ̃]	« éen » [eɛ̃]	« en » [ɛ̃]
....	....	Quelques mots :
....	....	*agenda*, *examen*
....	....	

Mots d'origine étrangère
Pour certains mots d'origine étrangère, la prononciation diffère pour une même graphie.
- « in » = [in] → *gin* [dʒin], *sprint* [spʀint].
- « ing » = [iŋ] → *camping, forcing, parking, planning, pressing, shopping.*
- « um » = [ɔm] → *album, aluminium, aquarium, capharnaüm, chewing-gum, erratum, forum, maximum, memorandum, minimum, podium, post-scriptum, référendum, rhum, sanatorium, ultimatum, uranium.*

[ɑ̃]		
« an / am »	« en / em »	« aon »
....	....	....
....	....	....
....	....	....

Mots d'origine étrangère
- « am » = [am] → *Amsterdam, tram.*
- « an » = [an] → *gentleman* [dʒɑ̃tləman], *walkman.*
- « en » = [ɛn] → *abdomen* [abdɔmɛn], *amen* [amɛn], *dolmen, pollen, spécimen, week-end* [wikɛnd].
- « em » = [ɛm] → *idem, harem, requiem, tandem, totem.*

[ɛ̃]
[ɑ̃]
[ɔ̃]

[ɔ̃]
« on / om »

Mots d'origine étrangère
- « on » = [ɔn] → *sine qua non, persona non grata.*
- « om » = [ɔm] → *cédérom, pogrom, sitcom, slalom.*
- « oom » = [um] → *boom, groom, zoom.*

>>> Voir le *Tableau des graphies* (page 197). <<<

[ɛ̃]
[ɑ̃]
[ɔ̃]

25 Orthographiez les homonymes. Aidez-vous de votre dictionnaire.

1. [vɛ̃] Il a apporté .... bouteilles de ....
2. [pɛ̃] Il a .... un immense .... sur son tableau.
3. [sɑ̃] .... personnes ont donné leur .... hésiter.
4. [dɑ̃] C'est en prési.................. qu'on devient prési.................. .
5. [tɑ̃] Il y a .... de .... que je t'a.................. .
6. [sɔ̃] Les .... de .... violon .... bouleversants.
7. [tɔ̃] Je me souviens que .... ami aime tous les poissons sauf le ....

Dictée

26 Écoutez et écrivez.

....
....
....
....
....
....
....
....
....
....
....

ÉCRITURE CRÉATIVE

27 Écrivez, seul ou à plusieurs, des phrases ou des textes (virelangues, proverbes, récits, poèmes, chansons…) contenant un grand nombre de voyelles nasales. Vous pouvez vous inspirer des exemples proposés dans le corrigé (p. 214) et les écouter.

Partie III

Les phénomènes spécifiques

Le [ə] instable 90

Les liaisons et les enchaînements 98

1 Le [ə] instable

SENSIBILISATION

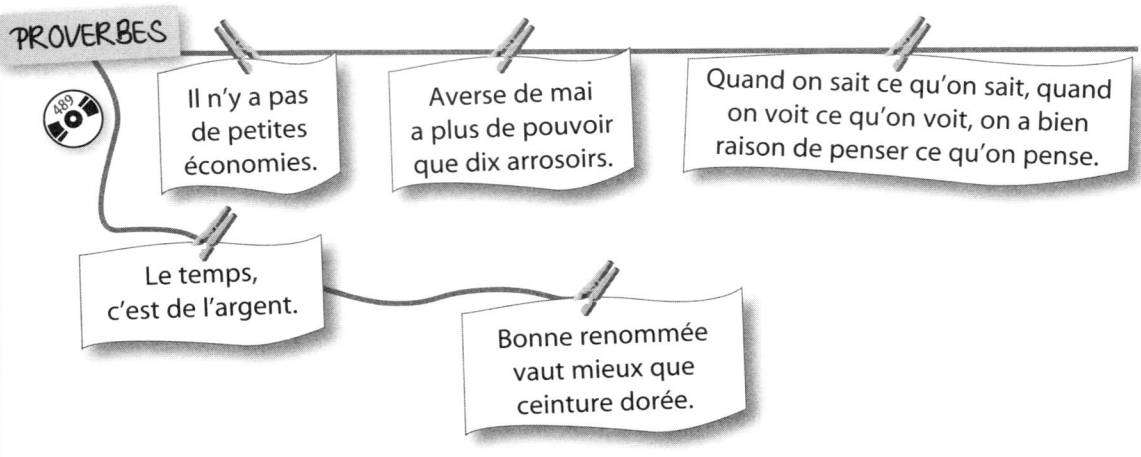

PROVERBES

- Il n'y a pas de petites économies.
- Averse de mai a plus de pouvoir que dix arrosoirs.
- Quand on sait ce qu'on sait, quand on voit ce qu'on voit, on a bien raison de penser ce qu'on pense.
- Le temps, c'est de l'argent.
- Bonne renommée vaut mieux que ceinture dorée.

DISCRIMINATION

> **Faites le point**
> Rappelez-vous qu'un « e » n'est pas toujours prononcé. Sa prononciation / non-prononciation dépend :
> – de la situation (plus la situation est familière, moins on prononce les « e ») ;
> – de la vitesse d'élocution (plus on parle vite, moins on prononce les « e ») ;
> – du type de texte (en poésie, par exemple, les « e » sont généralement prononcés).

1 Écoutez cette conversation. Barrez les « e » non prononcés et soulignez ceux qui le sont.

Conversation téléphonique

Allô… Ah, c'est toi ?... Non, non tu ne me déranges pas… Non, non, je t'assure… Je te dis que non !... Oui, je pars demain… Non, pas samedi, demain… Quand je reviens ? Oh, ça, je ne sais pas !... Cette semaine ou la semaine prochaine, je ne sais pas… Non, vraiment, je ne peux pas te le dire maintenant, je ne le sais pas moi-même… Oui, je te le dirai, promis… Ce sera peut-être possible, je vais voir… Mais oui, je te téléphonerai… Oui, dès que j'arriverai… Tu viendras me chercher ? Bon d'accord… Mais si, je veux bien… Je te dis que je ne sais pas encore. Écoute, on se rappelle… C'est ça… Oui, oui, je t'embrasse… Au revoir !

Savez-vous que dans le français méridional :
– le « e » est souvent prononcé alors qu'il ne l'est pas dans le français standard ;
– des petits [ə] apparaissent parfois derrière une consonne finale.
Exemple : *les amours* [lə-zamuʁə].

☞ Entraînez-vous avec l'exercice 2.

2 Quel journaliste prononce le plus de « e » ? Notez-les.

• **Journaliste 1**
Le film « Marius et Jeannette », tourné en 1997 par Roger Guédiguian, raconte les amours de Marius et Jeannette qui vivent dans les quartiers Nord de Marseille. Marius vit seul dans une cimenterie désaffectée qui domine le quartier. Il est le gardien de cette usine en démolition. Jeannette, elle, élève seule ses deux enfants, avec un petit salaire de caissière. Leur rencontre ne sera pas simple car ils sont blessés par la vie… Comme le dit le réalisateur, c'est « Une histoire d'amour chez les pauvres… »

• **Journaliste 2**
Le film « Marius et Jeannette », tourné en 1997 par Roger Guédiguian, raconte les amours de Marius et Jeannette qui vivent dans les quartiers Nord de Marseille. Marius vit seul dans une cimenterie désaffectée qui domine le quartier. Il est le gardien de cette usine en démolition. Jeannette, elle, élève seule ses deux enfants, avec un petit salaire de caissière. Leur rencontre ne sera pas simple car ils sont blessés par la vie… Comme le dit le réalisateur, c'est « Une histoire d'amour chez les pauvres… »

Faites le point
À l'intérieur d'un mot, savez-vous quand un « e » est prononcé et quand il peut ne pas l'être ?

3 Entendez-vous le « e » de « -ement » ? Classez les mots, puis complétez la règle.

Noms → *un abonnement* – *un gouvernement* – un tremblement – un équipement – un appartement – un accouchement

Adverbes → prochainement – exactement – rarement – injustement – subitement – autrement

« e » non prononcé	« e » prononcé
un abonn∉ment	*un gouvernement* ....
....	....
....	....
Le « e » n'est pas prononcé, s'il est précédé de .... consonne(s).	Le « e » est prononcé, s'il est précédé de .... consonne(s).

> Lorsque plusieurs « e » se suivent, on peut supprimer un « e » sur deux.
>
> ☞ Entraînez-vous avec l'exercice **4**.

4 **Barrez les « e » non prononcés.**

Je te le jure.

1. Je te le promets.
2. Je te le donne.
3. Je te le conseille.
4. Je te le prête.

ENTRAÎNEMENT ARTICULATOIRE

5 **Classez ces mots. Prononcez-les, puis écoutez pour vérifier.**

la chasteté – la légèreté – la fermeté – la grossièreté – la lâcheté – la malhonnêteté – la pauvreté – la méchanceté – la propreté – la naïveté

• Chute du « e » : *la légèreté* – ....
....

• Maintien obligatoire du « e » : *la chasteté* – ....
....

6 **Dans les conjonctions, soulignez les « e » toujours prononcés, et barrez ceux qui ne peuvent pas l'être. Prononcez, puis écoutez pour vérifier.**

Il travaille… *alors que sa famille est en vacances.* → *2 consonnes + « e »*
            dès que la nuit tombe. → *1 consonne + « e »*

        lorsque c'est inévitable.
        parce que* son travail lui plaît.
        pour que son projet avance.
        pendant que les autres dorment.
        depuis que son père est mort.

* « Parce que » peut se prononcer *parce que* ou *parc que*. On peut entendre aussi, en français familier, *pasque* [paskə] pour éviter une suite de trois consonnes.

- En position initiale, après une consonne, le « e » est généralement prononcé sauf pour le pronom *je*.
- En position finale tonique, le « e » du pronom *le* est toujours prononcé.

☞ Entraînez-vous avec l'exercice **7**.

7 Prononcez (→) le « e » à l'initiale et le « e » du pronom *le* en finale.

– Remercie-le. – Demande-le.
– Recommence-le. – Devance-le.
– Relève-le. – Devine-le.
– Retiens-le. – Mesure-le.
– Retourne-le. – Menace-le.
– Reprends-le. – Secoue-le.

Quand deux « e » se suivent (*je te…, je me…, je le…, je ne…*), on peut maintenir un « e » sur deux : soit le premier, soit le second.

☞ Entraînez-vous avec l'exercice **8**.

8 Deux ou trois « e » consécutifs. Répétez colonne par colonne.

A. Deux « e » consécutifs

Maintien des deux « e »	**Chute du 1ᵉʳ « e »**	**Chute du 2ⁿᵈ « e »**
Je te garde une place.	J∉ te garde une place.	Je t∉ garde une place.
→ [ʒə-tə-gaʀ-dyn-plas]	→ [ʃtə-gaʀ-dyn-plas]*	→ [ʒə-tgaʀ-dyn-plas]
Je te rappelle.	J∉ te rappelle.	Je t∉ rappelle.
→ [ʒə-tə-ʀa-pɛl]	→ [ʃtə-ʀa-pɛl]*	→ [ʒə-tʀa-pɛl]
Je le connais.	J∉ le connais.	Je l∉ connais.
→ [ʒə-lə-kɔ-nɛ]	→ [ʒlə-kɔ-nɛ]	→ [ʒə-lkɔ-nɛ]
Je me lève.	J∉ me lève.	Je m∉ lève.
→ [ʒə-mə-lɛv]	→ [ʒmə-lɛv]	→ [ʒə-mlɛv]

* Une consonne sonore est assourdie devant une consonne sourde : le [ʒ] devient [ʃ] devant [t].

B. Deux « e » consécutifs

Maintien des deux « e »	**Chute du 1ᵉʳ « e »**	**Chute du 2ⁿᵈ « e »**
Tu me le donnes.	Tu m∉ le donnes.	Tu me l∉ donnes.
→ [ty-mə-lə-dɔn]	→ [ty-mlə-dɔn]	→ [ty-mə-ldɔn]
Il me le faut.	Il m∉ le faut.	Il me l∉ faut.
→ [il-mə-lə-fo]	→ [i-mlə-fo]*	→ [i-mə-lfo]*
On se le passe.	On s∉ le passe.	On se l∉ passe.
→ [ɔ̃-sə-lə-pas]	→ [ɔ̃-slə-pas]	→ [ɔ̃-sə-lpas]

* Le « l » de *il* tombe dans ce cas en français courant.

C. Trois « e » consécutifs

Maintien des trois « e »

Je te le donne.
→ [ʒə-tə-lə-dɔn]

Je te le jure.
→ [ʒə-tə-lə-ʒyʀ]

Il me le demande.
→ [il-mə-lə-dəmɑ̃d]

Chute du 2ᵉ « e »

Je t∅ le donne.
→ [ʒə-tlə-dɔn]

Je t∅ le jure.
→ [ʒə-tlə-ʒyʀ]

Il me l∅ demande.
→ [il-mə-ldəmɑ̃d]*

Chute du 3ᵉ « e »

Je te l∅ donne.
→ [ʒə-tə-ldɔn]

Je te l∅ jure.
→ [ʒə-tə-lʒyʀ]

Il me le d∅mande.
→ [il-mə-lədmɑ̃d]*

* En français courant, dans ce cas, le « l » de « il » peut tomber.

RYTHME ET INTONATION

9 **Répétez ces phrases en imitant le registre familier du locuteur.**

« Brèves de comptoir » dans une brasserie près de la gare, boulevard de l'Europe.

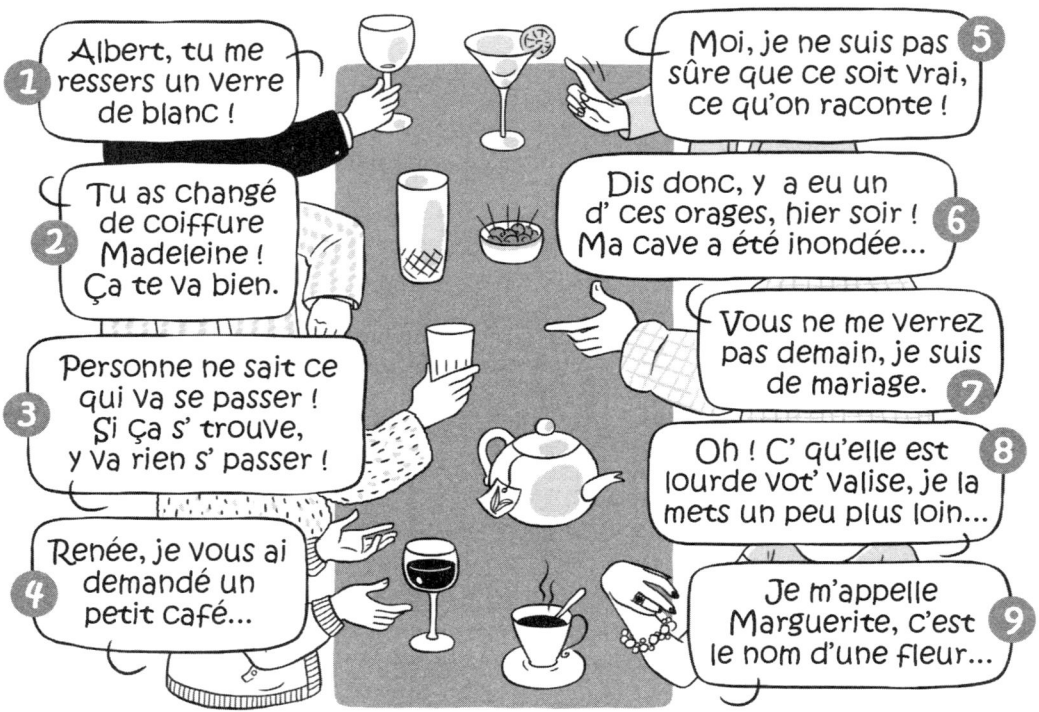

1. Albert, tu me ressers un verre de blanc !
2. Tu as changé de coiffure Madeleine ! Ça te va bien.
3. Personne ne sait ce qui va se passer ! Si ça s' trouve, y va rien s' passer !
4. Renée, je vous ai demandé un petit café...
5. Moi, je ne suis pas sûre que ce soit vrai, ce qu'on raconte !
6. Dis donc, y a eu un d' ces orages, hier soir ! Ma cave a été inondée...
7. Vous ne me verrez pas demain, je suis de mariage.
8. Oh ! C' qu'elle est lourde vot' valise, je la mets un peu plus loin...
9. Je m'appelle Marguerite, c'est le nom d'une fleur...

↪ **On peut remarquer plusieurs phénomènes dans les phrases de registre courant.**
• **La chute :**
– du « e » instable,
– de la première partie de la négation « ne »,
– du « l » de « il »,
– du « r » en finale après « t ».
• **L'assourdissement d'une consonne sonore devant une consonne sourde :**
– *je suis* → *ch'uis*.

10 Après une première écoute, répondez en même temps que le locuteur. Maintenez le « e » à l'initiale.

1. – On se met devant ?
   – Devant, oui.

2. – Elle va revenir ?
   – Revenir, non.

3. – Tu vas bientôt te lever ?
   – Me lever, non.

4. – Tu lui as dit de venir ?
   – De venir demain, oui.

5. – Il faut tout recommencer !
   – Recommencer tout ? Oh non !

6. – Je l'ai rencontré ce matin.
   – Ce matin ? Pas hier matin ?

11 Répétez.

A. Un « e »
– Zut ! Il n'y a plus de place !
– Tiens ! Ça fait plus de bruit !
– Oh ! là, là ! Il y a trop de monde !
– Pfff… j'ai trop de travail !

B. Deux « e »
– Mmmm, ce que ça sent bon !
– Ohh, ce que j'ai sommeil !
– Ahhh, ce que j'ai bien dormi !
– Oohhh, ce que c'est long !

C. Trois « e »
– C'est tout à fait vrai ce que le prof a dit !
– C'est fou ce que le monde a changé !
– C'est incroyable ce que le temps passe vite !
– C'est vrai ce que le journaliste a écrit !

12 Écoutez les dialogues une première fois, puis écoutez à nouveau et prenez de mémoire le rôle de B.

1. A : – Mais qu'est-ce que tu vas lui dire ?
   B : – T'inquiète pas,…

2. A : – Tu sais ce que tu vas lui demander ?
   B : – Oui, oui,…

3. A : – Tu sais ce qu'il va te répondre ?
   B : – Ah ! …

4. A : – Comment ça va se passer ?
   B : – Ah ! Je ne sais pas…

13 Répétez ces citations jusqu'à ce que vous puissiez les dire de mémoire.

« Petit à petit les chats deviennent l'âme de la maison. »
Jean COCTEAU

« La vie est ce que nous la rêvons. La mesure de la vie, c'est l'amour. »
Romain ROLLAND

« Un art qui a de la vie ne reproduit pas le passé, il le continue. »
Auguste RODIN

14 Pendant une première écoute, barrez les « e » qui ne sont pas prononcés et soulignez ceux qui le sont. Puis lisez le texte à voix haute en même temps que le locuteur.

• Notre recette du jour : le pamplemousse aux crevettes. On ne peut pas faire plus simple ! Pour deux personnes, voici ce qu'il vous faudra :
– un pamplemousse,
– 100 grammes de crevettes,
– un demi-citron,
– de la mayonnaise,
– une pointe de concentré de tomates.

• Coupez le pamplemousse en deux et videz-le délicatement, sans l'abîmer.
• Récupérez la chair en prenant soin de bien enlever les peaux de séparation.
• Pressez le citron.
• Puis mélangez délicatement les crevettes décortiquées avec le pamplemousse, le jus de citron et la mayonnaise.
• Gardez-en quelques-unes pour la présentation.
• Ensuite, garnissez les demi-pamplemousses avec le mélange.
• Sur le dessus, ajoutez quelques crevettes et une pointe de concentré de tomates.
• Mettez au frigo et servez bien frais.
• Vous verrez, c'est délicieux !

INTERPRÉTATION

15 Préparez cette lettre pour la dire à voix haute, puis écoutez-la.

Lettre d'Albert Camus à son instituteur quelques jours après avoir reçu le prix Nobel de littérature.
Cher Monsieur Germain,   19 novembre 1957
J'ai laissé s'éteindre un peu le bruit qui m'a entouré tous ces jours-ci avant de venir vous parler de tout mon cœur. On vient de me faire un bien trop grand honneur, que je n'ai ni recherché ni sollicité. Mais quand j'en ai appris la nouvelle, ma première pensée, après ma mère, a été pour vous. Sans vous, sans cette main affectueuse que vous avez tendue au petit enfant pauvre que j'étais, sans votre enseignement, et sans votre exemple, rien de tout cela ne serait arrivé. Je ne me fais pas un monde de cette sorte d'honneur. Mais celui-là est du moins une occasion pour vous dire ce que vous avez été, et ce que vous êtes toujours pour moi, et pour vous assurer que vos efforts, votre travail et le cœur généreux que vous y mettiez sont toujours vivants chez un de vos petits écoliers qui, malgré l'âge, n'a cessé d'être votre reconnaissant élève. Je vous embrasse de toutes mes forces. [...]

Albert CAMUS (1913-1960), *Le Premier Homme*, Annexes, « Lettre à Monsieur Germain » (extrait) © Éditions Gallimard.

16 Préparez ce texte pour le dire à voix haute, puis écoutez l'interprétation proposée.

> Quelquefois je confonds. Je veux penser, j'me trompe, j'confonds, j'm'embrouille, j'suis désespéré, au lieu de penser, là, bien tranquille sur mon beau rocking-chair, j'prends des boulons et je te les visse dans tout ce que j'trouve, je les visse, je les visse *(geste)*, je les visse complètement, jusqu'au bout, jusqu'à devenir fou… Le soir je tiens plus debout, j'en peux plus, j'en ai marre, marre, j'me dis pourquoi ? J'me d'mande pourquoi qu'j'ai vissé des boulons comme ça toute la journée ; pourquoi ? pourquoi ?
>
> Marguerite Duras (1914-1996), *Eaux et Forêts*, © Éditions Gallimard, 1965.

ÉCRITURE CRÉATIVE

17 Écrivez, seul ou à plusieurs, des phrases ou des textes (virelangues, proverbes, récits, poèmes, chansons, recettes…) contenant un grand nombre de « e ». Vous pouvez vous inspirer des exemples proposés dans le corrigé (p. 214) et les écouter.

2 Les liaisons et les enchaînements

Faites le point
• Une **consonne finale** peut passer dans la première syllabe du mot suivant si celui-ci commence par une voyelle. On parle d'un enchaînement ou d'une liaison.
• L'**enchaînement** est le passage, dans la première syllabe du mot suivant, d'une consonne finale toujours prononcée dans un mot pris isolément :
– *avec* [a-vɛk] → *avec elle* [a-vɛ-kɛl], *pour* [puʀ] → *pour elle* [pu-ʀɛl].
• La **liaison** est le passage, dans le mot suivant, d'une consonne « latente » (non prononcée dans un mot pris isolément) :
– *sans* [sɑ̃] → *sans elle* [sɑ̃-zɛl], *chez* [ʃe] → *chez elle* [ʃe-zɛl].
Elles sont obligatoires, facultatives ou interdites.

PROVERBES

Chaque âge a ses plaisirs.

Tous pour un, un pour tous.

La parole est d'argent, le silence est d'or.

Les amis de mes amis sont mes amis.

Qui vole un œuf vole un bœuf.

Petit à petit l'oiseau fait son nid.

OBSERVATION ET DISCRIMINATION

Les enchaînements sont réalisés automatiquement. Toutes les consonnes sont concernées.
Attention ! C'est la dernière consonne **prononcée** qui s'enchaîne avec la voyelle de la syllabe suivante :
– *Le Renard et la Cigogne* [lə-ʀə-na-ʀe-la-si-gɔɲ] ;
– *La Mort et le Bûcheron* [la-mɔ-ʀe-lə-by-ʃʀɔ̃].

1 Écrivez ces titres de fables* en face de la consonne de l'enchaînement.

La Cigale et la Fourmi – *La Laitière et le Pot au lait* – La Colombe et la Fourmi – Le Chêne et le Roseau – Le Meunier, son Fils et l'Âne – La Mouche et la Fourmi – La Tête et la Queue du Serpent – Le Coq et le Renard – Le Cygne et le Cuisinier – Le Singe et le Chat – Le Soleil et les Grenouilles – Les Femmes et le Secret – Le Cerf et la Vigne

[l] → *La Cigale et la Fourmi*
[ʀ] → *La Laitière et le Pot au Lait*
[b] → ....
[t] → ....
[k] → ....
[f] → ....
[s] → ....
[ʃ] → ....
[ʒ] → ....
[m] → ....
[n] → ....
[ɲ] → ....
[j] → ....

* Tous ces titres sont ceux de fables écrites par le poète français Jean de La Fontaine (1621-1695).

- Les **liaisons** sont soit obligatoires, soit interdites, soit facultatives.
- Les **consonnes de liaison** qui apparaissent le plus fréquemment sont [z], [t] et [n]. Les trois autres consonnes qui apparaissent, [ʀ], [p] et [g], sont beaucoup plus rares.

>>> Voir les tableaux A, B et C (pages 103, 104, 106). <<<

III / 2

2 Écrivez les phrases en face de la consonne de liaison entendue. Notez les liaisons (‿).

[z] → *Mes deux‿enfants, je les‿ai inscrits aux‿« Eaux Claires », un lycée très‿ancien.*
          [z]   [z]   [z]   [z]

[t] → ....

[n] → ....
....

[z] → ....
....

[ʀ] → ....
....

[p] → ....
....

[g] → ....

Faites le point
Un même énoncé peut parfois être prononcé avec ou sans liaison (français plus familier). Entendez-vous la différence ?

3 Entendez-vous les liaisons dans la première et/ou dans la seconde réplique ? Notez-les (‿).

– *On peut y aller ?*
– *On peut‿y aller, oui.*

1. – Elle est arrivée à temps ?
   – Oui, elle est arrivée juste à temps.
2. – Mes cousins ont apporté un cadeau.
   – Qu'est-ce qu'ils ont apporté ?
3. – Vous avez beaucoup appris ?
   – Pas beaucoup appris, non.
4. – Il est souvent absent, je trouve.
   – Souvent absent ?
5. – Nous sommes arrivés hier.
   – Et nous, nous sommes arrivés avant-hier.
6. – Il est encore là ?
   – *(Soupir)* Oui, il est encore là !

• La liaison en [z] concerne les lettres « s », « x » et « z ».
• La liaison en [t] concerne les lettres « d » et « t ».
Attention à la prononciation pour le « d » et le « x » selon qu'il s'agit d'un enchaînement ou d'une liaison.

Enchaînement
→ *Nous sommes dix‿à table.* [s]
→ *une grande‿amie* [d]

Liaison
→ *Ils possèdent dix‿appartements.* [z]
→ *un grand‿ami* [t]

>>> Voir partie IV-1, [t] – [d], exercices 8 et 9 (page 126). <<<
>>> Voir partie IV-2, [s] – [z], exercices 3 et 9 (pages 150 et 152). <<<

ENTRAÎNEMENT ARTICULATOIRE

4 Répétez, puis classez dans le tableau selon la consonne d'enchaînement* entendue.

une fausse adresse → [yn-fo-sa-dʀɛs]   *un portable éteint* → [ɛ̃-pɔʀ-ta-ble-tɛ̃]
un sac à dos → [ɛ̃-sa-ka-do]   *une offre alléchante* → [y-nɔ-fʀa-le-ʃɑ̃t]

1. un tête à tête → [ɛ̃-tɛ-ta-tɛt]
2. une chose à faire → [yn-ʃo-za-fɛʀ]
3. un monde en guerre → [ɛ̃-mɔ̃-dɑ̃-gɛʀ]
4. la grippe aviaire → [la-gʀi-pa-vjɛʀ]
5. l'âge adulte → [la-ʒa-dylt]
6. une somme énorme → [yn-sɔ-me-nɔʀm]
7. une robe en lin → [yn-ʀɔ-bɑ̃-lɛ̃]
8. une bonne amie → [yn-bɔ-na-mi]
9. un titre important → [ɛ̃-ti-tʀɛ̃-pɔʀ-tɑ̃]
10. un veuf actif → [ɛ̃-vœ-fak-tif]
11. un rêve horrible → [ɛ̃-ʀɛ-vɔ-ʀibl]
12. un terrible orage → [ɛ̃-tɛ-ʀi-blɔ-ʀaʒ]
13. un vieil immeuble → [ɛ̃-vjɛ-ji-mœbl]
14. un verre à eau → [ɛ̃-vɛ-ʀa-o]
15. le bouche à oreille → [lə-bu-ʃa-ɔ-ʀɛj]
16. un bel avenir → [ɛ̃-bɛ-la-vniʀ]
17. un pagne africain → [ɛ̃-pa-ɲa-fʀi-kɛ̃]
18. une longue avenue → [yn-lɔ̃-ga-vny]
19. une taxe élevée → [yn-ta-ksel-ve]

[p]	[t]	[k] *un sac à dos*
[b]	[d]	[g]
[f]	[s] *une fausse adresse*	[ʃ]
[v]	[z]	[ʒ]
[m]	[n]	[ɲ]
[ʀ]	[l]	[j]
Consonne + « r » *une offre alléchante*	Consonne + « l » *un portable éteint*	[ks]

* Voir aussi, partie IV, *Les consonnes*, les exercices suivants sur les enchaînements.
• **Chapitre 1 :** [p] – [b], exercice 10 (page 112) ; [t] – [d], exercice 8 (page 126) ; [k] – [g], exercice 5 (page 134).
• **Chapitre 2 :** [f] – [v], exercice 4 (page 142) ; [s] – [z], exercice 9 (page 152) ; [ʃ] – [ʒ], exercice 7 (page 161).
• **Chapitre 3 :** [ʀ], exercice 8 (page 182) et exercice 4 (page 188) ; [l], exercice 3 (page 188).

On ne fait pas la liaison avec les formes (adjectifs, verbes, prépositions) en « -rs », « -rt », « -rd », mais on fait un enchaînement avec le [R].
- *Un court_instant* [ku-Rɛ̃s-tɑ̃], *il regarda vers_elle* [vɛ-Rɛl].
- *Si tu sors_avec lui* [sɔ-Ra-vɛk] *au casino, tu cours_un danger* [ku-Rɛ̃], *car il perd_au jeu* [pɛ-Ro].
- *Il a un fort_accent* [fɔ-Ra-ksɑ̃], *alors_il fait des exercices* [a-lɔ-Ril].

5 Répétez. Faites les enchaînements avec [R].

1. – Tu pars encore en voyage ?
   – Oui, mais cette fois-ci, je pars avec toi.
2. – Elle court où comme ça ?
   – Elle court acheter le dernier Ipod.
3. – Ça sert à quoi ça ?
   – Ça, ça ne sert à rien.
4. – Tu dors où ce soir ? Tu dors ici ?
   – Non, je dors à l'hôtel.
5. – Le facteur, il le mord où ton chien ?
   – Il le mord au mollet.

6 Notez les enchaînements entendus (‿), puis indiquez entre crochets la consonne d'enchaînement.

Coupable_ou non coupable ? → [bl]
Une plainte_a été déposée. → [t]

1. La victime a été entendue. → [......]
2. La police a arrêté quatre hommes. → [......] / [......]
3. Un seul homme a été inculpé. → [......] / [......]
4. Cet homme était inconnu des services de police. → [......] / [......]
5. L'enquête a été rapidement menée. → [......]
6. Les témoignages à décharge ont été nombreux. → [......] / [......]
7. Le procureur a requis une peine insignifiante. → [......]
8. La cour a jugé l'inculpé innocent. → [......]
9. Le juge a lu le verdict. → [......]
10. La justice a tranché. → [......]
11. L'audience a été levée. → [......]
12. L'affaire est classée. → [......]

Il existe des **liaisons** obligatoires, des liaisons interdites et des liaisons facultatives.

>>> Voir les tableaux A, B et C (pages 103, 104, 106). <<<

Tableau A. Les liaisons obligatoires	
Pronom sujet + verbe	Si **vous** êtes prêts, **on** y va dès qu'**ils** arrivent.
Pronom complément + verbe **Pronom complément** + pronom	Si j'**en** ai trop, je **vous** en donnerai. Je **vous** y conduirai si vous voulez.
Verbe + pronom	Que **fait**-on ? Qui **attend**-on ? **Allons**-y !
Déterminant + nom	Voici **quelques** idées pour **les** exercices de **vos** étudiants.
Adjectif antéposé + nom	Admirez ce **grand** espace et ces **beaux** arbres !
Adverbe monosyllabique + adjectif	Ce tableau **très** abstrait est le **plus** original du musée. Vous êtes **mieux** informée que je ne le suis.
Préposition monosyllabique + groupe (pro)nominal	**Dans** une heure, nous serons **chez** eux et nous prendrons le café **sous** un arbre.
Conjonction *quand* + pronom / nom	**Quand** il reviendra et **quand** Hélène arrivera, nous parlerons de tout cela.
Dont	Voilà un sujet **dont** on ne parle jamais, mais **dont** il faudrait parler.

7 Prononcez ces phrases (→) de façon identique. Notez les liaisons (‿). Écoutez pour vérifier.

C'est mon nombre. = C'est mon ombre. [sɛ-mɔ̃-nɔ̃bʀ]

1. C'est un nez clair.   C'est un éclair.
2. C'est un grand tamis.   C'est un grand ami.
3. C'est un inconnu.   C'est un nain connu.
4. C'est à ranger.   C'est arrangé.
5. Je suis en nage.   Je suis en âge.
6. Il est tailleur.   Il est ailleurs.
7. C'est tassé.   C'est assez.

>>> Voir partie IV-1, [p] – [b], exercice 9 (page 112) ; [t] – [d], exercice 9 (page 126). <<<
>>> Voir partie IV-2, [s] – [z], exercices 3 et 4 (page 150). <<<

8 Dans ces phrases, faites les liaisons obligatoires. Écoutez pour vérifier, puis répétez.

Pendant le premier acte un léger incident est survenu tout à coup dans la salle.

1. D'un commun accord, les gouvernements ont lancé un grand emprunt qu'ils rembourseront quand ils le pourront.
2. Nous recherchons un très bon hôtel, deux étoiles au minimum, pas trop éloigné de la gare.
3. On déjeunera en plein air, dans un restaurant tranquille, sous une tonnelle bien ombragée.
4. « Quand on n'a que l'amour » est une chanson très émouvante dont on se souvient.

9 Marquez bien la liaison dans toutes expressions en gras. Écoutez pour vérifier.

1. **Avant-hier** on a mangé un **pot-au-feu**.
2. Les alphabets latin et grec nous viennent du **Moyen-Orient**.
3. Traduisez le texte **petit à petit** mais pas **mot à mot**.
4. Je supporte de **plus en plus** mal les **sous-entendus**.
5. L'atelier de confection travaille **nuit et jour** pour sa collection de **prêt-à-porter**.
6. **Tout à coup** la police est entrée et a fouillé mon **pied à terre** de **fond en comble**.
7. On devrait travailler de **moins en moins**, mais de **mieux en mieux**.
8. De **temps en temps**, au **Moyen-Âge**, on brûlait une « sorcière ».

Tableau B. Les liaisons interdites (#)	
# Devant un « h » aspiré (voir en annexe, pages 202-203)	En # **haut** d'un arbre quelques # **hiboux** # **hululaient**. Un # **Hongrois**, très # **hardi**, a ramassé un # **hérisson**.
Déterminant # *huit, onze*	Les # **huit** délégués de nos # **onze** usines sont en grève.
Nom singulier* # adjectif postposé, autres caractérisants	Ce mot est un **mot** # injurieux, c'est un **mot** # à ne pas dire. On tourne un film dans le **jardin** # accueillant d'une **maison** # anglaise.
Groupe nominal # verbe	**L'avion** # a atterri. Le **président** # apparaît. Un **garçon** # accourt vers lui.
Pronom polysyllabique # verbe	**Certains** # espèrent que **quelqu'un** # osera prendre la parole.
Pronom sujet postposé # groupe verbal	Peut-**on** # interrompre les conférenciers ? Vont-**ils** # accepter ?
Mot interrogatif* # groupe verbal	Depuis **quand** # est-il enfermé ? **Comment** # ouvrir cette porte ?
Et #	On passera **et** # on repassera ici **et** # ailleurs.

* Exceptions : *un accent_aigu* [ɛ̃-na-ksɑ̃-te-gy]
Comment_allez-vous ? [kɔ-mɑ̃-ta-le-vu]
Quand_est-ce que… ? [kɑ̃-tɛs-kə]

10 Marquez les liaisons interdites (#). Écoutez pour vérifier, puis répétez.

Un paquebot # égyptien entre au port.

1. Jean a cherché un appartement à acheter ou une maison à louer.
2. Le frein a lâché et le camion a dévalé la pente. L'accident a fait deux blessés.
3. Lyon est à quelle distance de Paris ?
4. Quelqu'un a frappé à la porte.
5. Pourquoi a-t-on interrompu cette conversation intéressante ?
6. J'ai commandé du vin et un plateau de fromages.

11 Qu'entendez-vous entre le nom et l'adjectif ? Cochez, puis écoutez pour vérifier. Répétez.

	Enchaînement	Liaison obligatoire	Liaison interdite
un bel objet	✗	…	…
un objet extraordinaire	…	…	✗
un curieux objet	…	✗	…
1. un bon accent	…	…	…
2. un fort accent	…	…	…
3. un accent étranger	…	…	…
4. un seul événement	…	…	…
5. un événement étrange	…	…	…
6. un grand événement	…	…	…
7. un curieux endroit	…	…	…
8. un endroit insolite	…	…	…
9. un agréable endroit	…	…	…
10. un appartement inhabité	…	…	…
11. un vieil appartement	…	…	…
12. un grand appartement	…	…	…
13. un magnifique avion	…	…	…
14. un avion allemand	…	…	…
15. le dernier avion	…	…	…

Tableau C. Les liaisons facultatives

Lorsqu'une liaison est « facultative », le fait de ne pas la faire indique toujours un parler plus familier ou très familier.

Nom pluriel + adjectif	Certains **marins** européens sont devenus des **personnages** illustres. Certains **marins**‿européens sont devenus des **personnages**‿illustres.
Verbe + verbe	J'**allais** oublier, il **est** entré à l'hôpital, tu **dois** aller le voir. J'**allais**‿oublier, il **est**‿entré à l'hôpital, tu **dois**‿aller le voir.
Verbe + adverbe ou complément	Ce rosier **fleurit** au printemps et il **est** encore en fleurs à l'automne. Ce rosier **fleurit**‿au printemps et il **est**‿encore en fleurs à l'automne.
Négation : *pas, plus, rien*	Ne commets **pas** une bêtise, ne dis **rien** à personne. Ne commets **pas**‿une bêtise, ne dis **rien**‿à personne.
Adverbe polysyllabique	C'est **assez** inhabituel, c'est même **tout à fait** exceptionnel et c'est **extrêmement** important. C'est **assez**‿inhabituel, c'est même **tout à fait**‿exceptionnel et c'est **extrêmement**‿important.
Mais	La liaison, c'est difficile **mais** on va y arriver. La liaison, c'est difficile **mais**‿on va y arriver.
Préposition polysyllabique : *après, avant, depuis, devant, durant, pendant, suivant...*	**Depuis** un an, **pendant** une demi-heure, il fait une petite promenade **après** avoir mangé. **Depuis**‿un an, **pendant**‿une demi-heure, il fait une petite promenade **après**‿avoir mangé.

On a parfois le choix entre liaison et enchaînement. Le choix de la liaison indique toujours un registre plus soutenu (moins familier).

☛ Entraînez-vous avec les exercices **12** à **15**.

12 Prononcez des deux manières proposées. Notez le signe d'enchaînement ou de liaison (‿). Écoutez pour vérifier.

Enchaînement
Elles dorment encore.
[ɛl-dɔʀ-mã-kɔʀ]

Liaison
Elles dorment‿encore.
[ɛl-dɔʀm-tã-kɔʀ]

1. Nous sommes entrés.
2. Vous êtes inquiet.
3. Ils vivent ensemble.
4. Ces objets ne servent à rien.
5. Ils travaillent en équipe.
6. Elles vous disent au revoir !

1. Nous sommes entrés.
2. Vous êtes inquiet.
3. Ils vivent ensemble.
4. Ces objets ne servent à rien.
5. Ils travaillent en équipe.
6. Elles vous disent au revoir !

13 Prononcez ces expressions (↓). Écoutez pour vérifier.

Enchaînement	Liaison obligatoire	Liaison facultative	Liaison interdite (#)
un corp̲s à corps	vis-à-vis	dos‿à dos	nez # à nez
un fac̲e à face	mot‿à mot	dos à dos	pied # à pied
un tê̲te à tête	petit‿à petit	de pied‿en cap	le chaud # et froid
de but‿en blanc	de fond‿en comble	de pied en cap	du nord # au sud
de par̲t en part	de temps‿en temps		au doigt # et # à l'œil
	de mieux‿en mieux		un bon # à rien
	de plus‿en plus		
	de moins‿en moins		

14 Lisez ces citations à voix haute en même temps que le locuteur. Répétez-les autant de fois que nécessaire pour les mémoriser.

« On parle toujours mal quand on n'a rien à dire. »
VOLTAIRE

« L'homme est un apprenti, la douleur est son maître. »
Alfred DE MUSSET

« En art comme en amour, l'instinct suffit. »
Anatole FRANCE

15 Écoutez les deux versions de ce texte. Notez les liaisons et les enchaînements (‿) réalisés par chacun des locuteurs, puis répétez.
Le locuteur A a marqué davantage de liaisons que le locuteur B. Lesquelles ?

A. *Les bibliothèques‿universitaires*
Il y a de plus‿en plus de bibliothèques‿universitaires qui sont‿ouvertes en nocturne afin de fournir aux étudiants des espaces de travail, une dizaine d'heures par jour, et pour se conformer au standard européen. Nous pouvons nous en réjouir, mais pour autant il ne faut pas oublier qu'il reste encore beaucoup à faire pour que toutes les bibliothèques universitaires soient plus accessibles la nuit, le week-end et pendant les vacances. L'objectif à atteindre se veut ambitieux, mais il en vaut la peine.

B. *Les bibliothèques‿universitaires*
Il y a de plus‿en plus de bibliothèques universitaires qui sont‿ouvertes en nocturne afin de fournir aux étudiants des espaces de travail, une dizaine d'heures par jour, et de se conformer au standard européen. Nous pouvons nous en réjouir, mais pour autant il ne faut pas oublier qu'il reste encore beaucoup à faire pour que toutes les bibliothèques universitaires soient plus accessibles la nuit, le week-end et pendant les vacances. L'objectif à atteindre se veut ambitieux, mais il en vaut la peine.

INTERPRÉTATION

16 Préparez ce texte pour le dire à voix haute. Notez les liaisons et les enchaînements, puis écoutez l'interprétation proposée.

> *Retraçons rapidement le parcours de Séraphine Louis, peintre autodidacte contemporaine de Camille Claudel, et qui, comme elle, connut une fin de vie tragique.*
>
> Orpheline à sept ans, elle a d'abord mené une vie misérable. Placée comme employée dans un couvent de Senlis, elle devient très pieuse et bientôt se sent habitée par une force intérieure qui lui demande de peindre. Elle se rend chez un marchand de couleurs, achète des tubes de peinture et des pinceaux, et elle se met à peindre. Elle s'enferme dans sa chambre, une petite pièce à une fenêtre qu'elle loue au premier étage d'une maison, près de la cathédrale de Senlis. Elle est remarquée un jour par un collectionneur allemand qui achète trois tableaux, un bouquet de lilas, un cerisier et deux ceps de vigne, et décide de soutenir sa carrière. Une exposition à Paris consacre sa renommée. Elle devient célèbre. Mais Séraphine est de plus en plus agitée, souffrant d'hallucinations et de pensées délirantes. Elle est internée dans un asile en 1932. À partir de cette date, elle refusera de peindre et basculera dans le silence. Elle est abandonnée de tous. Celle qu'on appelait « Séraphine de Senlis » meurt dix ans plus tard. Il n'y aura personne à son enterrement.

17 Préparez ce poème pour le dire à voix haute. Notez tous les enchaînements possibles, puis écoutez l'interprétation proposée.

> Pierre à pierre et pied à pied
> Et cœur à cœur et tête à tête
> Les beaux jours sont passés
> Fil à fil et feuille à feuille
> Et un à un # et seul à seul
> Les jours sont beaux et ne passent pas.
>
> Robert DESNOS (1900-1945), *Destinée arbitraire*,
> © Éditions Gallimard.

Partie IV

Les consonnes

[p] – [b] 110

[b] – [v] 117

[t] – [d] 124

[k] – [g] 133

[f] – [v] 141

[s] – [z] 149

[ʃ] – [ʒ] 159

[s] – [ʃ] – [z] – [ʒ] 167

[ʒ] – [j] – [ɲ] 173

[ʀ] 180

[ʀ] – [l] 187

1 Les consonnes occlusives [p] – [b]

SENSIBILISATION

PROVERBES

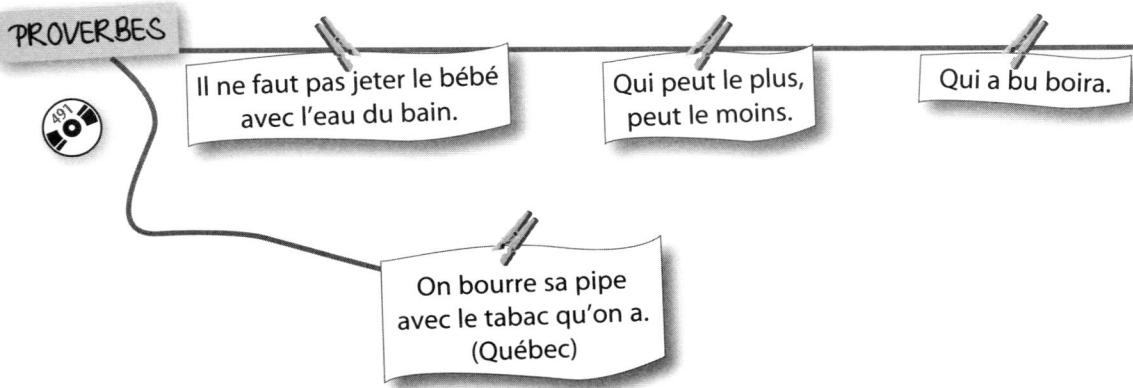

Il ne faut pas jeter le bébé avec l'eau du bain.

Qui peut le plus, peut le moins.

Qui a bu boira.

On bourre sa pipe avec le tabac qu'on a. (Québec)

DISCRIMINATION

[p]
[b]

Faites le point
Entendez-vous la différence entre [p] consonne sourde et [b] consonne sonore ?

1 Complétez chaque prénom et chaque nom avec la consonne entendue : [p] ou [b].
– …aul …ernard. – Présent ! → – Paul Bernard. – Présent !

– …arbara …age.   – Présente !   – …rigitte …aturel.   – Présente !
– …atrice …etit.   – Présent !   – …ierre …oulin.   – Présent !
– …runo …erger.   – Présent !   – …ernadette …agnard. – Absente !

2 Cochez la phrase entendue.

	C'est une poule blanche.	✗	C'est une boule blanche.	…
1.	Je veux un bon pain.	…	Je veux un bon bain.	…
2.	Il est à Paris depuis hier.	…	Il est à Bari depuis hier.	…
3.	Quelle belle brune !	…	Quelle belle prune !	…
4.	Il va voir un palais.	…	Il va voir un ballet.	…
5.	Je prends du poids.	…	Je prends du bois.	…
6.	Je cherche un magasin de poissons.	…	Je cherche un magasin de boissons.	…

ENTRAÎNEMENT ARTICULATOIRE

- « p » : faites un effort de tension des lèvres pour éviter le souffle avant la voyelle.
- « b » : faites vibrer les cordes vocales, bouche fermée avant l'explosion du « b ».

3 Distinguez bien les mots suivants (↓).

A. Position initiale

bout	pou	prise	brise
boule	poule	proche	broche
bile	pile	proie	broie
bar	part	plomb	blond

B. Position intervocalique

les abats	les appâts	les bonbons	les pompons
les rebords	les reports	les babas	les papas
les débits	les dépits	les bébés	les pépés

4 Distinguez bien les mots en gras.

1. Descends jusqu'au **bord** du **port**.
2. **Pierre** boit une **bière**.
3. Il ne veut **pas** aller en **bas**.
4. Le garçon **blond** a acheté des soldats en **plomb**.
5. Je voudrais **boire** un jus de **poire**.
6. Les **prunes** ne sont pas **brunes**, mais rouges.

[p]
[b]

5 Prononcez (→) le [p] et le [b] de la même manière dans toutes les positions.

[p]			[b]		
pas	appât	happe	beau	robot	robe
pont	harpon	harpe	bon	jambon	jambe
peur	campeur	campe	bain	cubain	cube
pion	lampion	lampe	bis	lobby	lobe

6 Répétez (→).

	[bl]	[bʀ]	[pl]	[pʀ]
A. En finale	table	sobre	souple	Chypre
	terrible	timbre	simple	câpres
	ensemble	chambre	temple	rompre
B. À l'intervocalique	noblesse	abriter	appeler	opprimer
	tableau	débrancher	incomplet	apprécier
C. À l'initiale	blond	brillant	plaire	précieux
	blancheur	brouillard	plage	principal
	blessure	bruyant	plan	profession

7 **Répétez ces mots qui contiennent des groupes consonantiques.**

1. [pt]   apte – aptitude – inapte – inaptitude
         opter – adopter – adoption – adoptif
         abrupt – abruptement – rupture

2. [bd] abdomen – abdominal
         abdiquer – abdication
         hebdomadaire

3. [abs]* abstention – abstinence – abstrait – abstraction
         absent – absence – absorber – absurde

* Phénomène d'assimilation : devant la consonne sourde [s], le « b » se prononce [p].

>>> Pour le groupe « sp », voir partie IV-2, [s] – [z] (page 152). <<<

8 **Répétez ces noms de capitales et de pays étrangers avec la prononciation française.**

1. Berlin – Bogota – Budapest – Buenos Aires – Bangkok – Bruxelles – Brazzaville
   la Bolivie – la Bulgarie – le Botswana – le Bénin – le Bangladesh – le Brésil

2. Pékin – Prague – Panama – Pretoria – La Paz – Phnom-Penh
   le Portugal – le Pakistan – la Pologne – le Pérou – le Paraguay – les Pays-Bas

[p]
[b]

9 **Faites la liaison (↓). Écoutez pour vérifier.**

– Il est trop autoritaire !   – J'ai beaucoup à faire !

– Je suis trop en colère pour t'écouter !   – Tu as beaucoup à apprendre.
– Tu en as trop envie, prends-le !   – Il y a beaucoup à dire sur lui !
– Elle est trop instable pour ce travail !   – Nous avons vraiment beaucoup insisté.
– Ce meuble est trop encombrant !   – Ce projet m'a beaucoup intéressé.

10 **Faites passer le [p] et le [b] dans la syllabe suivante. Écoutez pour vérifier.**

un baobab africain   une syllabe accentuée

un club anglais   un toubib expérimenté
une crêpe au beurre   une robe à fleurs
une étape importante   une coupe en cristal
une nappe en papier   une soupe au pistou

11 **Allongez la consonne qui se répète.**

1. [p:] un type pénible   Ça ne s'attrape pas !
         un groupe politique   Ne te trompe pas !
         une enveloppe protectrice   Ne te dope pas !

2. [b:] un club belge   Tu tombes bien !*
         un tube bouché   Ça flambe bien.
         un rib bancaire   Il titube beaucoup.

* Français familier : tu tombes bien = tu arrives au bon moment, tu arrives à point.

12 Répétez.

[p] – [p]	[b] – [b]
les petits pois	une bière brune
le papier peint	un bulletin blanc
un porte-parapluie	une bouteille de Beaujolais
le plus-que-parfait	une boîte à bijoux

[p] – [b]	[b] – [p]
une plaque de beurre	un banc public
une pièce bruyante	un bal populaire
un petit boulot	une boule de pétanque
une pluie battante	un bol en plastique

RYTHME ET INTONATION

13 Écoutez. Répétez en respectant le rythme et l'intonation.

Quand les chérubins* / bien élevés / passent à table...

– Ils ne parlent pas la bouche pleine.
– Ils n'interrompent pas les grandes personnes*.
– Ils ne portent pas le couteau à la bouche.
– Ils ne s'empiffrent* pas des plats qu'ils préfèrent.
– Ils boivent sans bruit et avec sobriété.
– Ils ne s'essuient pas la bouche avec la main.
– Et, bien sûr, ils ne quittent pas la table sans la permission de leurs chers parents…

* Un chérubin = un enfant gracieux et charmant, terme souvent employé de façon ironique ; grandes personnes = personnes adultes ; s'empiffrer = manger goulûment et beaucoup.

[p]
[b]

14 Répétez. Respectez la syllabation et l'intonation.

1. – Pourquoi le bois brûle-t-il ?
   – Pourquoi les plantes poussent-elles ?
   – Pourquoi la pluie tombe-t-elle ?
   – Pourquoi les arbres bourgeonnent-ils ?

2. – Pourquoi les boas ne galopent-ils pas ?
   – Pourquoi les poissons n'ont-ils pas de jambes ?
   – Pourquoi les hippopotames n'aboient-ils pas ?

3. – Pourquoi les puces piquent-elles et pas les papillons ?
   – Pourquoi les bébés bavent-ils et pas leurs papas ?
   – Pourquoi les poules pondent-elles et pas les bœufs ?

15 Répétez les phrases avec le rythme proposé.
1. Stop, stop ! Ne bouge plus ! La pose est parfaite !
2. Attrape le ballon, attrape-le !
3. Vas-y grimpe, grimpe sur l'arbre !
4. Pousse-toi, pousse-toi un peu ! Je tombe du banc !
5. Dépêche-toi, tu vas louper* le bus !
6. Mais… ne me pique* pas mon écharpe !

* Français familier : louper = rater ; piquer = prendre, voler.

16 Écoutez les dialogues, puis reprenez les répliques B et C. Modifiez l'intonation selon la place de *pourtant*.

1. A : – On a perdu !
   B : – *Pourtant*, on avait une bonne équipe !
   C : – Oui, on avait une bonne équipe, *pourtant* !

2. A : – On n'avait pas prévu ce problème !
   B : – Ah, c'était *pourtant* prévisible.
   C : – Oui, c'était prévisible *pourtant*.

3. A : – Mon boulot* ne me plaît plus.
   B : – Tu as *pourtant* un bon poste !
   C : – Mais oui, j'ai un bon poste *pourtant* !

* Français familier : un boulot = un travail.

[p]
[b]

17 Lisez les citations à voix haute en même temps que le locuteur. Répétez-les autant de fois que nécessaire pour les mémoriser.

« Le plaisir est le bonheur des fous. Le bonheur est le plaisir des sages. »
Barbey d'Aurevilly

« La patience est l'art d'espérer. »
Vauvenargues

« Les proverbes sont le fruit de l'expérience de tous les peuples. »
Antoine de Rivarol

18 Après une première écoute, lisez à voix haute en respectant le rythme et les pauses.

- Vous pensez que vous n'avez pas besoin d'un « Pèlpom » ?
  que vous pouvez vous en passer ?
  que c'est superflu ?
  Vous vous trompez.
- Si vous mangez des pommes, et surtout si vous mangez beaucoup de pommes, vous avez besoin d'un « Pèlpom ».
- OUI, Vous avez ABsolument besoin de ce petit appareil simple et bien pratique que nous avons appelé « Pèlpom ».
- Pourquoi « Pèlpom » ? Et bien, tout simplement parce qu'il enlève la peau des pommes.
- Eh oui, il pèle les pommes et il les pèle si bien que les pelures sont presque transparentes.
- Essayez notre pèle-pomme.
- L'essayer, c'est l'adopter.

INTERPRÉTATION

19 Préparez ces deux poèmes et cet extrait de roman pour les dire à voix haute, puis écoutez les interprétations proposées.

> J'aime les arbres bleus
> j'aime les âmes blanches
> les têtes qui se penchent
> noyées dans les cheveux
>
> Louis CALAFERTE (1928-1994), « Rag-Time Londoniennes », *Poèmes ébouillantés*, Coll. Romans français, © Denoël, 1972.

> **Demain, dès l'aube…**
> Demain, dès l'aube, à l'heure où blanchit la campagne,
> Je partirai. Vois-tu, je sais que tu m'attends.
> J'irai par la forêt, j'irai par la montagne.
> Je ne puis demeurer loin de toi plus longtemps. […]
> Et quand j'arriverai, je mettrai sur ta tombe
> Un bouquet de houx vert et de bruyère en fleur.
>
> Victor HUGO (1802-1885), *Les Contemplations*, 1856.

[p]
[b]

> **On l'appelle Pin-Pon**
> Tout le monde m'appelle Pin-Pon. Depuis que je suis devenu pompier volontaire, on a commencé à m'appeler Pin-Pon. Je suis de permanence au cinéma le samedi soir, pour empêcher les jeunes de fumer. Ça me plaît parce que je vois les films, mais ça ne me plaît pas parce qu'on m'appelle Pin-Pon.
>
> Sébastien JAPRISOT (1931-2003), *L'Été meurtrier*, © Denoël, 1977.

PHONIE-GRAPHIE

20 Sélectionnez, dans le chapitre ou dans votre lexique personnel, des mots avec les graphies de [p] et de [b].

[p]		[b]	
« p »	« pp »	« b »	« bb » (rare)
....	....	....	abbé, abbaye
....	....	....	

>>> Voir le *Tableau des graphies* (page 198). <<<

IV / 1

21 Classez les mots selon que le « -p » final se prononce ou non.

beaucoup – un cap – un champ – un clip – un drap – un handicap – un loup – un stop – trop – un cep – un check-up – un coup – un galop – du ketchup – un sirop – un top model – un camp – un flop

Le « -p » final ne se prononce pas	Le « -p » final se prononce*
beaucoup – .... –	*un cap* – .... –
.... – .... –	.... – .... –
.... – .... –	.... – .... –
.... – .... –	.... – .... –

* Mots le plus souvent d'origine étrangère.

↪ À l'intérieur d'un mot :
– le plus souvent, le « p » ne se prononce pas.
sculpture… / sept… / baptiser… / compte – comptable – comptoir – comptine… / dompte – indompté… / prompt…
– sauf dans quelques cas où le « p » se prononce : *septembre… / laps, biceps…*

Dictée

22 Écoutez et écrivez.

Paule Belin   à Bernadette Plume
3 rue Pierre de Coubertin   Journal « Presse libre »
92700 Colombes   Place du Peuple
                                                              42000 Saint-Étienne

Madame, ...
....
....
....
....
....
....
....

ÉCRITURE CRÉATIVE

23 Écrivez, seul ou à plusieurs, des phrases ou des textes (virelangues, proverbes, récits, poèmes, chansons, recettes…) contenant un grand nombre de [p] et/ou de [b]. Vous pouvez vous inspirer des exemples proposés dans le corrigé (p. 216) et les écouter.

[p]
[b]

La consonne occlusive [b]
La consonne constrictive [v]

Ce chapitre ne comporte pas de rubrique « Phonie-Graphie ».
Vous pouvez vous reporter aux chapitres suivants de la partie IV, où les sons [b] et [v] sont également étudiés :
– chapitre 1, *Les consonnes occlusives*, [p] – [b] (page 115),
– chapitre 2, *Les consonnes constrictives*, [f] – [v] (page 146).

SENSIBILISATION

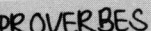

PROVERBES

La vérité sort de la bouche des enfants.

Beaucoup savent parler, bien peu savent faire.

Beau dimanche, vilain lundi, belle semaine.

Quand le vin est tiré, il faut le boire.

[b]

[v]

DISCRIMINATION

1 Cochez le mot ou la phrase entendu deux fois.

	Viens ! Viens ! Bien ! →	Viens !	✗	Bien !	...
A. Position initiale		Voilà !	...	Bois-la !	...
		Vas vite !	...	Bats vite !	...
		Berce-le !	...	Verse-le !	...
B. Position intervocalique		un rabbin	...	un ravin	...
		les ballons	...	les vallons	...
		les balises	...	les valises	...
C. Position finale		cubes	...	cuves	...
		verbe	...	verve	...
		serbe	...	servent*	...

* Forme verbale de *servir*.

Entraînement articulatoire

Comment bien prononcer ?
- Pour le « b », pressez fortement les deux lèvres l'une contre l'autre.
- Pour le « v », placez les incisives supérieures sur la lèvre inférieure.

2 Répétez en distinguant bien les mots en gras.

1. Il y a quelque chose à **boire**.   Il y a quelque chose à **voir**.
2. Je ne **bois** pas.   Je ne **vois** pas.
3. Je n'ai pas **bu**.   Je n'ai pas **vu**.
4. C'est une grande **bâche**.   C'est une grande **vache**.
5. C'est un **beau** mâle.   C'est un **veau** mâle.
6. Le **ballet** se prépare.   Le **valet** se prépare.
7. Il sent **bon**.   Ils s'en **vont**.
8. Donnez-nous votre **habit**.   Donnez-nous votre **avis**.

3 Répétez.

[b]	[v]
imbibe – exhibe – libre	rive – Yves – livre
cube – incube – titube	cuve – effluve – étuve
éphèbe – glèbe – plèbe	couve – louve – douve
robe – lobe – microbe	glaive – rêve – grève
nabab – crabe – syllabe	fauve – mauve – sauve
ambre – jambe – flambe	rave – grave – savent

4 Formez les adjectifs avec le suffixe « -able ». Prononcez-les. Écoutez pour vérifier.

*Vérifier   une affirmation non … → une affirmation non **vérifiable***
*Concevoir   une situation in…   → une situation **inconcevable***

1. Cultiver   → un champ non ....
2. Laver   → un vêtement non ....
3. Observer   → un phénomène non ....
4. Recevoir   → un argument non ....
5. Vivre   → une situation in..
6. Boire   → un vin im..

5 Allongez le [b] et le [v].

[b] – [b]	[v] – [v]
une colombe blanche	une cave vide
un club bavarois	une rive verdoyante
un snob bavard	une grève venteuse
un toubib* barbu	un fleuve vaseux
un éphèbe basané	une olive verte

* Français familier : un toubib = un médecin.

6 Répétez.

1. des bons vivants – une bonne bouteille – des verres ballon – un tire-bouchon à vis… une bouteille vide
2. un bureau de vote – une enveloppe ouverte – un bulletin vierge… un vote blanc
3. un beau visage – une belle voix – une barbe blanche… un beau vieillard
4. des vestes sombres – des bottes et des bonnets – de la buée sur les vitres… une ville en hiver
5. un voile de brume blanche… un objet volant bleu… un OVNI ?

7 Faites passer le [v] ou le [b] dans la syllabe suivante pour marquer l'enchaînement.

[v]	[b]
une grave épidémie	un baobab immense
une brève intervention	une syllabe ouverte
une vive altercation	une tombe ancienne
un fleuve en crue	un job intermittent
– Ils vivent ensemble.	– Ils s'exhibent un peu trop.
– Tu arrives enfin !	– Tu titubes un peu.
– Ils écrivent encore.	– La maladie incube encore.
– Qu'il pleuve enfin !	– Ça flambe en ville !

8 Distinguez bien les mots en gras.

– **Bill** va à la **ville**.
– On met les vieilles **revues** au **rebut**.
– Ils ne **peuvent** pas entrer au **pub**.
– Je lui ai proposé un **bain** en **vain**.
– Je vous **envoie** une boîte **en bois**.
– Je vous **avoue** que je suis **à bout** de patience.
– Nous **voulons** des **boulons**.
– Ils **volent** des **bols**.

[b]
[v]

RYTHME ET INTONATION

9 Allongez. Respectez le rythme et l'accentuation.

                                         les embruns.
                           la brise et les embruns.
                 les voiles, la brise et les embruns.
             le vent, les voiles, la brise et les embruns.
J'aime la Bretagne, le vent, les voiles, la brise et les embruns.

[b]
[v]

10 Écoutez. Notez les liaisons et les enchaînements. Répétez en respectant le rythme et l'intonation.

À la « Brasserie des_Avocats »

Table 1.	Des h̲abitués – deux jeunes_avocats – bavarde<u>nt</u> avec la serveuse.
Table 2.	La table est réservée.
Table 3.	Un serveur, nouvellement embauché, bredouille la liste des boissons…
Table 4.	Une voix de baryton s'élève, une voix de basse lui répond.
Table 6.	Un bébé babille dans les bras d'une beauté brune.
Dans la cuisine.	On entend un bruit de vaisselle brisée.
Table 7.	Il est question de « barbarie », de « victime » et de « verdict ».
Table 8.	Mon voisin – un bonhomme ventripotent – commande une vodka.
Table 9.	« Je vais bientôt libérer la table », avertit mon voisin.
Dehors.	Le feu passe au vert, une moto vrombit, quelqu'un vocifère…

11 Ces questions sont incomplètes. Écoutez-les, en entier, puis répétez-les de mémoire avec l'intonation proposée.

Avez-vous déjà travaillé…
→ *Avez-vous déjà travaillé* **dans un cabinet d'avocat ?**

Entretien d'embauche
1. Quel but poursuivez-vous ? …
2. Comment voyez-vous…
3. Quel est votre niveau…
4. Étiez-vous…
5. Quelle est votre attitude…
6. Quand une démarche n'aboutit pas,…
7. Êtes-vous stable ?…
8. À votre avis,…

12 Répétez en respectant l'intonation proposée.

1. – Ne bavardez pas.
   – S'il vous plaît ne bavardez pas.
   – Ne bavardez pas s'il vous plaît.
   – Soyez assez aimable pour ne pas bavarder.
   – Veuillez, je vous prie, ne pas bavarder.
   – Si vous pouviez éviter de bavarder !

2. – Ne vous battez pas !
   – Ne vous battez pas, s'il vous plaît !
   – S'il vous plaît, ne vous battez pas !
   – Je vous en prie, ne vous battez pas !
   – Veuillez éviter de vous battre.
   – Si vous pouviez éviter de vous battre !

13 Répétez en respectant l'intonation proposée.

1. – Belle vue de votre balcon !
   – Vraiment ! Vous avez une belle vue de votre balcon.
   – Vous avez vraiment une belle vue de votre balcon !
   – Vous avez une bien belle vue de votre balcon, vraiment !

2. – Bravo ! Belle victoire !
   – C'est une belle victoire ! Bravo !
   – Bravo ! Encore bravo pour votre belle victoire !
   – Quelle victoire ! Bravo ! Très belle victoire, vraiment !

14 Écoutez les dialogues une première fois, puis écoutez à nouveau et répondez en même temps que le locuteur.

Bribes de conversations sur un marché

1. – Le prix du veau va bientôt baisser.
   – Ah bon ? Ah, bonne nouvelle !

2. – Les brioches du boulanger sont moins bonnes qu'avant.
   – C'est vrai, vous avez raison !

[b]
[v]

3. – Il est bien fait* votre camembert ?
   – Bien sûr qu'il est bien fait, vous m'en direz des nouvelles.

4. – Donnez-moi un bouquet de pivoines.
   – Pour la Saint-Valentin ?

5. – Le marchand de vin est vraiment bavard.
   – Ah, c'est un bavard invétéré.

6. – Il est bon son jambon !
   – Son boudin et sa viande aussi.

7. – Le bureau de tabac n'est pas ouvert !
   – C'est bizarre ! Ça n'arrive jamais.

8. – On se retrouve « Chez Albert » ?
   – Non, « À la bonne cave », comme d'habitude !

* Un camembert bien fait = un camembert parvenu à maturité, fait à cœur.

15 Lisez ces citations à voix haute en même temps que le locuteur. Répétez-les autant de fois que nécessaire pour les mémoriser.

« La vie de l'homme dépend de sa volonté, sans volonté elle serait abandonnée au hasard. »
CONFUCIUS

« Faites contre mauvaise fortune bon cœur. »
PLAUTE

« Si vous possédez une bibliothèque et un jardin, vous avez tout ce qu'il vous faut. »
CICÉRON

16 Après une première écoute, lisez cette publicité en respectant le rythme et les pauses du locuteur.

- Vous avez besoin de vacances, vous voulez des idées originales ?
  Eh bien, nous pouvons vous proposer :
  – de visiter les caves du Bordelais, du Beaujolais et de Bourgogne,
  – d'embarquer sur un voilier, dans un port vendéen ou breton,
  – de vous balader à vélo sur les berges de nos fleuves ou de nos rivières.
- NON ? Ça ne vous convient pas ? Préférez-vous vagabonder librement par monts et par vaux ? rénover un vieux village ? vibrer au festival d'Aix-en-Provence ou d'Avignon ?
- NON ? Ça ne vous tente pas ? Alors…
  Baver d'envie devant les vitrines de la rue de Rivoli à Paris ?
- NON PLUS ?
  Alors venez nous voir et nous découvrirons ensemble avec vous ce qui vous motive !

INTERPRÉTATION

17 Préparez ce poème pour le dire à voix haute, puis écoutez l'interprétation proposée.

> Voici des fruits, des fleurs, des feuilles et des branches.
> Et puis voici mon cœur, qui ne bat que pour vous.
> Ne le déchirez pas avec vos deux mains blanches.
> Et qu'à vos yeux si beaux l'humble présent soit doux.
> Paul VERLAINE (1844-1896), « Green », *Romances sans paroles*, 1872.

18 Préparez cet extrait de roman pour le dire à voix haute, puis écoutez l'interprétation proposée.

> Je savais que je recevrais une lettre de vous aujourd'hui, comme je sais que j'en recevrai une autre dans huit jours avec vos vœux de bonne année. J'ai fait une boule de cette lettre et je l'ai mise dans la corbeille.
> Marcelle SAUVAGEOT (1900-1934), *Laissez-moi*, Phébus, 1934.

IV / 1

19 Préparez les paroles de cette chanson pour les dire à voix haute, puis écoutez l'interprétation proposée.

> J'avoue
> J'en ai
> Bavé
> Pas vous
> Mon amour
> Avant
> D'avoir
> Eu vent
> De vous
> Mon amour
>
> Ne vous déplaise
> En dansant la Javanaise
> Nous nous aimions
> Le temps d'une chanson.
>
> Serge GAINSBOURG (1928-1991), *La Javanaise*, DR.

[b]
[v]

PHONIE-GRAPHIE

Voir :
– partie IV, chapitre 1, *Les consonnes occlusives*, [p] – [b] (page 115),
– partie IV, chapitre 2, *Les consonnes constrictives*, [f] – [v] (page 146).

ÉCRITURE CRÉATIVE

20 Écrivez, seul ou à plusieurs, des phrases ou des textes (virelangues, proverbes, récits, poèmes, chansons, recettes…) contenant un grand nombre de [b] et/ou de [v]. Vous pouvez vous inspirer des exemples proposés dans le corrigé (p. 217) et les écouter.

Les consonnes occlusives
[t] – [d]

SENSIBILISATION

PROVERBES

- Dans le doute, abstiens-toi.
- Marie-toi devant ta porte avec quelqu'un de ta sorte. (Québec)
- Entretien sur le temps, entretien de sottes gens
- Faute avouée est à moitié pardonnée.

[t]
[d]

DISCRIMINATION

Faites le point
Entendez-vous la différence entre [t] consonne sourde et [d] consonne sonore ?

1 Entendez-vous deux mots identiques ou deux mots différents ? Cochez.

	=	≠
tant – dent	…	✗
1.	…	…
2.	…	…
3.	…	…

	=	≠
badaud – badaud	✗	…
4.	…	…
5.	…	…
6.	…	…

2 Quelle phrase entendez-vous ? Cochez.

	Ne t'entête pas.	…	*Ne t'endette pas.*	✗
1.	Il a un certain ton.	…	Il a un certain don.	…
2.	Mets-le dans la soute.	…	Mets-le dans la soude.	…
3.	C'est une amante.	…	C'est une amande.	…
4.	C'est côté.	…	C'est codé.	…
5.	Quelle tortue !	…	Quel tordu !	…

3 Entendez-vous le présent ou le passé récent ? Cochez.

Présent		Passé récent	
Je viens déjeuner.	...	*Je viens de déjeuner.*	✗
1. Je viens téléphoner.	...	Je viens de téléphoner.	...
2. Je viens danser chez elle.	...	Je viens de danser chez elle.	...
3. Je viens discuter avec Tom.	...	Je viens de discuter avec Tom.	...
4. Je viens travailler.	...	Je viens de travailler.	...
5. Je viens dîner chez eux.	...	Je viens de dîner chez eux.	...

ENTRAÎNEMENT ARTICULATOIRE

4 Répétez. Distinguez bien les mots en gras.

A. Position initiale
- **Tes** tapis sont là.
- **Tes** tasses sont sales.
- **Tu** vends demain.
- **Tu** peins seulement.
- **Tords** encore.

- **Des** tapis sont là.
- **Des** tasses sont sales.
- **Du** vent demain.
- **Du** pain seulement.
- **Dors** encore.

B. Position intervocalique
- C'est **tout**.
- Il a **tort**.
- Il a **été**.
- Ne le **touche** pas.
- Jette le **thé**.

- C'est **doux**.
- Il **adore**.
- Il a **aidé**.
- Ne le **douche** pas.
- Jette le **dé**.

C. Position finale
- Ils se **vantent**.
- Rends-la **vite**.
- J'ai peur des **rites**.
- Passe-moi la **poutre**.
- Je choisis le **quatre**.

- Ils se **vendent**.
- Rends-la **vide**.
- J'ai peur des **rides**.
- Passe-moi la **poudre**.
- Je choisis le **cadre**.

[t]
[d]

5 Répétez. Dans la seconde phrase, allongez le [d] et ne prononcez pas le « e » de *de*.

1. – Elle vient courir. → – Elle vient de courir.
2. – On vient discuter. → – On vient de discuter.
3. – Le jury vient délibérer. → – Le jury vient de délibérer.
4. – Je viens dormir. → – Je viens de dormir.
5. – On vient débattre le prix. → – On vient de débattre le prix.

[t]
[d]

6 Répétez (↓). Allongez le [t].
- une fillette timide
- une chatte tigrée
- une bête terrible
- une route tortueuse
- Elle chante toujours.
- Ils se quittent tôt.
- On va vite terminer.
- Ils mentent tout le temps.

7 Répétez (→) les mots contenant des groupes consonantiques.

A. Position initiale
| [tʀ] | trop – très – trois | [dʀ] | drôle – drap – drain |

B. Position intervocalique
| [tʀ] | attrait – entrain – étroit | [dʀ] | adroit – endroit – adresse |
| [ʀt] | artiste – quartier – certain | [ʀd] | ardu – bordure – mardi |

C. Position finale
| [tʀ] | quatre – mettre – votre | [dʀ] | cadre – cèdre – coudre |
| [ʀt] | carte – courte – forte | [ʀd] | garde – corde – lourde |

8 Faites passer le [t] ou le [d] dans la syllabe suivante.

[t]	[d]
une date à retenir	une attitude à éviter
des bottes en cuir	une étude intéressante
une cravate en soie	une façade illuminée
une rente à vie	un stade olympique
un texte à trous	un monde en transformation

9 Notez les liaisons, puis répétez. Attention « -d » devient [t].

A. *un grand‿homme*
- un grand avenir
- un grand enfant
- un grand ensemble
- le second étage
- le Second Empire

Que répond-elle ?
- Avec quoi confond-il ?
- Comment s'y rend-on ?
- Qui attend-elle ?
- Comprend-il ma question ?
- Vend-il sa voiture ?

B. *Quand‿on veut, on peut.*
- Quand il partira, dis-le moi.
- Quand elle pourra, elle te téléphonera.

Quand‿est-ce que tu pourras ?
- Quand est-ce qu'il partira ?
- Quand est-ce qu'elle téléphonera ?

>>> Voir partie III-2, *Les liaisons et les enchaînements*, tableau A et exercices 7 et 11 (pages 103-105). <<<

10 Répétez (↓).

[t] – [t]
un type têtu
un texte traduit
un tapis turc
une tortue terrestre
un teint terne

[t] – [d]
un thé dansant
un train direct
une table d'hôte
un travail d'amateur
un trait d'union

[d] – [d]
une drogue douce
un directeur dynamique
une digestion difficile
un docteur en droit
un don d'organe

[d] – [t]
un dîner en tête à tête
un despote tyrannique
un destin tragique
un drapeau tricolore
une discussion utile

RYTHME ET INTONATION

11 Écoutez. Notez les liaisons et les enchaînements. Répétez en respectant le rythme et l'intonation.

Quelques traditions françaises…

Le 1er janvier
On souhaite à tout son entourage santé, prospérité, réussite.
On reçoit étrennes et cadeaux. On écrit des cartes de vœux.

Le 6 janvier
On tire les Rois, c'est-à-dire on mange une galette dans laquelle on a glissé une fève et celui qui la trouve devient roi.

Le 1er mai
C'est la fête du travail. On peut acheter partout sur les trottoirs des brins de muguet porte-bonheur.

Le 21 juin
C'est le solstice d'été et la fête de la musique.
Des amateurs de tout âge jouent partout de toutes sortes d'instruments.

Le 14 juillet
C'est la fête nationale. Le matin, les militaires défilent.
À la nuit tombée, on admire les feux d'artifice et on danse.

Le 1er novembre
C'est la Toussaint.
Les familles vont au cimetière fleurir les tombes de leurs défunts.

Le 25 décembre
C'est Noël, la famille se retrouve autour de plats traditionnels.
Les enfants attendent la visite du père Noël qui a des cadeaux plein sa hotte.

[t]
[d]

IV / 1

12 Formulez les phrases dans un registre familier. Écoutez pour vérifier.

Tu n'as pas de boulot ? Tu n'as pas de travail ?
→ *T'as pas d' boulot ? T'as pas d'travail ?*

1. Tu n'as pas de difficultés ? Tu n'as pas de problèmes ? → ...
2. Tu n'as pas de diplômes ? Tu n'as pas suivi de stages ? → ...
3. Tu n'as pas de devoirs ? Tu n'as pas de textes à lire ? → ...
4. Tu n'as de copains ? Tu n'as pas de copines ? → ...
5. Tu n'as pas de voiture ? Tu n'as pas de permis de conduire ? → ...

13 Répétez les questions.

– Où doit-on s'adresser ?
– Comment peut-on s'y rendre ?
– Combien de temps le trajet dure-t-il ?
– À qui peut-on demander de l'aide ?
– Quel dossier devra-t-on constituer ?
– Quels papiers d'identité doit-on produire ?
– Quelle somme d'argent devra-t-on payer ?

14 Ces phrases sont incomplètes. Écoutez-les en entier, puis répétez-les de mémoire.

Voici quelques recommandations avant votre départ en montagne.
• Ne faites pas…
• Il faudra que…
• Ne détruisez pas les cultures,…
• Ne cueillez pas…
• Évitez…
• Prenez le temps…
• Bonne randonnée !

[t]
[d]

15 Dites ces phrases de deux manières : d'abord en chuchotant, puis sur un ton vif et exaspéré. Écartez pour vérifier.

1. Tu as tort, tu as toujours tort !
2. Tais-toi, je t'en prie, tais-toi !
3. Regarde derrière toi, regarde donc derrière toi !
4. Tout de suite, oui, j'arrive tout de suite !

16 Lisez ces citations à voix haute en même temps que le locuteur. Répétez-les autant de fois que nécessaire pour les mémoriser.

« Les plus grandes aventures sont intérieures. »
HERGÉ

« Dans la bataille de l'homme et du monde, ce n'est pas le monde qui commence. »
GASTON BACHELARD

« La bonne musique ne se trompe pas, et va droit au fond de l'âme chercher le chagrin qui nous dévore. »
STENDHAL

17 Écoutez le dialogue une première fois, puis donnez la réplique.

A : – Tu ferais quoi, toi, à ma place ?
B : – Tu devrais voir avec le directeur.
A : – Tu irais voir le directeur, toi ?
B : – Oui, je lui demanderais tout de suite un rendez-vous.
A : – Et… tu lui demanderais quoi, toi ?
B : – Moi, je lui demanderai sans hésiter une augmentation.
A : – Une augmentation ?
B : – Oui, et une très forte augmentation !
A : – Et à ton avis, il va accepter ?… comme ça… immédiatement ?
B : – Sinon… sinon, tu lui balances* ta démission !

* Français familier : balancer quelque chose à quelqu'un = lancer, envoyer rapidement, brutalement quelque chose à quelqu'un.

18 Après une première écoute, lisez le texte en même temps que le locuteur.

Chers téléspectateurs, bonsoir.
Nous sommes au théâtre de la Madeleine.
Le parterre est bondé. Tous les strapontins sont occupés.
Le rideau est encore baissé.
Sans doute, derrière le rideau les comédiens et le tout jeune metteur en scène ont-ils le trac pour cette première tant attendue.
Nul doute que cette comédie en trois actes, à laquelle vous allez assister, vous enchantera par sa fantaisie et sa modernité.
Mais chut… Vous entendez comme moi les trois-coups…
Place au théâtre, place aux jeunes talents. … À tout à l'heure.

[t]

[d]

Interprétation

19 Préparez cet extrait de roman pour le dire à voix haute, puis écoutez.

> L'homme élégant est descendu de la limousine, il fume une cigarette anglaise. Il regarde la jeune fille au feutre d'homme et aux chaussures d'or. C'est visible, il est intimidé. Il ne sourit pas tout d'abord. Tout d'abord, il lui offre une cigarette. Sa main tremble. Il y a cette différence de race, il n'est pas blanc, il doit la surmonter, c'est pourquoi il tremble. Elle lui dit qu'elle ne fume pas, non merci. Elle ne dit rien d'autre, elle ne lui dit pas laissez-moi tranquille. Alors il a moins peur. Alors il lui dit qu'il croit rêver. Elle ne répond pas. Ce n'est pas la peine qu'elle réponde, que répondrait-elle. Elle attend. Alors il le lui demande : mais d'où venez-vous ? Elle dit qu'elle est la fille de l'institutrice de l'école des filles de Sadec. Il réfléchit et puis il dit qu'il a entendu parler de cette dame, sa mère, de son manque de chance avec cette concession qu'elle aurait achetée au Cambodge, c'est bien ça n'est-ce pas ? Oui c'est ça.
>
> Marguerite Duras (1914-1996), *L'Amant*, © Les Éditions de Minuit, 1984.

IV / 1

 **20** Préparez cet extrait de roman pour le dire à voix haute, puis écoutez.

> – C'est vrai que tu ne te souviens pas de moi ?
> – Non, c'est pas vrai.
> – Tu t'en souviens ?
> – Oui.
> – Tu te souviens de quoi ?
> – Je me souviens que t'avais dix ans, que tu mesurais 1 mètre 29, que tu pesais 26 kilos que t'avais eu les oreillons l'année d'avant, je m'en souviens de la visite médicale. Je me souviens que t'habitais à Choisy-le-Roi et à l'époque ça m'aurait coûté 42 francs de venir te voir en train. Je me souviens que ta mère s'appelait Catherine et ton père Jacques. Je me souviens que t'avais une tortue d'eau qui s'appelait Candy et ta meilleure copine avait un cochon d'Inde qui s'appelait Anthony. Je me souviens que tu avais un maillot de bain vert avec des étoiles blanches et ta mère t'avait même fait un peignoir avec ton nom brodé dessus. Je me souviens que tu avais pleuré un matin parce qu'il n'y avait pas de lettres pour toi. Je me souviens que tu t'étais collé des paillettes sur les joues le soir de la boum et qu'avec Rebecca, vous aviez fait un spectacle sur la musique de *Grease*…
> – Oh, là, là, mais c'est pas croyable la mémoire que tu as !
>
> Anna GAVALDA (1970), *Je voudrais que quelqu'un m'attende quelque part*, © Le dilettante, 1999.

[t]
[d]

PHONIE-GRAPHIE

21 Sélectionnez, dans le chapitre ou dans votre lexique personnel, des mots avec les graphies de [t] et de [d].

[t]		
« t »	« tt »	« th »
....	....	....
....	....	....

[d]	
« d »	« dd »
....	....
....	....

>>> Voir le *Tableau des graphies* (page 198). <<<

 **22** Prononcez les phrases, puis écoutez pour vérifier. Soulignez les mots avec [t] dans la dernière syllabe. Vérifiez à l'aide du tableau page suivante.

1. Orthographe en « -tier » : [tje] ou [sje] ?
   – Le bijou**tier** de mon quar**tier** veut m'ini**tier** à son mé**tier**.
   – « Ayez pi**tié** de mon père » a balbu**tié** le fils du fores**tier**.

2. **Orthographe en « -tion » : [tjɔ̃] ou [sjɔ̃] ?**
   – La ges**tion** de la popula**tion** mondiale pose de nombreuses ques**tions**.
   – Atten**tion** à la banalisa**tion** de la consomma**tion** d'alcool.
   – Nous leur appor**tions** chaque jour une por**tion** de notre repas.
   – Nous no**tions** les quelques no**tions** essentielles.
3. **Orthographe en « -tieux » ou « -tien » : [tjø] ou [sjø] ? [tjɛ̃] ou [sjɛ̃] ?**
   – Êtes-vous ambi**tieux** ? minu**tieux** ? supersti**tieux** ?
   – Nous avons un entre**tien** avec un Égyp**tien**, un Kowei**tien**, un Lao**tien** et un Haï**tien**.
4. **Orthographe en « -tie » : [ti] ou [si] ?**
   – Après quelques péripé**ties** à la sor**tie** de la gare, nous avons eu la garan**tie** de pouvoir continuer notre voyage.
   – Pouvez-vous définir les termes suivants : démocra**tie**, autocra**tie**, gérontocra**tie** ?
   – La calvi**tie** et la presby**tie** vous guettent, messieurs !

S'écrivent	Se prononcent [t]*	Se prononcent [s]*
« -tier »	Tous les mots : *un bijoutier*, un chantier, un charcutier, *un forestier* un métier, un quartier, un sentier… entier, droitier…	Sauf : *balbutier, initier.*
« -tié »	une amitié, (un) amnistié, une inimitié, la moitié, *la pitié*…	Sauf : *balbutié*, (un) *initié.*
« -tion »	• Les mots terminés par « -stion » : un bastion, la combustion, une (in)digestion, *la gestion, la question,* la suggestion… • Les formes verbales (« nous ») : *nous notions, nous (ap)portions*…	Tous les autres mots : l'affection, *attention, la banalisation, la consommation,* la discrétion, une fonction, une introduction, une invention, *une notion, la population, une portion,* une sanction…
« -tieux »		Tous les mots : *ambitieux,* un contentieux, facétieux, infectieux, *minutieux,* prétentieux, *superstitieux*…
« -tien »	chrétien, *un entretien, koweitien,* le maintien, un soutien, le tien…	aoûtien, béotien, capétien, *égyptien, haïtien, laotien,* lilliputien, martien, tahitien, vénitien…
« -tient »	Les verbes conjugués dérivés de « tenir » : il appartient, il détient, il soutient, il tient… (prononcer [tjɛ̃])	Trois mots : impatient, patient, quotient (prononciation [sjɑ̃]).
« -tie »	• Les mots terminés par « -stie » : une amnistie, une dynastie, la modestie, la pédérastie… • Les féminins de « -ti » : avertie, consentie, (une) convertie, *(une) garantie,* investie, ralentie, rôtie… + *une sortie,* une partie, des orties.	Les mots avec les suffixes grecs « -cratie » et « -atie » : l'aristocratie, *l'autocratie,* la bureaucratie, *la démocratie, la gérontocratie*… + une acrobatie, une argutie, *la calvitie,* la diplomatie, une facétie, une idiotie, la minutie, *une péripétie, la presbytie,* une prophétie, la suprématie.

* Les mots de l'exercice sont en italique.

23 Classez les mots selon que le « t » final se prononce ou non.

le respect – un contact – un verdict – le tact – correct – strict – indirect – intact – l'instinct – un suspect – l'intellect – un tract – un district

	1. On entend les deux consonnes finales	2. On n'entend pas les deux consonnes finales
« -ict »		
« -ect »		*le respect –* ....
« -act »	*un contact –*	
« -inct »		

Dictée

24 Écoutez et écrivez la lettre.

Thierry Dutoit   à Monsieur André Martin
                                                  Dijon, le 30 octobre

Monsieur,

....
....
....
....
....
....
....
....
....
....

ÉCRITURE CRÉATIVE

25 Écrivez, seul ou à plusieurs, des phrases ou des textes (virelangues, proverbes, récits, poèmes, chansons, recettes…) contenant un grand nombre de [t] et/ou de [d]. Vous pouvez vous inspirer des exemples proposés dans le corrigé (p. 218) et les écouter.

Les consonnes occlusives
[k] – [g]

SENSIBILISATION

PROVERBES

Bague au doigt corde au cou. (Québec)

Il n'y a pas de grenouille qui ne trouve son crapaud.

Neige qui tombe engraisse la terre.

DISCRIMINATION

Faites le point
Entendez-vous la différence entre [k] consonne sourde et [g] consonne sonore ?

[k]
[g]

1 Complétez avec le son entendu : [k] ou [g].

Fort comme un Tur[…] → *Fort comme un Tur[k]*

1. Mai[…]re comme un […]lou
2. Or[…]eilleux comme un paon
3. Rouge comme un […]o[…]
4. Frais comme un […]ardon
5. Ré[…]lé comme une horloge
6. […]ras comme un […]ochon
7. […]ris comme une souris
8. Méchant comme la […]ale
9. Rapide comme l'é[…]lair
10. […]ros comme une maison

2 Cochez la phrase entendue.

	C'est classé.		C'est glacé.	✗
1.	C'est un drôle de cas.	…	C'est un drôle de gars.	…
2.	C'est un problème de coût.	…	C'est un problème de goût.	…
3.	Je vais à Caen.	…	Je vais à Gand.	…
4.	Il la cassait.	…	Il l'agaçait.	…
5.	Il faut l'acquérir.	…	Il faut l'aguerrir.	…
6.	Ne l'écoute pas !	…	Ne l'égoutte pas !	…

ENTRAÎNEMENT ARTICULATOIRE

3 Ne confondez pas. Répétez (↓).

A. À l'initiale		B. À l'intervocalique		C. En finale	
car	gare	les écarts	les égards	les docks	les dogues
case	gaz	les paquets	les pagaies	les bocks	les bogues
cran	grand	l'écran	les grands	les becs	les bègues
classe	glace	le crin	le grain	les bacs	les bagues
coûte	goûte	les écus	les aigus	les oncles	les ongles
croupe	groupe	les carreaux	les garrots	les ocres	les ogres

4 Répétez.

A. À l'initiale
- [kʀ] → cri – croire – crème
- [kl] → client – clé – classe
- [gʀ] → gris – grotte – gramme
- [gl] → gloire – glisser – glousser

B. À l'intervocalique
- [kʀ] → accroc – écran – sucrer
- [kl] → acclamer – nucléaire – cyclique
- [gʀ] → agrume – aigri – engrais
- [gl] → cinglé – déglutir – sangloter

C. En finale
- [kʀ] → ocre – massacre – cancre
- [kl] → oncle – spectacle – boucle
- [gʀ] → tigre – ogre – bougre
- [gl] → épingle – angle – jungle

[k]
[g]

5 Répétez. Faites les enchaînements avec [k] et [g].

[k]	[g]
un bac_à sable	une langue_européenne
un rock_endiablé	le vague_à l'âme
une toque_en fourrure	une longue_absence
On manque_encore de temps.	Elle se fatigue_assez vite.
Ça pique_un peu.	Il se drogue_encore.
Il provoque_une émeute.	Ce verbe se conjugue_avec « être ».

6 Répétez. Maintenez l'occlusion du [k] et du [g].

[k:]	[g:]
un anorak canadien	une collègue galloise
une banque coréenne	une pirogue gabonaise
une musique cubaine	une bague grecque
une boutique colombienne	la langue gauloise
un lac kenyan	un champion de ping-pong gambien

7 Répétez.

[k] – [k]
un cadeau collectif
un camarade de classe
une architecture classique
une création contemporaine
la culture gréco-latine

[k] – [g]
une piqûre de guêpe
un criminel de guerre
une conjugaison régulière
le calendrier grégorien
le côté gauche

[g] – [g]
une règle graduée
un grand magasin
une grosse grippe
un guide gastronomique
un angle aigu

[g] – [k]
un gâteau sec
un grand couturier
une grosse connerie
un gant de crin
une grille de mots croisés

8 Distinguez bien les mots en gras.

[g] – [k]
pas de **gars** dans ce **cas**
pas de **gaz** dans la **case**
pas de **guerre** au **Caire**
pas de **glace** dans la **classe**
pas de gens **gais** sur le **quai**

9 Répétez ces expressions.

- Être pris à la gorge
- Avoir la gorge serrée
- Avoir la gorge sèche
- Rire à gorge déployée

- Avoir le cœur sur la main
- Avoir bon cœur
- Être sans cœur
- Ne pas avoir le cœur à rire

- Faire la gueule*
- Avoir la gueule de bois
- Avoir une sale gueule*
- Se casser la gueule*

* Français familier : faire la gueule = faire la tête, bouder, manifester silencieusement son mécontentement ; avoir une sale gueule = avoir un visage inquiétant, peu engageant ; se casser la gueule = tomber.

[k]
[g]

RYTHME ET INTONATION

10 Lisez cette énumération à voix haute en même temps que le locuteur. Respectez bien le rythme.

– J'ai une grippe carabinée, je me suis cassé la clavicule.
– On m'a piqué* ma carte bleue, on m'a bloqué mon compte en banque.
– Mon fils aîné a découché et mon cadet a fait une fugue.
– Je m'engueule* avec tout le monde et dans mon couple, c'est la crise.
– Que va-t-il donc encore m'arriver ?

* Français familier : piquer = prendre, voler ; s'engueuler avec quelqu'un = avoir des démêlés avec quelqu'un, se disputer, se quereller.

IV / 1

11 Écoutez. Notez les liaisons et les enchaînements. Répétez en respectant le rythme et l'intonation.

Dans le wagon 5 du train express Gand-Caen
Compartiment 1. Une banquière consulte les comptes de son plus gros client sur son ordinateur.
Compartiment 2. Un excentrique est couché sur la banquette, son gros sac à dos à côté de lui.
Compartiment 3. Cinq jeunes écoutent un groupe Rock.
Compartiment 4. Une grand-mère raconte un conte de Grimm à une fillette aux cheveux bouclés.
Compartiment 5. Quatre colonels guindés jouent au poker.
Compartiment 6. Une femme élégante cherche quelque chose dans son bagage en cuir.

Dans le couloir, des gamins crient, le contrôleur réclame le silence.

12 Lisez ces questions à voix haute en même temps que le locuteur. Faites monter la voix sur la dernière syllabe.

– Gargantua* était-il fine gueule ? gourmet ? gourmand ? goulu ? glouton ou goinfre ?
– Était-il maigre ? maigrichon ? ou gros ? gras ? grassouillet ?
– Était-il grand ? très grand ?
– Préférait-il les légumes ou les agrumes ? Les plats sans graisse ou avec graisse ? Les grillades ou les ragoûts ? Les sangliers, les coqs ou les canards ?
– Dégustait-il ? Grignotait-il ? Ou se goinfrait-il ? Se gavait-il ?

* Gargantua est un personnage légendaire imaginé par Rabelais (XVIe siècle), un géant qui avait un énorme appétit.

[k]
[g]

13 Répétez en même temps que le locuteur.

– Le fils de Gargantua, Pantagruel, était comme lui.
– Il était gourmand, goulu, glouton et goinfre.
– Il était gros, gras et grand… Il était très corpulent !
– Il adorait les grillades de sanglier, de coq ou de canard, et il préférait de beaucoup aux légumes, les plats bien gras et les ragoûts.
– Il se goinfrait* et se gavait à longueur de journée.

Français familier : se goinfrer = manger avec excès et salement.

14 Répétez. Respectez l'intonation.

1. Comment et quand les contacter ?
2. Comment commencer et comment conclure ?
3. Pourquoi quitter le gouvernement ? Pourquoi abdiquer ?
4. Comment démasquer le coupable ? Comment le confondre ?
5. Comment les convaincre ? Avec quels arguments ?
6. Pourquoi critiquer et contredire ? Pourquoi ne pas collaborer ?
7. Pourquoi ne pas faire confiance ? Pourquoi toujours suspecter ?

15 **Répétez sur un rythme vif.**

– Cuisiniers et cuisinières !
– Coupez ! Découpez ! Faites cuire ! Cuisinez ! Piquez !
– Grattez ! Graissez ! Grillez ! Gratinez !
– Gourmets et gourmands et fines gueules
– Goûtez ! Dégustez ! Régalez-vous !

16 **Ces énoncés sont incomplets, écoutez-les en entier, puis répétez-les de mémoire avec l'intonation proposée.**

1. Mais qu'est-ce que c'est que ce mec* ? …
2. Qu'est-ce que c'est que ce cirque* ? …
3. Mais qu'est-ce que c'est que ce gouvernement ! …
4. Mais qu'est-ce que c'est que ces ragots ! …
5. Qu'est-ce que c'est que ce gaspillage ! …

* Français familier : un mec = un homme, un individu ; Qu'est-ce que c'est que ce cirque* = Qu'est-ce qui se passe ? Quelle est la raison de cette agitation, de ce désordre ? ; claquer du fric (voir le corrigé, page 218, et l'enregistrement) = dépenser beaucoup d'argent.

17 **Après une première écoute, prenez de mémoire le rôle de B. Respectez le rythme et l'intonation.**

À la banque

A : – De quels documents avez-vous besoin pour m'ouvrir un compte ?
B : – Il nous faut votre carte d'identité et des bulletins de salaire.
A : – Quel est le découvert autorisé ?
B : – C'est en fonction de votre salaire qu'il sera calculé.
A : – Je peux retirer combien au maximum ?
B : – 500 euros par semaine au maximum.
A : – Puis-je consulter l'état de mon compte sur Internet ?
B : – Bien sûr, avec votre code secret.
A : – Et est-ce que mon conjoint peut lui aussi utiliser mon chéquier ?
B : – Oui, à condition que vous lui ayez fait une procuration.
A : – Et dans combien de temps recevrai-je ma carte bancaire ?
B : – Dans cinq jours, je vous le garantis.

[k]
[g]

18 **Lisez ces citations à voix haute, en même temps que le locuteur. Répétez-les autant de fois que nécessaire pour les mémoriser.**

« Il n'y a pas d'homme cultivé, il n'y a que des hommes qui se cultivent. »
Maréchal Foch

« La vie ressemble à un conte ; ce qui importe, ce n'est pas sa longueur, mais sa valeur. »
Sénèque

« Les connaissances nous suivent tout le reste de notre vie, nous sont toujours utiles et quelquefois nous consolent de bien des peines. »
Stendhal

19 Après une première écoute, répondez en même temps que l'antiquaire.

Interview

Le journaliste : – Les Français ont un goût prononcé pour les brocantes et les vide-greniers, n'est-ce pas ?
L'antiquaire : – Oui, ils aiment chiner.
Le journaliste : – Qu'est-ce qu'un « chineur » pour vous ?
L'antiquaire : – Il y a plusieurs types de chineurs. Par exemple, le collectionneur qui connaît, qui se documente… qui collectionne des objets tels que les gravures ou les lithographies par exemple, des épingles à cravates ou des montres à gousset…
Le journaliste : – Et puis ?
L'antiquaire : – Et puis il y a le chineur nostalgique, celui qui recherche des objets qui lui évoquent son enfance : les casseroles en cuivre où sa grand-mère faisait les confitures par exemple…
Le journaliste : – Il y a aussi le chineur pratique qui veut s'équiper à petit prix ?
L'antiquaire : – Bien sûr, aussi…
Le journaliste : – Et il y a les chineurs professionnels ?
L'antiquaire : – Oui, et dont je fais partie puisque je suis antiquaire.

INTERPRÉTATION

20 Préparez cet extrait théâtral pour le dire à voix haute, puis écoutez.

> Mais qu'est-ce que vous avez avec ça ? Pourquoi voulez-vous à tout prix que je sois « gai » ?… Je me demande pourquoi vous attachez tant d'importance à ces choses-là… Il est toujours question d'être « gai » ou souriant ou « en pleine forme », c'est une obsession !… Je n'ai pas appris de bonnes nouvelles, je n'ai pas gagné au Loto, je n'ai rien à vendre à personne, je n'ai aucune raison d'être particulièrement « gai ». Je suis un être humain, pas un animateur ! Il n'y a qu'à la télévision qu'on voit les gens éclater de rire à longueur de temps comme des crétins.
>
> Jean-Pierre BACRI (1951) et Agnès JAOUI (1964), *Cuisines et dépendances*, 1992.

21 Préparez cet extrait théâtral pour le dire à voix haute, puis écoutez.

> On a besoin
> D'avoir son coin,
> L'endroit clos où jamais l'âme ne se déguise,
> Le petit coin
> Tout prêt,
> Très près,
> Et dans lequel on est très loin !
> Sacha GUITRY (1885-1957), « Un soir quand on est seul »,
> *Théâtre*, Presses de la Cité-Omnibus.

PHONIE-GRAPHIE

22 Sélectionnez dans le chapitre, ou dans votre vocabulaire personnel, des mots avec les graphies de [k] et de [g]. Notez-les.

[k]				
« c » + a, o, u « cc » + a, o, u	« cu » + e, i	« k », « ck »	« (c)qu » + i, e, a, o	« ch »
………………	………………	………………	………………	(quelques mots)
………………	………………	………………	………………	………………

[g]			
« g » + consonne	« gg »*	« g » + a, o, u	« gu » + i**, y, e, é, è, ê
………………	*agglomération,* *toboggan*	………………	………………
………………		………………	………………

* Sauf [gʒ] : *suggérer* [sygʒeʀe].
** Dans certains mots « gui » se prononce [gɥi] : *aiguille, linguiste, linguistique.*

>>> Voir le *Tableau des graphies* (page 198). <<<

23 Classez les mots selon que le « -c » et le « -g » en finale se prononcent ou non.

un escroc – donc – le footing – un étang – l'estomac – avec – long – sec – le caoutchouc – un choc – un gang – un sac – le marc – un grog – un porc – un tic – le sang – un banc – un iceberg – le tabac – un zigzag – le ping-pong – le mailing – un clerc – le mastic

1. On entend le « -c » en finale*	2. On n'entend pas le « -c » en finale
donc – ………………………………………	un escroc – ………………………………
………………………………………………	………………………………………………
………………………………………………	………………………………………………

3. On entend le « -g » en finale**	4. On n'entend pas le « -g » en finale
le footing – ………………………………	un étang – ………………………………
………………………………………………	………………………………………………
………………………………………………	………………………………………………

* On entend le « -c » en finale dans la majorité des mots.
** On entend le « -g » en finale dans la majorité des mots, et toujours avec le suffixe « -ing ».

[k]
[g]

24 Cherchez dans votre dictionnaire des mots de la même famille commençant par « ca- ».

un chien, un chenil → *canin*
un chef, un chef-d'œuvre → *une capitale, un capitaine*

1. un cheval, un chevalier, chevalin → ....
2. la chair, charnu → ....
3. un cheveu, la chevelure, chevelu → ....
4. un chant, un chanteur, une chanson(nette) → ....
5. un char, une charrette, une charrue → ....
6. charger, un chargement → ....

Dictée

25 Écoutez et écrivez.

[k]
[g]

Paul Glaçon   à Monsieur le Directeur
5, Cours Gambetta   Magasin Guéquet
38650 Gresse-en-Vercors   59200 Tourcoing
Monsieur,

....

ÉCRITURE CRÉATIVE

26 Écrivez, seul ou à plusieurs, des phrases ou des textes (virelangues, proverbes, récits, poèmes, chansons, recettes…) contenant un grand nombre de [k] et/ou de [g]. Vous pouvez vous inspirer des exemples proposés dans le corrigé (p. 219) et les écouter.

Les consonnes constrictives [f] – [v]

SENSIBILISATION

PROVERBES

Pour vivre heureux, vivons cachés.

Il faut faire contre mauvaise fortune bon cœur.

Il vaut mieux faire envoie que pitié.

[f]
[v]

DISCRIMINATION

Faites le point
Entendez-vous la différence entre [f] consonne sourde et [v] consonne sonore ?

1 Cochez la phrase entendue.

	C'est vrai.		*C'est frais.*	✗
1.	C'est son vice.	…	C'est son fils.	…
2.	Faites un vœu.	…	Faites un feu.	…
3.	Elle a perdu la voix.	…	Elle a perdu la foi.	…
4.	Il vend des veaux.	…	Il vend des faux.	…
5.	Vous parlez en vain.	…	Vous parlez enfin.	…
6.	Une grève est inévitable.	…	Une greffe est inévitable.	…
7.	Tout le monde sauve les chauves.	…	Tout le monde sauf les chauves.	…
8.	Il travaille enfin.	…	Il travaille en vain.	…

ENTRAÎNEMENT ARTICULATOIRE

2 Prononcez (→) le [f] puis le [v] de la même façon, dans toutes les positions.

[f]			[v]		
fa	sofa	sauf	vent	savant	savent*
faire	effet	f	veau	caveau	cave
fée	gaffer	gaffe	vais*	mauvais	mauve
fonds	bas-fonds	baffe	vain	Louvain	louve
fille	amphi	enfle*	vie	ravie	rave

* Formes verbales de *enfler*, *savoir*, *aller*.

3 Allongez la tenue du [f] et du [v]. Maintenez légèrement le souffle pour le [f] et la vibration pour le [v].

[f]	[v]
un veuf fidèle → [ɛ̃-vœffi-dɛl]	*une veuve volage* → [yn-vœvvɔ-laʒ]
un sportif frénétique	une cave voûtée
un chef furieux	un chauve ventru
un objectif facile	un slave volubile
un primitif flamand	une preuve valable
un œuf frais	une olive verte

[f]
[v]

4 Faites les enchaînements : passez le [f] et le [v] dans la syllabe suivante.

[f]	[v]
un pendentif en or → [ɛ̃-pɑ̃-dɑ̃-ti-fɑ̃-nɔʀ]	*un rêve étrange* → [ɛ̃-ʀɛ-ve-trɑ̃ʒ]
un œuf au plat	un élève intelligent
un shérif américain	une grève imminente
un tarif étudiant	une épave abandonnée
un massif alpin	un brave homme
un philosophe arabe	une vive altercation

↳ **Après le mot *neuf* :**
• Enchaînement en [v] devant les mots *ans* et *heures* :
– *neuf ans* [nœ-vɑ̃], *neuf heures* [nœ-vœʀ].
• Enchaînement normal en [f] devant les autres mots :
– *neuf enfants* [nœ-fɑ̃-fɑ̃], *dix-neuf adultes* [diz-nœ-fa-dylt], *vingt-neuf employés* [vɛ̃t-nœ-fɑ̃-plwa-je]...

5 Répétez (→) les séries de mots de la même famille en distinguant bien le [f] et le [v].

naïf	naïve	la naïveté	naïvement
nouveau	nouvelle	une nouveauté	nouvellement
bref	brève	la brièveté	brièvement
passif	passive	la passivité	passivement
actif	active	une activité	activement
fictif	fictive	une fiction	fictivement
affectif	affective	l'affectivité	affectivement
positif	positive	la positivité	positivement

6 Répétez les suites.

[f] – [f]
un fil de fer
une fête de famille
une fleur fanée
une fortune fabuleuse
un fromage frais

[v] – [v]
une valse viennoise
une vieille ville
un visage volontaire
un va-et-vient
un vis-à-vis

[f] – [v]
une femme voilée
une forêt vierge
un fond de vallée
un chef violent
un tarif de faveur

[v] – [f]
une vie facile
un vice de forme
un vent fort
un vaisseau fantôme
une veste fripée

7 Répétez. Distinguez bien les mots en gras.

Mon **fils** n'a pas de **vice**.
Ne **fâche** pas les **vaches**.
On **file** à la **ville**.
On cherche du fil de **fer vert**.

Il y a des **phares** dans le **Var**.
Ils **fendent** le bois et le **vendent**.
Ils sont **faux vos** passeports.
Les **chauves** se **chauffent**.

8 Répétez ces noms de sites ou de lieux touristiques.

1. À Paris ou dans les environs
– la Tour Eiffel, l'Arc de triomphe, les Invalides,
– le café de Flore, les Folies Bergères,
– le Musée du Louvre, le Palais de la découverte,
– le Château de Versailles.

2. En province
– le festival d'Avignon,   – le viaduc de Millau,   – le fort Boyard,
– les falaises d'Étretat,   – la vallée des Merveilles,   – les volcans d'Auvergne.

[f]
[v]

RYTHME ET INTONATION

9 Écoutez. Notez les liaisons et les enchaînements. Soulignez les « e » prononcés. Répétez en respectant le rythme et l'intonation.

Novembre

Boulevard des Invalides, un jour de novembre, j'ai vu :
un vieillard au volant d'une vieille Ford brûler un feu rouge,
une jeune fille à vélo, dans la voie réservée, avec son violoncelle sur le dos,
un individu furieux traverser le boulevard en vitupérant,
une femme vêtue de vert s'enfoncer dans la foule,
un enfant sauter dans les flaques,
des fumeurs invétérés fumer dehors en frissonnant,
des verres se lever derrière la vitre d'un café,
et des feuilles voler dans le vent de novembre.

10 Formez les phrases interrogatives et prononcez-les avec un schéma ascendant. Écoutez pour vérifier.

Effectuer les formalités → *Vous avez effectué les formalités ?*

1. Vérifier les visas.
2. Fouiller les valises.
3. Surveiller les arrivées.
4. Observer les voyageurs.
5. Délivrer des sauf-conduits.
6. Veiller à la validité des vaccins.

11 Répétez toutes les phrases à la suite.

– Tu me fais voir ?
– Allez, fais-moi voir.
– Si… Fais voir !
– Tu veux pas me faire voir ?
– Tu veux vraiment pas me faire voir ?
– Bon, comme tu veux… Tu me feras voir plus tard.

[f]
[v]

12 Essayez de prononcer les phrases avec une tonalité ironique. Écoutez pour comparer.

1. Si tu veux vérifier, vérifie ! Vas-y ! Fouille mes vêtements, ma veste ! Vas-y !
2. Si tu veux voyager, vas-y ! Prends ton envol ! Voyage !
3. Si tu veux filer* ! File ! Va-t-en ! Fais ta valise et bon vent* !
4. Si tu ne veux pas te fatiguer, flemmarde*… Ne te fatigue pas !
5. Si vous voulez que l'affaire fasse un flop* ! Continuez dans cette voie, vous verrez…

* Français familier : filer = partir rapidement ; bon vent = bon voyage et bon débarras ; flemmarder = paresser, ne pas faire grand-chose ; faire un flop = échouer.

13 Repétez les phrases avec la tonalité expressive des locuteurs.

A. – Vivement les vacances, qu'on puisse flemmarder et flâner.
– Vivement que ce soit fini les travaux de voirie en ville !
– Vivement qu'il revienne, qu'on file voir la famille en Auvergne !

B. – Enfin du nouveau ! Enfin un vrai débat !
– Ah ! Voilà enfin des réformes ! des vraies !
– La grève est finie. Ouf ! On va pouvoir aller et venir librement.

C. – C'est fini… Enfin, presque !
– C'est fichu, c'est foutu. Enfin… probablement !
– Son calvaire est fini. Enfin… on verra !

14 Écoutez le dialogue une première fois, puis écoutez à nouveau et prenez de mémoire le rôle de Martin.

Martin : – Je…
L'inconnue : – Oui, je vous reconnais, moi aussi.
Martin : – La dernière fois, …
L'inconnue : – Oui.
Martin : – Qui…
L'inconnue : – Oui.
Martin : – Et qui…
L'inconnue : – Non.
Martin : – Ce n'est plus…
L'inconnue : – Je n'attends personne.
Martin : – Je peux savoir…

Robert Poudérou (1937), « Alter Ego », *Brèves d'auteurs*, Actes Sud, 1993.

15 Lisez ces citations à voix haute, en même temps que le locuteur. Répétez-les autant de fois que nécessaire pour les mémoriser.

« La flamme nous force à imaginer. »
Gaston Bachelard

« Le feu couve dans une âme plus sûrement que sous la cendre. »
Gaston Bachelard

« Un rêve sans étoiles est un rêve oublié. »
Paul Éluard

[f]
[v]

16 Écoutez ces conseils. Puis entraînez-vous les répéter en même temps que le locuteur.

Nos conseils du jour sont destinés aux futurs locataires.
Si vous allez visiter un logement pour le louer, voici quelques recommandations :
– Soyez à l'heure au rendez-vous et faites preuve de courtoisie pendant toute la visite.
– Faites le tour complet des lieux et vérifiez si l'orientation est satisfaisante.
– Ouvrez les fenêtres, les placards, le frigo…
– N'hésitez pas à ouvrir les robinets des lavabos et de l'évier pour voir s'ils ne fuient pas.
– Demandez s'il y a une antenne TV et une prise de téléphone.
– Vérifiez l'état des papiers peints, des peintures, des revêtements de sol, des plafonds…
– Puis, refaites un tour sans vous presser, et si vous êtes satisfait… donnez votre accord.

INTERPRÉTATION

17 Préparez ce texte pour le dire à voix haute, puis écoutez l'interprétation proposée.

> Enfin, me voilà seul !
> Je le souhaitais depuis longtemps.
> Je vais donc enfin vivre seul !
> Sacha GUITRY (1885-1957), « Elles et Toi »,
> *Les Femmes et l'amour*, Raoul Solar, 1989.

18 Préparez cet extrait théâtral pour le dire à voix haute, puis écoutez.

> Avant je riais, de tout et de rien.
> Avant je chantais, du lever au coucher.
> Avant je dansais n'importe où.
> Avant je pouvais parler des heures de n'importe quoi à n'importe qui. J'avais la soif pour ça, je connaissais ni les heures, ni les lieux. J'avais la soif pour ça, j'allais vers l'amour comme un tir tendu, une balle de mitrailleuse, une balle perdue, j'attendais que ça touche, quelque part, quelqu'un.
> Et voilà, ça t'a touché.
> Avant toi, je riais.
> Avant toi, je chantais.
> Avant toi, je dansais.
> Avant toi, je parlais des heures de n'importe quoi,
> à n'importe qui.
> Xavier DURRINGER (1963), *Chroniques des jours entiers, des nuits entières*, © Éditions Théâtrales, 1996.

[f]
[v]

PHONIE-GRAPHIE

19 Sélectionnez, dans le chapitre ou dans votre lexique personnel, des mots avec les graphies de [f] et de [v]. Notez-les.

[f]		
« f »	« ff »	« ph »
....	....	....
....	....	....

[v]	
« v »	« w »
....	interviewer, wagon, edelweiss, Watteau
....	

>>> Voir le *Tableau des graphies* (page 198). <<<

Règle générale : le « -f » final se prononce.	Cas particuliers : le « -f » final ne se prononce pas.
Exemples : • un objectif, un apéritif, un canif, la soif… le relief, une nef, un chef… neuf, Elbeuf… un pouf, du barouf… • tardif, pensif, négatif… neuf, veuf et tous les adjectifs terminés par « -f ».	une clef [kle], un nerf [nɛʁ]

Attention ! On prononce :
    un œuf, un bœuf **mais** des œufs [dezø], des bœufs [debø]
    un chef **mais** un chef-d'œuvre [ʃedœvʁ]
    un cerf [sɛʁf] **ou** un cerf [sɛʁ]	

20 **Cherchez dans votre dictionnaire :**

1. des mots commençant par les préfixes suivants*.

phono- : ....

....

philo- : ....

....

photo- : ....

....

2. des mots finissant par les suffixes suivants*.

-phonie : ....

....

-phil(e) : ....

....

-phobe : ....

....

-graphe : ....

....

* Tous ces mots sont d'origine grecque.

21 **Cherchez dans votre dictionnaire des mots commençant par [af], [ef] ou [ɔf] et comportant la graphie « ph »*.**

[af] : ....

[ef] : ....

[ɔf] : ....

* Tous ces mots sont d'origine grecque.

[f]
[v]

Dictée

22 Écoutez et écrivez.

Toufik Valadon
20, boulevard Foch
94140 – Alfortville

à   Société FFV 2
    9, avenue des Français-Libres
    38200 – Vienne

Madame, Monsieur,

....
....
....
....
....
....
....
....
....
....
....
....
....
....

[f]
[v]

ÉCRITURE CRÉATIVE

23 Écrivez, seul ou à plusieurs, des phrases ou des textes (virelangues, proverbes, récits, poèmes, chansons, recettes…) contenant un grand nombre de [f] et/ou de [v]. Vous pouvez vous inspirer des exemples proposés dans le corrigé (p. 219) et les écouter.

Les consonnes constrictives
[s] – [z]

SENSIBILISATION

PROVERBES

- Si jeunesse savait, si vieillesse pouvait…
- L'oisiveté est la mère de tous les vices.
- Cœur qui soupire n'a pas ce qu'il désire.
- Ça commence par un baiser, ça finit par un bébé. (Québec)

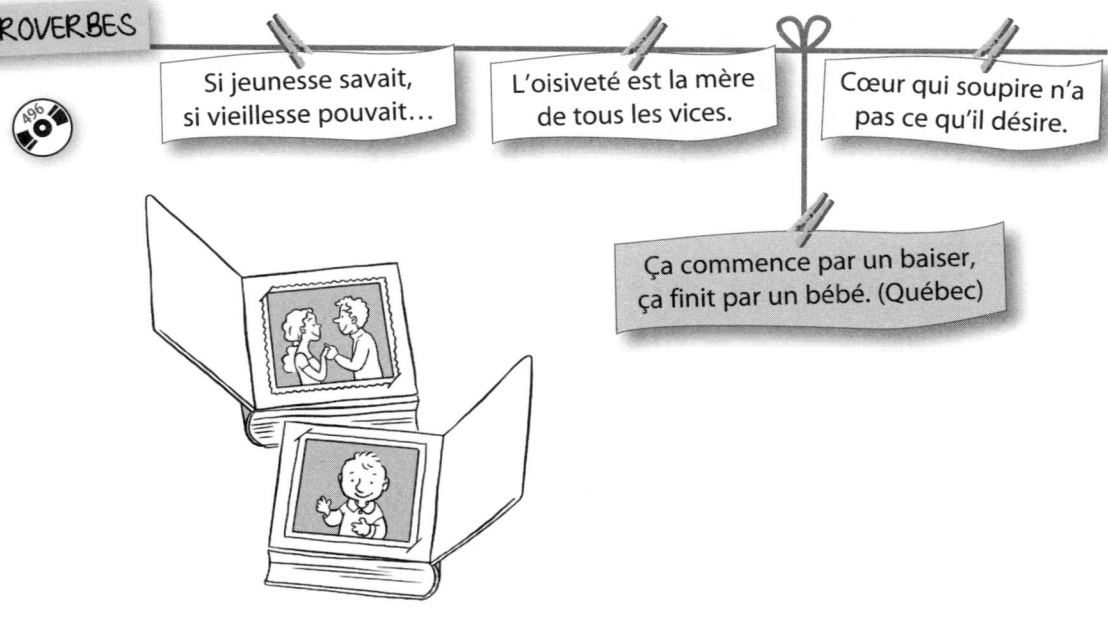

[s]

[z]

DISCRIMINATION

Faites le point
Entendez-vous la différence entre [s] consonne sourde et [z] consonne sonore ?

1 Cochez la phrase entendue.

	Nous avons joué.	✗	Nous savons jouer.	…
	Ils adorent.	…	Ils s'adorent.	✗
1.	Vous avez dansé.	…	Vous savez danser.	…
2.	Elles écrivent.	…	Elles s'écrivent.	…
3.	Nous avons ça.	…	Nous savons ça.	…
4.	Ils oublient.	…	Ils s'oublient.	…
5.	Ils entrent.	…	Ils centrent.	…
6.	Ils informent.	…	Ils s'informent.	…

IV / 2

2. Quel mot entendez-vous deux fois ? Cochez.

1. Position initiale

un zoo – un seau – un zoo ➜	un zoo	✗	un seau	…
	le zèle	…	le sel	✗
	zélé	…	scellé	✗
	un zona	…	un sauna	✗

2. Position intervocalique

un poison – un poisson – un poisson ➜	un poison	…	un poisson	✗
	un désert	…	un dessert	✗
	Asie	✗	assis	…
	six ans	…	six cents	✗

3. Position finale

douze – douce – douce ➜	douze	…	douce	✗
	il vise	✗	il visse	…
	il ose	…	il hausse	✗
	une ruse	…	une Russe	✗

ENTRAÎNEMENT ARTICULATOIRE

[s]
[z]

3. Répétez (➜). Distinguez bien les formes verbales.

1. Ils sont remerciés.   Ils ont remercié.
   Ils sont soupçonnés.   Ils ont soupçonné.
   Ils sont aimés.   Ils ont aimé.
   Ils sont tout perdus.   Ils ont tout perdu.
   Ils sont provoqués.   Ils ont provoqué.
   Ils sont mal acceptés.   Ils ont mal accepté.

2. Ils s'écoutent attentivement. Ils écoutent attentivement.
   Ils s'écrivent en français.   Ils écrivent en français.
   Ils s'accusaient.   Ils accusaient.
   Ils s'entendaient bien.   Ils entendaient bien.
   Ils s'appliqueront la loi.   Ils appliqueront la loi.
   Qu'ils s'avancent !   Qu'ils avancent !

4. Répétez. Ne confondez pas.

les yeux   et   les cieux
les heures   les sœurs
les os   les sauts
les oies   les soies

ils entrent   ils centrent
ils ont   ils sont
ils aident   ils cèdent
ils aiment   ils s'aiment

IV / 2

5 **Répétez. Ne confondez pas.**

1. C'est une **Russe**.   et   C'est une **ruse**.
2. C'est mon **coussin**.   C'est mon **cousin**.
3. C est bien **vissé**.   C'est bien **visé**.
4. Quel **poisson** !   Quel **poison** !
5. Ne les **laissons** pas.   Ne les **lésons** pas.
6. **Lisez**-moi ça !   **Lissez**-moi ça !

6 **Distinguez bien les mots en gras.**

1. Elle s'est fait **treize tresses**.
2. **Blaise** se **blesse** souvent.
3. Elles se sont **assises à six** à la même table.
4. Je **cesse** le travail le **seize**.
5. Dans ma **jeunesse**, j'ai lu la **Genèse**.
6. Ma **nièce** est **niaise**.
7. **Haussons** le ton ! **Osons** !
8. Attendons que les **cuisses** de poulet **cuisent** !

7 **Répétez d'abord les phrases, en prononçant le « e », puis sans le prononcer. Allongez alors la durée du [s] et du [z].**

[s] *Ça se sait.* [sa-sœ-sɛ]   *Ça sǝ sait.* [sa-ssɛ]
     Ça se sent.   Ça sǝ sent.
     Ça se salit vite.   Ça sǝ salit vite
     Ça se sert tiède.   Ça sǝ sert tiède.
     Ça se sucre peu.   Ça sǝ sucre peu.
     Ça se soigne.   Ça sǝ soigne.

[z] *onze zèbres* [ɔ̃-zœ-zɛbʀ]   *onzǝ zèbres* [ɔ̃-zzɛbʀ]
     douze zébus   douzǝ zébus
     treize zibelines   treizǝ zibelines
     quatorze Zoulous   quatorzǝ Zoulous
     quinze zazous   quinzǝ zazous
     seize zéros   seizǝ zéros

[s]

[z]

8 **Formez le contraire des adjectifs avec le préfixe « sous- ». Faites la liaison. Écoutez pour vérifier.**

   une monnaie surévaluée   → *une monnaie sous̲-évaluée*

1. une population suralimentée   → ....
2. une main-d'œuvre suremployée   → ....
3. une entreprise suréquipée   → ....
4. une photo surexposée   → ....
5. un magazine surinformé   → ....
6. des ressources surutilisées   → ....
7. un risque surestimé   → ....

9 Faites les enchaînements : passez le [s] et le [z] dans la syllabe suivante.

[s]	[z]
une brosse à cheveux	une crise internationale
[yn-bʀɔ-sa-ʃvø]	[yn-kʀi-zɛ̃-tɛʀ-na-sjɔ-nal]

[s]	[z]
les Suisses allemands	la chaise électrique
une promesse incroyable	une nombreuse assemblée
une sauce au poivre	une phrase étrange
une classe exceptionnelle	des cerises à l'eau-de-vie
Il commence à faire beau.	Je vous pose une question.
Ça avance un peu.	Je me repose un moment.
Passe avant cinq heures.	Je vous dépose à l'hôtel.
Je le laisse y aller.	Ça pèse une tonne.

10 Ne dissociez pas les groupes consonantiques [st], [sp] et [sk] en début de mot.

1. trace	strass	7. près	spray
2. tresse	stress	8. qui	ski
3. tort	store	9. cor	score
4. toque	stock	10. Carole	scarole
5. port	sport	11. caille	skaï
6. pire	spire	12. colère	scolaire

[s]
[z]

11 Lisez à voix haute, puis écoutez pour vérifier.

1. [ɛsp]
un espoir – un espion – un esprit
[ɛst]
un estomac – un esthète – une estrade
[ɛsk]
un escalier – une escorte – un escargot

[sp]
un sport – une spirale – un spectacle
[st]
un stomatologue – un stétoscope – un stade
[sk]
des skis – un score – un scandale

2. • un espion scandinave – un espoir scolaire – un estivant stupide – un escalier splendide
• un spectacle estival – un sport esthétique – un style espagnol – un score inespéré

12 Répétez.

1. [s] – [s] – [s] – [s]
un saucisson sec
un associé susceptible
les services sociaux
des ressortissants suisses

2. [s] – [z] – [s] – [z]
une décision sérieuse
une saison sèche en Asie
un sans-abri sans emploi
six chemises rouge cerise

3. [z] – [z] – [z] – [z]
un zézaiement très amusant
les allusions les plus odieuses
des accusés désabusés
des entreprises désorganisées

4. [z] – [s] – [z] – [s]
des accents irrésistibles
deux yeux saisissants
dix histoires désespérées
des êtres insaisissables

RYTHME ET INTONATION

13 Écoutez. Notez les liaisons et les enchaînements. Répétez en respectant le rythme et l'intonation.

Prison
Cellule six.   Il fait les cent pas en sifflant sans arrêt.
Cellule dix.   Il scie pour la troisième fois les six barreaux de sa cellule.
Cellule douze.   Il perfectionne sa diction en faisant et refaisant des exercices.
Cellule seize.   Il dessine des zèbres. Il signe Zanzibar.
Cellule dix-sept. Il essaie de percer le mur qui le sépare de la cellule seize.
Cellule dix-huit. Assis face à face, ils philosophent sur le sens d'une existence en prison.

14 Répétez d'abord les phrases par segments successifs, puis enchaînez les phrases 1 et 2, de mémoire si possible.

1. Ça s'est su,
   Ça s'est su, bien sûr,
   Ça s'est su, bien sûr, qu'ils essayaient
   Ça s'est su, bien sûr, qu'ils essayaient de nous acheter.

2. Ça se saura
   Ça se saura aussitôt,
   Ça se saura aussitôt, si nous acceptons
   Ça se saura aussitôt, si nous acceptons leur proposition.

3. Ça s'est su, bien sûr, qu'ils essayaient de nous acheter et ça se saura aussitôt, si nous acceptons leur proposition.

[s]
[z]

15 Ces phrases sont incomplètes. Écoutez-les entier, puis répétez-les de mémoire avec l'intonation proposée.

Ce n'est pas désopilant, mais c'est…
→ *Ce n'est pas désopilant, mais c'est **divertissant**.*

1. Ce n'est pas un virtuose, mais c'est…
2. Ce n'est pas une femme ensorcelante, mais c'est…
3. Ce n'est pas totalement déraisonnable, mais ce n'est pas…
4. C'est un cas assez difficile, mais ce n'est pas…
5. C'est une confidence sincère, mais ce n'est pas…
6. C'est une situation insolite, mais pas…

16 Répétez ces questions avec les groupes rythmiques indiqués.

1. La biodiversité / est-elle menacée ?
2. Tous les sondages / disent-ils la même chose ?
3. Le déficit public / s'est-il creusé ?
4. Le système de vidéo-surveillance / assure-t-il / notre sécurité ?
5. Le « populisme » / est-il synonyme de « fascisme » ?
6. L'idée de justice / est-elle à la base / de la démocratie ?
7. La côte de popularité / du Premier ministre / est-elle en hausse ?

IV / 2

17 Répétez ces phrases : d'abord à voix basse, puis avec une voix forte et énergique.

– Osez !   _ _
– Avancez !   _ _ _
– Réagissez !   _ _ _ _
– Faites quelque chose !   _ _ _ _
– Ayez de l'audace !   _ _ _ _ _
– Ne vous endormez pas !   _ _ _ _ _ _
– Il faut que vous essayiez,   _ _ _ _ _ _
– que vous preniez des risques !   _ _ _ _ _ _
– Décidez-vous, soyez résolus !   _ _ _ _ / _ _ _ _ _
– Ne laissez surtout pas passer votre chance !   _ _ _ _ _ _ _ _ _ _

18 Lisez à voix haute en même temps que le locuteur.

Si vous_êtes disponible quelques_heures par semaine, que vous_aimez les relations humaines, que vous_êtes patient, persévérant et que vous souhaitez consacrer du temps aux_autres,
alors, n'hésitez pas, contactez notre association, consultez notre site et venez participer à nos_actions !

[s]

[z]

19 Après une première écoute, prenez de mémoire le rôle de B. Respectez le rythme et l'intonation.

A : – Il ne faut pas que ça se passe ainsi !
B : – Non, ça ne doit pas se passer comme ça !
A : – Non, pas de cette façon !
B : – Ce ne sont pas des manières de procéder.
A : – On ne peut pas accepter ça.
B : – On ne peut pas laisser passer ça.
A : – Il faut que ça se sache !

20 Lisez ces citations à voix haute, en même temps que le locuteur. Répétez-les autant de fois que nécessaire pour les mémoriser.

« Deux hommes, s'ils veulent s'entendre, ont dû d'abord se contredire. La vérité est fille de discussion, non pas fille de sympathie. »
Gaston Bachelard

« L'amitié, ce n'est pas d'être avec ses amis lorsqu'ils ont raison, c'est d'être avec eux même quand ils ont tort. »
André Malraux

« Je sais que la poésie est indispensable, mais je ne sais pas à quoi. »
Jean Cocteau

21 Écoutez cette annonce. Notez les liaisons et les enchaînements, puis lisez-la en suivant le rythme et les pauses du locuteur.

Vous êtes sur « Infofac ». Il est seize heures, et nous sommes le dix mars.
Si vous cherchez un job pour cet été, il faut y penser dès maintenant et ne pas laisser passer votre chance.

Consultez dès à présent les annonces sur les sites spécialisés. Envoyez votre candidature, sans oublier de vérifier que les dates proposées correspondent à vos disponibilités.

Pensez aussi à solliciter vous-même les entreprises. Toutes celles qui recrutent pour l'été ne passent pas forcément une annonce. Elles comptent sur le bouche à oreille. (Avant d'envoyer votre candidature spontanée, vous pouvez aussi les appeler pour savoir si elles ont des besoins particuliers.)

Activez votre réseau : famille, amis, voisins, commerçants, connaissances… N'hésitez pas à en parler à toutes les personnes que vous connaissez. Un job vient parfois de là où on l'attend le moins…

Bonne chance !

INTERPRÉTATION

22 Préparez cet extrait théâtral pour le dire à voix haute, puis écoutez l'interprétation proposée.

> J'ai rencontré l'amour, je suis tombée dessus par hasard. Il était là tranquille, y savait pas. Je l'ai regardé et j'ai pensé, c'est le dernier instant, c'est sa dernière heure d'homme seul, ce soir, on sera deux. Je l'ai regardé vivre sa dernière heure, il fumait cigarette sur cigarette, l'air absent, il me voyait pas, il me devinait même pas ; il était là fumant cigarette sur cigarette. Y ressemblait pas du tout à ce que j'avais imaginé avant, y ressemblait pas du tout à un prince charmant ou d'autres conneries comme les mecs au cinéma, non, y ressemblait plutôt à… Rien. Je l'ai regardé et je savais, et ça me faisait sourire de savoir avant lui. J'ai pensé, il faudra qu'il arrête de fumer, il se fait du mal à fumer trop. Il était là, tout seul, perdu dans ses pensées, ses doigts jaunis. Il savait pas qu'il était en train de vivre sa dernière heure d'homme seul et j'ai pensé : ce soir on sera deux.
>
> Xavier DURRINGER (1963), *Chroniques des jours entiers, des nuits entières,* © Éditions Théâtrales, 1996.

[s]

[z]

23 Préparez cet extrait théâtral pour le dire à voix haute, puis écoutez l'interprétation proposée.

> Merci, merci beaucoup, merci, je… je suis très touchée, pffouh ! c'est… je ne sais pas quoi dire, je n'ai rien préparé, je ne m'y attendais pas du tout… je suis très émue, excusez-moi, c'est… c'est très impressionnant de se retrouver ici, d'être là devant vous, c'est beaucoup plus impressionnant que ce que j'imaginais, c'est… excusez-moi, je, je suis vraiment très émue, c'est… pffouh ! ça fait beaucoup d'un seul coup… je ne sais plus ce que je dois dire, je… donc, je, pffouh !… voilà, je reprends mes esprits, je… je voulais tout d'abord vous remercier, vous tous, pour ce très grand bonheur et ce très grand honneur que vous me faites, je suis vraiment très touchée, vrai-ment… je tenais également à remercier tous ceux avec lesquels je souhaite partager cette distinction, c'est-à-dire toute l'équipe du film, tous mes partenaires de jeu, mais aussi toute l'équipe technique, vraiment merci à vous tous de votre soutien, de votre gentillesse et de votre amour, merci pour tout, merci, je vous aime tous, vraiment, je vous adore…
>
> Frédéric SONNTAG (1978), *Des heures entières avant l'exil,* DR, 2004.

PHONIE-GRAPHIE

24 Sélectionnez, dans le chapitre ou dans votre vocabulaire personnel, des mots avec les graphies de [s] et de [z]. Notez-les.

[s]			
« s »	« ss »	« c » + e, i, y	« ç » + o, u, a
....	....	....	....
....	....	....	....
« ti » + voyelle	« sc »	« x »	
....	(quelques mots)	(quelques mots) *six – dix – soixante*	
....	....	....	
....	....	....	

[z]		
« s »	« z »	« x »
....	....	*deuxième* ....
....	....	....

>>> Voir le *Tableau des graphies* (page 199). <<<

25 Classez chaque mot selon que vous devez prononcer [s] ou [z] et selon sa graphie.

La politique en français

une ambassade
l'Assemblée nationale
le capitalisme
les citoyens
la classe politique
la coexistence
le conseil des ministres
la constitution
une crise
une démission
la démocratie
la diplomatie
une dissolution
une élection
l'Élysée
l'extrême droite
la franc-maçonnerie
l'hémicycle
une initiative populaire
un isoloir
un ministre
une nation
l'opposition
un partisan
le pouvoir exécutif
un président
le Sénat
le suffrage universel
un syndicat
les taxes

	[s]	[z]
« s »	...	...
« ss »	*une ambassade* – ...	
« ti »	...	
« c »	...	
« ç »	...	
« x »	[ks] ...	[gz] ...

26 Lisez ces mots à voix haute, puis écoutez pour vérifier. Soulignez les mots dont le « s » final est prononcé.

1. [as] ou [a] ?   un matelas – un ananas* – un as – un pas – un atlas – un bras – un repas – un tas

2. [ys] ou [y] ?   un bus – un abus – un intrus – un campus – un jus – un prospectus – un virus – le dessus

3. [ɔs] ou [o] ?   le chaos – le cosmos – un dos – un rhinocéros – un propos – les os – un os – le repos

4. [is] ou [i] ?   une brebis – un lys – le mépris – une oasis – le tennis – le paradis – un tapis – jadis

5. [ɛs] ou [ɛ] ?   un palmarès – un congrès – un décès – un pataquès – un excès – du grès – un procès – un succès

6. [us] ou [u] ?   un burnous* – les dessous – un couscous – nous – un rendez-vous

* Pour ces mots, les deux prononciations sont possibles.

Dictée

27 Écoutez et écrivez

Jules Bazin
6, impasse des Rosiers
34500 – Béziers

à Monsieur le directeur commercial
Société AZUR
10, place des Anciens-Combattants
11000 – Carcassonne

Monsieur, ...

....

....

....

....

....

....

....

....

....

....

[s]
[z]

ÉCRITURE CRÉATIVE

27 Écrivez, seul ou à plusieurs, des phrases ou des textes (virelangues, proverbes, récits, poèmes, chansons, recettes…) contenant un grand nombre de [s] et/ou de [z]. Vous pouvez vous inspirer des exemples proposés dans le corrigé (p. 221) et les écouter.

[s]

[z]

Les consonnes constrictives
[ʃ] – [ʒ]

SENSIBILISATION

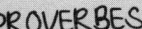

PROVERBES

Les chiens ne font pas des chats.

Les voyages forment la jeunesse.

À chaque jour suffit sa peine.

[ʃ]
[ʒ]

DISCRIMINATION

Faites le point
Entendez-vous la différence entre [ʃ] consonne sourde et [ʒ] consonne sonore ?

1 Dans ces noms de vins français, quel son entendez-vous ? Cochez, puis complétez.

		[ʒ]	[ʃ]			[ʒ]	[ʃ]
	Beaujolais	✗	…		Champagne	…	✗
1.	…uliénas	…	…	5.	…ignin	…	…
2.	….ablis	…	…	6.	Saint-…oseph	…	…
3.	Clos de Vou…eot	…	…	7.	….evrey-…ambertin	…	…
4.	Crozes-Hermita…e	…	…	8.	…âteau Margaux	…	…

[ʃ]
[ʒ]

2 Quel mot entendez-vous deux fois ? Cochez.

A. Position finale

cache	…	cage	✗	
bouche	…	bouge*	…	
hanche	…	ange	…	
fiche	…	fige*	…	
hache	…	âge	…	
bêche	…	beige	…	

B. Position intervocalique

léché*	…	léger	✗	
boucher	…	bouger	…	
cachot	…	cageot	…	
haché*	…	âgé	…	
des champs	…	des gens	…	
hachis	…	agi*	…	

C. Position initiale

choix	✗	joie	…	
chou	…	joue	…	
chute	…	jute	…	
chêne	…	gêne	…	
char	…	jarre	…	
shit	…	gîte	…	

* Formes verbales de *bouger, figer, lécher, hacher, agir*.

3 Quelle phrase entendez-vous ? Cochez.

	J'ai des choux rouges !	…	J'ai des joues rouges !	✗
1.	Mettez-les dans le cachot !	…	Mettez-les dans le cageot.	…
2.	Attention à la marche !	…	Attention à la marge !	…
3.	On va dans le Cher.	…	On va dans le Gers.	…
4.	C'est chaud.	…	C'est Jo.	…
5.	C'est un potache.	…	C'est un potage.	…

Entraînement articulatoire

Veillez à ne prononcer ni [tʃ] ni [dʒ] surtout en positions initiale et intervocalique.

4 Prononcez (→) [ʃ] puis [ʒ] de la même façon, dans toutes les positions.

[ʃ]			[ʒ]		
Finale	Intervocalique	Initiale	Finale	Intervocalique	Initiale
sache*	Sacha	chat	rage	ragea*	Jacques
pêche	pêcher	chez	ai-je*	Roger	j'ai
mouche	mouchoir	choir	bouge*	bougeoir	joie
manche	manchot	chaud	cage	cageot	Jo
mèche	méchant	chant	âge	agent	Jean
mâche	machin	chien	ange	engin	geint*

* Formes verbales de *savoir*, *rager*, *avoir*, *bouger*, *geindre*.

5 Distinguez bien les mots en gras.

1. **Sache** être **sage** !
2. **Jean** fait du **chant**.
3. Donne sa **jatte** à la **chatte**.
4. Embrasse-moi sur la **joue** mon **chou** !
5. Ces **chaînes** me **gênent**.
6. **Cache** ça dans la **cage**.
7. Ce **chien** vient de **Gien**.
8. Mon **cher**, **j'erre** sans rien faire.
9. **Jo** a **chaud**.
10. J'ai **acheté** ça, mais c'est **à jeter** !

6 Formez des mots avec le suffixe « -age ». Allongez la voyelle, puis écoutez pour vérifier.

chauffer → le chauffage
jumeler → le jumelage

1. chiffrer → le ....
2. sécher → le ....
3. défricher → le ....
4. afficher → l' ....
5. accrocher → l' ....
6. parachuter → le ....
7. marchander → le ....
8. échafauder → l' ....

[ʃ]
[ʒ]

7 Faites passer le [ʃ] ou le [ʒ] dans la syllabe suivante.

[ʃ]	[ʒ]
une ta**che** **in**délébile	le langa**ge** **en**fantin
un bakchich énorme	un ouvrage essentiel
une flèche empoisonnée	un litige important
un crash aérien	un courage hors du commun
Ça me tou**che** **é**normément.	Ça me déran**ge** **un** peu.
Cherche un peu.	On mange ensemble.
Raccroche immédiatement.	On déménage enfin !
On embauche encore.	On loge ici.

161

8 Répétez en allongeant la durée du [ʃ] et du [ʒ]. Pour le [ʒ] recherchez la vibration des cordes vocales.

[ʃ]	[ʒ]
une douche chaude	un juge jovial
une cruche chinoise	un visage joufflu
une bouche charnue	un âge joyeux
une sacoche chargée	un siège jaune
On marche chaque jour.	La neige gèle.
Il se cache chez nous.	Elle ne voyage jamais.
Les pimbêches chuchotent.	Les pages jaunissent.
Les quiches chauffent.	Ça ne change jamais.

9 Répétez.

Cavaliers.	Nous enfourchons, nous chevauchons, nous cravachons.
Chercheurs.	Nous cherchons.
Députés.	Nous siégeons.
Dirigeants.	Nous dirigeons, nous embauchons.
Dockers.	Nous chargeons, nous déchargeons.
Médecins.	Nous soulageons, nous accouchons…
Pickpockets.	Nous allégeons les poches, nous fauchons*.
Plongeurs.	Nous plongeons, nous nageons.
Professeurs.	Nous interrogeons, nous corrigeons, nous nous fâchons, nous encourageons.
Pigeons.	Nous voyageons.
Rats et souris.	Nous rongeons.

* Français familier : faucher = dérober, voler quelque chose.

RYTHME ET INTONATION

10 Écoutez. Notez les liaisons et les enchaînements. Répétez en respectant le rythme et l'intonation.

Immeuble J, escalier H, un jour de juin

Loge de la concierge.	La concierge joue aux fléchettes.
Rez-de-chaussée gauche.	Un juge chantonne sous sa douche.
Premier étage gauche.	Un agent de change est plongé dans ses chiffres.
Premier étage droite.	Une femme de ménage range le linge repassé.
Deuxième étage gauche.	Un étrange personnage cache des objets sous les lits.
Quatrième étage droite.	Une journaliste tchèque rédige un reportage pour le journal « Voyages ».
Dernier étage gauche.	Un singe essaie de s'échapper de sa cage.
Sous les toits.	Deux jeunes fument en cachette dans un logement inoccupé.
Sur les toits.	Des pigeons roucoulent près de la cheminée.

11 **Ces phrases sont incomplètes. Écoutez-les en entier, puis répétez-les de mémoire.**

« Blanche Neige », c'est l'histoire d'une jolie jeune fille…
→ *« Blanche Neige », c'est l'histoire d'une jolie jeune fille **que jalouse une très méchante reine**.*

1. « Le Petit Chaperon rouge », c'est l'histoire d'une grand-mère…
2. « Le Chat botté », c'est l'histoire d'un chat reçu en héritage…
3. « Les Cygnes sauvages », c'est l'histoire d'une méchante reine…

12 **Répétez en respectant les groupes rythmiques.**

Jusqu'à quand / la chasse aux chamois / est-elle ouverte ?

1. Jusqu'à quel âge les perruches vivent-elles ?
2. Jusqu'à quel âge peut-on apprendre à chanter ?
3. Jusqu'à quel âge les yeux d'un bébé peuvent-ils changer ?
4. Jusqu'à quel point peut-on s'attacher à un chien ou à un chat ?
5. Jusqu'où peut aller le réchauffement climatique ?
6. Jusqu'à quelle date peut-on échanger les vêtements achetés ?
7. Jusqu'à quelle heure peut-on enregistrer les bagages ?
8. Jusqu'à combien de cartouches de cigarettes peut-on ramener de l'étranger ?

13 **Prononcez avec l'intonation demandée. Écoutez pour vérifier.**

1. *Ton impatient*
   → Tu te dépêches un peu ! Allez dépêche-toi ! Change-toi vite !

2. *Ton calme*
   → Couche-toi, Julien ! Allez, couche-toi, tu devrais déjà être couché.

3. *Ton autoritaire*
   → Rangez ça ! Ne jouez pas avec ça, c'est dangereux !

4. *Ton insistant*
   → Raccroche, s'il te plaît, raccroche ! Je te demande de raccrocher.

5. *Ton neutre*
   → Non pas là ! Ne vous allongez pas là, allongez-vous ici.

6. *Ton suppliant*
   → Ne te fâche pas ! Je t'en prie, ne te fâche pas !

7. *Ton neutre*
   → Ne trichez pas ! Personne ne triche aujourd'hui !

[ʃ]

[ʒ]

14 **Répétez. Allongez progressivement.**

1. – Quel joli jardin !
   – Quel joli jardin ! Ce que c'est joli !
   – Quel joli jardin ! Ce que c'est joli, ces pervenches, ces giroflées et ces jonquilles !

2. – Quel chatoiement de couleurs chaudes !
   – Quel chatoiement de couleurs chaudes ! C'est prodigieux !
   – Quel chatoiement de couleurs chaudes ! C'est prodigieux ce mélange de rouge, d'orange et de jaune vif !

15 Écoutez les dialogues une première fois, puis écoutez à nouveau et donnez la réplique de mémoire. Imitez les intonations proposées.

1. – On a beaucoup trop de bagages !
   – Oh oui…

2. – On s'est bien fait doucher* !
   – Oui, dis donc,…

3. – C'est fou ce qu'il y a de gens !
   – Oui…

4. – Quel beau gendarme !
   – Et…

5. – Quelle jolie journée !
   – Oui,…

6. – Mais… elle a rajeuni !
   – Oui,…

* Français familier : se faire doucher = se faire mouiller abondamment par la pluie.

16 Lisez les citations à voix haute en même temps que le locuteur. Répétez-les autant de fois que nécessaire pour les mémoriser.

« Celui qui trouve sans chercher est celui qui a longtemps cherché sans trouver. »
Gaston BACHELARD

« Les rives sont la chance du fleuve puisque, l'enserrant, elles l'empêchent de devenir marécage. »
Jacques DE BOURBON-BUSSET

[ʃ]
[ʒ]

17 Après une première écoute, lisez ce discours en même temps que le locuteur. Respectez les groupes rythmiques et les pauses.

Charlotte, ma chérie, mon très cher Georges, mes chers amis,
J'ai le privilège d'être le père de notre Charlotte aux yeux pervenche qu'un étranger d'Outre-Manche m'a demandé en mariage, un dimanche de juin, sous le feuillage du chêne de mon jardin charentais. L'étranger, c'était vous, Georges, et vous avez eu la délicatesse de demander au père, déjà âgé que je suis, la main de Charlotte. « Tcharlotte » disiez-vous ! J'aurais jugé désobligeant de vous refuser ce que Charlotte vous avait déjà accordé. Charlotte vous avait charmé, vous l'aviez enchantée, j'ai dit oui. Georges, l'étranger d'Outre-Manche, est aujourd'hui mon gendre et je m'en réjouis. Que votre mariage soit heureux et que la fête continue !

INTERPRÉTATION

18 Préparez ce poème pour le dire à voix haute, puis écoutez l'interprétation proposée.

> imagine si ceci
>   un jour ceci
>   un beau jour
>   imagine
>   si un jour
>   un beau jour
>   ceci
>   cessait
>   imagine

Samuel BECKETT (1906-1989), extrait de *Mirlitonnades*, Les Éditions de Minuit, 1978.

19 Préparez ce poème pour le dire à voix haute, puis écoutez l'interprétation proposée.

> Écoute les cloches qui sonnent
> Nous nous aimions éperdument
> Croyant n'être vus de personne
>
> Mais nous étions bien mal cachés
> Toutes les cloches à la ronde
> Nous ont vus du haut des clochers
> Et le disent à tout le monde
>
> Guillaume APOLLINAIRE (1880-1918), *Alcools*, 1913.

20 Préparez cet extrait théâtral pour le dire à voix haute, puis écoutez l'interprétation proposée.

> SUZANNE – Vous commencerez le régime demain ou à Paris. Ce n'est pas du tout un jour de régime aujourd'hui.
> EMMA – Ce n'est jamais un jour de régime. Oh et puis tant pis. Vous avez raison, mangeons… Mangeons, buvons… Qu'est-ce que j'ai besoin de me surveiller ? Qui s'intéresse à un chameau comme moi ?
>
> Yasmina REZA (1959), *La Traversée de l'hiver*, Albin Michel, 2009.

[ʃ]
[ʒ]

PHONIE-GRAPHIE

21 Sélectionnez, dans le chapitre ou dans votre lexique personnel, des mots avec les graphies de [ʃ] et de [ʒ].

[ʃ]	[ʒ]		
ch*	« j »	« g » + e, i, y	« ge » + a, o, u
………………………	………………………	………………………	………………………
………………………	………………………	………………………	………………………
………………………	………………………	………………………	………………………

* Pour « ch » prononcé [k] (*chaos, orchestre*…), voir la partie IV, chapitre 1, [k] – [g], exercice 22 (page 139).

>>> Voir le *Tableau des graphies* (page 199). <<<

Mots d'origine étrangère
- « sch » = [ʃ] → *du kirsch, un putsch, un schéma, un schisme.*
- « sh » = [ʃ] → *un crash, un shampoing, un shérif, un short.*
- « sc » = [ʃ] → *(de)crescendo, le fascisme, un fasciste.*

Dictée

22 Écoutez et écrivez.

1. ....
....

2. ....
....

3. ....
....

4. ....
....

5. ....
....

6. ....
....

7. ....
....

[ʃ]
[ʒ]

ÉCRITURE CRÉATIVE

23 Écrivez, seul ou à plusieurs, des phrases ou des textes (virelangues, proverbes, récits, poèmes, chansons, recettes…) contenant un grand nombre de [ʃ] et/ou de [ʒ]. Vous pouvez vous inspirer des exemples proposés dans le corrigé (p. 221) et les écouter.

Les consonnes constrictives
[s] – [ʃ] – [z] – [ʒ]

SENSIBILISATION

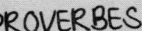PROVERBES

Santé passe richesse.

Chercher à se justifier quand on n'est pas coupable, c'est s'accuser.

D'un ami qui sèche vos larmes, ne repoussez jamais les soins. (Belgique)

[s]
[ʃ]
[z]
[ʒ]

DISCRIMINATION

Faites le point
Entendez-vous la différence entre [s] et [ʃ], consonnes sourdes, et [z] et [ʒ] consonnes sonores ?

1 Quelle suite de sons entendez-vous ? Cochez.

	[ʃ] – [s]	[s] – [ʃ]		[ʃ] – [s]	[s] – [ʃ]
chaussette	✗	…	4.	…	…
sécher	…	✗	5.	…	…
1.	…	…	6.	…	…
2.	…	…	7.	…	…
3.	…	…	8.	…	…

2 Dans quel ordre entendez-vous le mot prononcé deux fois ? Cochez.

	1	2	3
rase – rase – rage	✗	✗	...
zone – jaune – zone	✗	...	✗
1.	...	...	...
2.	...	...	...

	1	2	3
3.	...	...	...
4.	...	...	...
5.	...	...	...
6.	...	...	...

ENTRAÎNEMENT ARTICULATOIRE

3 Répétez les séries (→).

1. [ʃ] – [s]

cache	casse	cacher	casser	chez	ses
lâche	lasse	lâcha	lassa	chat	sa
bêche	baisse	bêchant	baissant	chant	sang
niche	Nice	nichoir	Niçois	choir	soir

2. [ʒ] – [z]

auge	ose	Roger	rosé	Jo	zoo
rage	rase	rageant	rasant	Jean	zan
allège	à l'aise	léger	lésé	gel	zèle
badge	base	adjuré	azuré	jute	zut

[s]
[ʃ]
[z]
[ʒ]

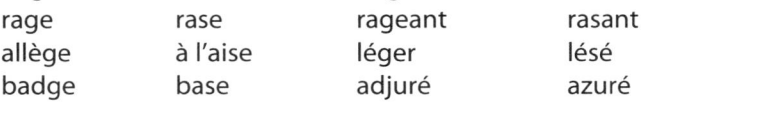

4 Écrivez et prononcez ces ordres au subjonctif. Écoutez pour vérifier.

Réfléchir → *Qu'ils réfléchissent !*

1. S'enrichir → ....
2. Se rafraîchir → ....
3. Franchir la frontière → ....
4. S'affranchir → ....
5. Ne pas s'avachir → ....

5 Répétez. Distinguez bien [ʃ] et [s], puis [z] et [ʒ].

A. [ʃ] – [s]

1. À l'initiale		2. À l'intervocalique		3. En finale	
chaud	sot	On l'a caché.	On l'a cassé.	mes fiches	mes fils
chant	sang	Ne pas lâcher.	Ne pas lasser.	Il touche.	Il tousse.
châle	salle	Il est déchu.	Il est déçu.	Elle penche.	Elle pense.
choix	soi	Il est fauché.	Il est faussé.	Ça tache.	Ça tasse.

B. [z] – [ʒ]

1. À l'initiale		2. À l'intervocalique		3. En finale	
zone	jaune	léser	léger	ose	auge
zeste	geste	dégazé	dégagé	case	cage
zèle	gel	Je l'osais.	Je logeais.	rase	rage
zut	Jules	asile	agile	bouse	bouge

6 Répétez. Distinguez bien les mots en gras.

A. Ce **champ sent** bon.
   Soyez gentil, **choyez**-le.
   Si, si, vous faites des **chichis**.
   Il faut se **baisser** pour **bêcher**.
   C'est le **chat** de **sa** voisine.

B. Tous les **ans, Jean** revient.
   Délimitons cette **zone** en **jaune**.
   Elle collectionne les **œufs** et les **jeux**.
   Jo dirige un **zoo**.
   Elle vole **légère** dans **les airs**.

RYTHME ET INTONATION

[s]
[ʃ]
[z]
[ʒ]

7 Écoutez ce texte. Observez les enchaînements. Répétez en respectant le rythme et l'intonation.

Il y a des gens qui discourent et jargonnent,
d'autres qui discutent et conversent ;
des gens qui jasent et jacassent,
des gens qui insultent, accusent et outragent,
d'autres qui apaisent et réconcilient ;
des gens qui ont un cheveu sur la langue, zozotent et zézayent ;
des gens qui rugissent et vocifèrent,
d'autres qui susurrent, chuchotent, balbutient ou qui se taisent.
Et il y a des bébés qui gazouillent et rient aux éclats.

8 Répétez ces phrases interrogatives.

1. Lequel de ces animaux sauriez-vous dessiner ? un zèbre ? un chameau ? une girafe ? une souris ?
2. Lequel de ces animaux voudriez-vous être ? un singe ? un cheval ? un oiseau ? un poisson ?
3. De quel animal en liberté auriez-vous le plus peur ? du chimpanzé ? du jaguar ? du sanglier ? du chat sauvage ?
4. Lequel de ces animaux n'avez-vous jamais vu ? une gazelle ? un rhinocéros ? une chauve-souris ? un jaguar ?
5. Lequel de ces animaux aimeriez-vous apprivoiser ? un chamois ? un pigeon ? un serpent ? un lézard ?

IV / 2

9 Ces phrases sont incomplètes. Écoutez-les en entier, puis répétez-les de mémoire avec l'intonation proposée.

Qu'ils s'exercent jusqu'à ce…
→ *Qu'ils s'exercent jusqu'à ce **qu'ils réussissent !***

1. Qu'elle répète son texte jusqu'à ce…
2. Qu'on les cherche jusqu'à ce…
3. Qu'on ne me dérange pas jusqu'à ce…
4. Qu'on ne touche à rien jusqu'à ce…
5. Qu'on les laisse réfléchir jusqu'à ce…
6. Que personne ne bouge jusqu'à ce…

10 Répétez sur un ton admiratif.

1. Quel succès ! Quelle réussite ! Quelle joie !
2. C'est charmant ! C'est joli ! C'est plaisant !
3. C'est super ! C'est génial ! C'est chouette !
4. Quelle agilité ! Quelle souplesse ! Quelle aisance !
5. Quelle finesse ! Quelle grâce ! Quelle légèreté !

[s]
[ʃ]
[z]
[ʒ]

11 Lisez à voix haute ces bribes de conversations, puis écoutez pour vérifier.

Bribes de conversations lors d'une inauguration

1. Quelle chaleur on crève* !
2. Quelle foule ! On peut à peine bouger.
3. Aïe, il m'a marché sur les pieds ! Quel goujat ! Il ne s'est même pas excusé !
4. Oh, dommage que Bachir ne soit pas là !
5. On s'en va, on se casse* ! Il n'y a plus rien à manger !
6. Ah, salut Charles ! Je suis contente de te voir, justement, je cherchais à savoir si tu étais là… ça va ?
7. Chère Madame, c'était très réussi ! C'était charmant !
8. C'était une joie de partager ce moment avec vous…

* Français familier : crever de chaleur = souffrir de la chaleur ; se casser = partir, s'en aller.

12 Lisez ces citations à voix haute en même temps que le locuteur. Répétez-les autant de fois que nécessaire pour les mémoriser.

« Tout jardin est d'abord l'apprentissage du temps, du temps qu'il fait, la pluie, le vent, le soleil, et le temps qui passe, le cycle des saisons. »
Erik Orsenna

« Je veux autre chose que le charme de l'esprit, je veux le charme du cœur. »
Alain Peyrefitte

« Agir, c'est oser. Penser, c'est oser. »
Alain

13 Après une première écoute, lisez ce commentaire* en même temps que le locuteur. Respectez les liaisons et les enchaînements.

Vous voyez ces deux personnages au premier plan ? Ce sont deux paysans en prière, au coucher du soleil. Ils ont entendu les cloches sonner l'Angélus ; c'est l'heure de la prière du soir. Regardez au fond… vous apercevez le clocher d'un village… Vous le savez sans doute, chaque village français a son clocher et les villageois sont très attachés au clocher de leur église. C'est une présence rassurante. On le voit de loin ; il fait partie du paysage français. L'église a été pendant des siècles l'édifice le plus haut du village. On entendait toujours de loin les cloches qui sonnaient les heures, rythmaient les jours et annonçaient les événements tristes et joyeux. Aujourd'hui, les clochers sont toujours là, mais les cloches sonnent beaucoup moins souvent.

* Ce commentaire concerne un tableau très connu de Jean-François Millet, *L'Angélus*, peint en 1858. Vous le trouverez sur Internet.

[s]

[ʃ]

[z]

[ʒ]

INTERPRÉTATION

14 Préparez ce conte traditionnel pour le dire à voix haute : à une voix ou à trois voix (le récitant, Dieu, le cheval). Écoutez l'interprétation proposée.

Un jour un cheval alla voir Dieu :
– J'en ai marre*, je veux changer !
– Mais que t'arrive-t-il donc ?
– Les humains m'agacent ! Ils me mettent des tas de choses sur le dos !
– Écoute, je veux faire quelque chose pour toi, dis-moi ce qui ne va pas, et je ferai en sorte de l'arranger.
Le cheval réfléchit et dit :
– La selle qu'on me met sur le dos me gêne, je ne suis pas fait pour qu'on me monte dessus. Quand je travaille longtemps, j'ai soif, j'aimerais être plus résistant. Et mes pieds aussi, des fois, dans le sable je glisse…
Dieu réfléchit un moment… puis fit les transformations demandées…

C'est ainsi que le cheval fut changé en chameau !

* Français familier : en avoir marre = en avoir assez, être excédé, être fatigué.

15 Lisez cet extrait de poème à voix haute, de deux manières différentes. Vous pouvez jouer sur la force de la voix, la vitesse d'élocution, l'accentuation… Écoutez les interprétations proposées.

> **Venise**
> Dans Venise la rouge,
> Pas un bateau qui bouge,
> Pas un pêcheur dans l'eau,
> Pas un falot. […]
>
> Alfred DE MUSSET (1810-1857), *Contes d'Espagne et d'Italie*, 1829.

PHONIE-GRAPHIE

Voir partie IV, chapitre 2, *Les consonnes constrictives* :
– [s] – [z] (page 156),
– [ʃ] – [ʒ] (page 165).
– [ʒ] – [j] – [ɲ] (page 178).

[s]
[ʃ]
[z]
[ʒ]

Dictée

16 Écoutez et écrivez.

Chers amis,

....
....
....
....
....
....
....
....

ÉCRITURE CRÉATIVE

17 Écrivez, seul ou à plusieurs, des phrases ou des textes (virelangues, proverbes, récits, poèmes, chansons, recettes…) contenant un grand nombre de [s], de [ʃ], de [z] et/ou de [ʒ]. Vous pouvez vous inspirer des exemples proposés dans le corrigé (p. 223) et les écouter.

Les consonnes constrictives
[ʒ] – [j] – [ɲ]

SENSIBILISATION

PROVERBES

Quand le chat se lave les oreilles, c'est signe de neige. (Suisse)

Il y a deux choses qui gagnent à vieillir, les bons vins et les amis.

Mieux vaut tard que jamais.

[ʒ]
[j]
[ɲ]

DISCRIMINATION

Faites le point
Distinguez-vous le [ʒ] du [j] et le [n] du [ɲ] ?

1 Cochez le mot entendu.

Position finale				
page	…	*paille*	✗	
1. rage	…	raille	…	
2. volage	…	volaille	…	
3. rouge	…	rouille	…	
4. vitrage	…	vitrail	…	
5. mage	…	maille	…	

Position intervocalique				
assailli	…	*assagi*	✗	
6. âgé	…	aillé	…	
7. bouillie	…	bougie	…	
8. piger	…	piller	…	
9. cajou	…	caillou	…	
10. pigeon	…	pillons	…	

2 Notez la graphie du son entendu : [n] ou [ɲ].

*Dans la campa**gn**e française, plusieurs vi**gn**obles jouissent d'une renommée ......atio......ale, ...otamment les vins de Bourgo......e, de Champa......e, du Beaujolais et du Bordelais. Il ......'y a pas de grands crus en Auver......e, mais cette région volca......ique est co......ue pour ses eaux pétillantes. Il ......'y a pas ......on plus de grands vins en Breta......e et en ......ormandie, mais on y boit d'excellents cidres.*

↪ **Avez-vous remarqué les deux « n » de liaison qui apparaissent dans le texte ?**
– « **en Auvergne** » [ɑ̃novɛʁɲ] et « **on y boit** » [ɔ̃nibwa].

ENTRAÎNEMENT ARTICULATOIRE

Projetez bien les lèvres en avant pour le [ʒ] mais pas pour le [j].

[ʒ]
[j]
[ɲ]

3 Complétez le tableau. Écoutez pour vérifier.

Substantif	Substantif	Verbe
un emploi	*un employé, un employeur*	*employer*
une raie	*une rayure, un rayon, un rayonnage*	*rayer, rayonner*
un envoi	....	....
un balai	....	....
une paie*, un paiement	....	....
un essai	....	....
la monnaie	....	....
une craie	....	....

* Deux formes sont admises : une paie [pɛ] ou une paye [pɛj].

4 Prononcez (→) les verbes, puis les noms correspondants. Allongez le [a] devant [ʒ]. Écoutez pour vérifier.

habiller → *l'habillage*

– débrayer → …   – nettoyer → …
– maquiller → …   – essayer → …
– gaspiller → …   – convoyer → …
– piller → …   – balayer → …

5 Distinguez bien les mots en gras. Articulez.
1. Le visage de la jeune **fille** se **fige**.
2. **J'erre** depuis **hier**.
3. Ne **tressaille** pas. Reste **très sage**.
4. Pas d'**ail** à ton **âge**.
5. Préparez une **cage** pour les **cailles**.
6. La couleur **rouille** n'est pas la couleur **rouge**.
7. **Aurai-je** mal aux **oreilles** ?
8. **Vais-je** pouvoir arriver la **veille** ?

6 Notez les enchaînements, puis lisez à voix haute. Écoutez pour vérifier votre prononciation.

La montagne‿est magnifique.
• Le paysage est grandiose.
• Il règne une paix totale.
• Les jeunes filles ont le sourire aux lèvres.
• L'accueil a été mémorable.
• Ce voyage est merveilleux !

RYTHME ET INTONATION

[ʒ]
[j]
[ɲ]

7 Écoutez. Notez les liaisons et les enchaînements. Répétez en respectant le rythme et l'intonation.

Rue des Fleurs, au mois de juillet, dans une banlieue pavillonnaire.

• **Pavillon « Les Glaïeuls »**
M. Bigeard sort accompagner sa fille à un stage de judo.
La compagne de M. Bigeard sommeille dans un fauteuil au soleil.

• **Pavillon « Les Fougères »**
La famille Royal est en voyage aux Antilles.
Leur jardinier repeint la grille et le grillage du jardin.

• **Pavillon « Les Jonquilles »**
Mme Castagnau opère un grand nettoyage du pavillon.
Sa belle-fille prépare la rouille pour la bouillabaisse.
M. Castagnau joue au billard avec son gendre.
Camille et Camomille cueillent des groseilles en riant.
Un chien jappe joyeusement.

• **Pavillon « Les Œillets »**
Rougemont, le romancier, qui lit sous le tilleul, souligne au crayon des passages de La Bruyère.
Sa fille lui demande la signification du mot « camaïeu ».

• **Pavillon « Le Chèvrefeuille »**
Sous son châtaigner, la vieille Jeanne Bataille, le chignon un peu défait, surveille le voisinage.
Dans le ciel, un vol de cigognes s'éloigne…

8 Complétez les phrases et prononcez-les. Écoutez pour vérifier.

Plaindre → *Pourquoi le **plaignez**-vous ? Il ne veut pas qu'on le **plaigne**.*

1. Craindre → Pourquoi me ....- ils ? Je n'aime pas qu'on me ....
2. Feindre → Pourquoi ....-elles de ne rien savoir ? C'est incroyable qu'elles .... l'ignorance.
3. Éteindre → Pourquoi n'..................- vous pas la télévision ? Il faut que vous .... !
4. Contraindre → Pourquoi me ....-vous ? Vous savez bien que je n'aime pas qu'on me ....
5. Peindre → Pourquoi ne ....-vous plus ? On aimerait bien que vous .... à nouveau.

9 Ces phrases sont incomplètes. Écoutez-les en entier, puis répétez-les de mémoire avec l'intonation proposée.

Soyez gentils, ne…
→ *Soyez gentils, ne **nous dérangez pas** !*

1. Veuillez…
2. Veuillez ne pas nous déranger et…
3. Veuillez avoir l'obligeance de…
4. Ayez la gentillesse de…
5. Soyez assez aimable pour…

[ʒ]

[j]

[ɲ]

10 Imitez les intonations proposées.

– Aïe ! Je me suis fait mal au genou ! Ça me gêne !
– Aïe, aïe, aïe ! Quelle pagaille ! Quel fouillis !
– Aïe, aïe, aïe ! Quel brouillard !
– Je suis au régime ! au régime jockey* ! Aïe, aïe, aïe !
– Ton jules* est jaloux ? Aïe, aïe, aïe !

* Familier : régime jockey = régime très sévère (afin de devenir aussi léger qu'un jockey, nom de yaourt) ; un jules = selon la situation un copain, un compagnon.

11 Après une première écoute, répétez les réponses de mémoire.

– Vous pouvez nous dire où vous travaillez et ce que vous faites ?
– Moi, je suis…
– Moi, je suis **rempailleur**. **Je rempaille les chaises et les fauteuils.**

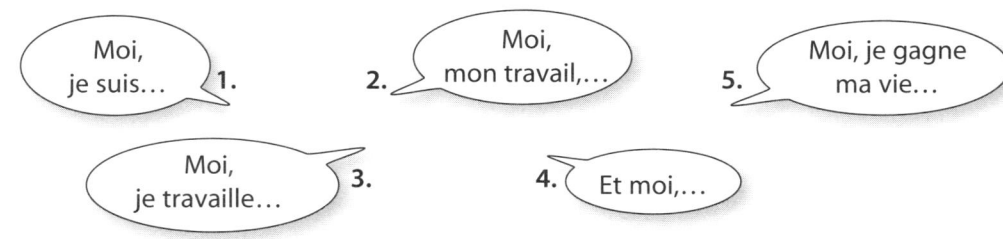

12 Après une première écoute, prenez le rôle de A ou de B et répétez en même temps que le locuteur. Respectez l'intonation proposée.

A : – Quand prenez-vous vos congés ?
B : – Toujours en juillet… à la mer, jamais à la montagne.
A : – Vous logez à l'hôtel ?
B : – Plutôt dans une pension de famille ou dans une auberge, près de la plage.
A : – J'imagine que vous visitez les lieux touristiques de la région ?
B : – Moi et ma compagne oui, mais les enfants préfèrent la plage, jouer sur le sable, nager.

13 Lisez ces citations à voix haute, en même temps que le locuteur. Répétez-les autant de fois que nécessaire pour les mémoriser.

« Lire, c'est voyager ; voyager, c'est lire. » Victor Hugo

« À quoi bon bouger, quand on peut voyager si magnifiquement dans une chaise ? » Joris-Karl Huysmans

« Rien ne développe l'intelligence comme les voyages. » Émile Zola

14 Après une première écoute, répétez le texte en suivant le rythme et les pauses du locuteur.

Bonjour, chers jeunes auditeurs, nous allons répondre aujourd'hui à vos questions sur le langage.
Jacques nous demande ce que signifie le mot « étymologie ». Camille voudrait savoir si « être accueilli comme un chien dans un jeu de quilles » signifie qu'on est bien accueilli ou qu'on est mal accueilli. Agnès ignore s'il y a en français beaucoup de mots d'origine japonaise. Solange se demande pourquoi on utilise le même mot pour désigner deux choses aussi différentes que les rayons du soleil et les rayons d'un grand magasin, et enfin Julien voudrait que vous lui envoyiez par courriel des mots qui riment avec « canaille ».

[ʒ]
[j]
[ɲ]

INTERPRÉTATION

15 Préparez ce texte pour le dire à voix haute, puis écoutez l'interprétation proposée.

– Votre couleur préférée, c'est le vert. Connaissez-vous l'origine de cette faiblesse ?
– Cela remonte à mon enfance et à ma passion pour la peinture. Trois de mes grands-oncles étaient peintres de profession, même s'ils ne gagnaient pas facilement leur vie (l'un d'eux, spécialisé dans le portrait d'enfant pour famille bourgeoise, a d'ailleurs été ruiné par le développement de la photographie). Mon père adorait l'art, lui aussi, et il m'emmenait d'ailleurs fréquemment dans les musées… J'ai logiquement bénéficié de cette tradition familiale et je suis devenu, dès l'adolescence, un peintre du dimanche. Je réalisais surtout des tableaux en camaïeu de verts. Pourquoi cette couleur ? Peut-être parce que, enfant de la ville, j'étais fasciné par la campagne, et c'était un bel exercice de retrouver et d'associer sur la toile les verts de la nature. Peut-être aussi parce que je savais déjà que le vert était considéré comme une couleur moyenne, plutôt mal aimée, et que je voulais d'une certaine manière le réhabiliter.

Michel Pastoureau, Dominique Simonet, *Le Petit Livre des couleurs*, Éditions du Panama, 2005.

[ʒ]
[j]
[ɲ]

16  Écoutez ces poèmes de Guillaume Apollinaire, puis mémorisez-les et proposez à votre tour une interprétation.

L'adieu
J'ai cueilli ce brin de bruyère
L'automne est morte souviens-t'en
Nous ne nous verrons plus sur terre
Odeur du temps brin de bruyère
Et souviens-toi que je t'attends

Marizibill
Dans la haute rue à Cologne
Elle allait et venait le soir
Offerte à tous en tout mignonne
Puis buvait lasse des trottoirs
Très tard dans les brasseries borgnes
[…]

Guillaume APOLLINAIRE (1880-1918), *Alcools*, 1913.

PHONIE-GRAPHIE

17 Sélectionnez, dans le chapitre ou dans votre vocabulaire personnel, des mots avec les graphies de [j] et de [ɲ]. Notez-les.

[j]					[ɲ]
« i » + voyelle	« y » + voyelle	voyelle + « ï » + voyelle	voyelle + « il »	voyelle + « ill » + voyelle	« gn »
....	....	....	....	....	....
....	....	....	....	....	....

>>> Voir partie II-1, *Les voyelles* [i] – [y] – [u] *et les semi-voyelles* [j] – [ɥ] – [w] (pages 30-42), et partie IV-2, *Les consonnes constrictives* [ʃ] – [ʒ] (pages 159-166). <<<

Attention

Dans quelques mots, « gn » se prononce [gn] :
– *un diagnostic* [ɛ̃-djagnɔstik], *diagnostiquer* [djagnɔstike],
– *une eau stagnante* [y-no-stagnɑ̃t], *la stagnation* [la-stagnasjɔ̃].

>>> Voir le *Tableau des graphies* (page 199). <<<

18 Écoutez et écrivez*.

....
....
....
....
....
....
....
....
....
....
....
....
....
....
....

[ʒ]
[j]
[ɲ]

* Guignol est le héros d'un théâtre de marionnettes ; cette marionnette à gaine, célèbre en France, a été créée à Lyon vers 1808.

ÉCRITURE CRÉATIVE

19 Écrivez, seul ou à plusieurs, des phrases ou des textes (virelangues, proverbes, récits, poèmes, chansons, recettes…) contenant un grand nombre de [ʒ], de [j] et/ou de [ɲ]. Vous pouvez vous inspirer des exemples proposés dans le corrigé (p. 223) et les écouter.

3 Les consonnes liquides [R]

SENSIBILISATION

PROVERBES

Rira bien qui rira le dernier.

Les petits ruisseaux font les grandes rivières.

Il faut mourir pour se faire regretter, il faut se marier pour se faire critiquer. (Suisse)

Rien ne sert de courir, il faut partir à temps.

[R]

DISCRIMINATION

1 Entendez-vous [R] dans le premier ou dans le second mot ? Cochez.

	1	2
bas – bar	…	✗
faire – fait	✗	…
1.	…	…
2.	…	…
3.	…	…
4.	…	…
5.	…	…
6.	…	…

2. Quelle phrase entendez-vous ? Cochez.

On l'admira beaucoup. [ɔ̃ladmiʀa]		On l'admirera beaucoup. [ɔ̃ladmiʀːa]	
		✗	…
Il préférait partir. [ilpʀefeʀɛ]	…	Il préférerait partir. [ilpʀefeʀːɛ]	✗
1. J'errai encore longtemps.	…	J'errerai encore longtemps.	…
2. Tu serras les dents.	…	Tu serreras les dents.	…
3. Elle espéra toute sa vie.	…	Elle espérera toute sa vie.	…
4. Il s'empara du pouvoir.	…	Il s'emparera du pouvoir.	…
5. On le pleura beaucoup.	…	On le pleurera beaucoup.	…
6. Il mourait sans son chien.	…	Il mourrait sans son chien.	…

ENTRAÎNEMENT ARTICULATOIRE

Pour prononcer le [ʀ], la langue est plate et la pointe de la langue est abaissée derrière les dents inférieures.

[ʀ]

3. Prononcez (→) le [ʀ] de la même façon dans toutes les positions.

En finale	À l'intervocalique		À l'initiale		
gare	gara	ara	rat	rage	rade
par	parent	hareng	rang	range	rente
tard	ta raie	arrêt	raie	rêche	raide
mare	marron		rond	ronge	ronde
par	Paris	a ri	riz	rive	ride
verre	verrue		rue	rhume	rude

4. Répétez. Allongez le [ʀ] en finale de syllabe et de mot.

-oir	un	• arrosoir – réservoir – miroir
-oire	une	• baignoire – passoire – patinoire
-ure	une	• coupure – blessure – fracture
-aire	un / une	• bibliothécaire – libraire – milliardaire
-(i)ère	une	• bijoutière – conseillère – rentière
-eur	un	• marcheur – chercheur – travailleur
-ard	un	• motard – banlieusard – connard*
-erie	une	• laverie – parfumerie – pâtisserie

* Le suffixe « -ard » est souvent péjoratif. Il l'est dans l'insulte « connard » = idiot, crétin, imbécile.

IV / 3

5 **Répétez ces formulations.**

1. Nous aborderons aujourd'hui la question de…
   Nous commencerons par parler de…
   Nous évoquerons d'abord le problème de…
   Nous verrons d'abord, en première partie…

2. Puis nous examinerons dans une seconde partie…
   Nous nous demanderons ensuite si…
   Nous ajouterons aussi que d'une part… et que d'autre part…

3. Enfin nous terminerons par…
   Nous conclurons en disant que…
   Pour conclure nous dirons que…
   Bref… en résumé…

6 **Barrez les « e » non prononcés. Répétez.**

*Je pens*e*rai à toi quand tu f*e*ras la conférence.*

1. Ce ne sera pas indolore, ça fera un peu mal.
2. On se reverra, on se retrouvera.
3. Nous serons nombreux, mais j'organiserai tout et j'achèterai le nécessaire.
4. Si tu te rendors, tu ne te lèveras pas.
5. Nous le rappellerons quand nous serons de retour.

[R]

7 **Répétez. Allongez le [R].**

| sur rendez-vous | → Il ne reçoit que sur rendez-vous. |
| [syʁːʁɑ̃devu] | |

1. sur rien → L'accusation ne repose sur rien.
2. pour rien → Nous n'avons pas travaillé pour rien.
3. par Rome → On repassera par Rome.
4. pour rire → C'est pour rire, ce n'est pas sérieux.
5. d'abord réfléchir → Il faut d'abord réfléchir, puis agir.
6. toujours recommencer → Il faut toujours recommencer.
7. encore raté → J'ai encore raté mon permis de conduire.

8 **Faites passer le [R] dans la syllabe suivante. Écoutez pour vérifier.**

1.	2.	3.
par amour	Il sort à cinq heures.	Elle a un fort accent.
[pa-ʁa-muʁ]	[il-sɔ-ʁa-sɛ̃-kœʁ]	[ɛ-la-ɛ̃-fɔ-ʁa-ksɑ̃]
par habitude	Il dort encore.	Elle a un lourd handicap.
par hasard	Il part à Paris.	Elle a un sort enviable.
par instinct	Il est mort en dormant.	Ils font un effort important.
par intérêt	Il se tord une cheville.	C'est un record étonnant.

RYTHME ET INTONATION

9 Écoutez. Notez les liaisons et les enchaînements. Répétez en respectant le rythme et l'intonation.

Ministères

Il est treize_heures.

- Le ministre de l'Intérieur reçoit des représentants des gendarmes et des CRS.
- Le ministre des Sports regarde une rencontre sportive à la télévision.
- Le nouveau ministre des Armées répète la Marseillaise.
- Le ministre du Travail prend un peu de repos en écoutant Schubert.
- Le ministre de la Culture prépare un discours pour une inauguration.
- Le ministre des Affaires étrangères regarde par la fenêtre.
- Le Premier ministre régale le Premier ministre britannique.
- Au ministère de l'Agriculture, on cherche partout le ministre… qui a disparu.

10 Après une première écoute, répétez en respectant l'intonation des incises*.

1. On s'est régalés à « La Table Ronde ». C'était délicieux, le service était parfait et – ce qui ne gâte rien – les prix très modérés.

2. On a passé une super** soirée hier. On s'est bien marrés** et – ce qui est rare – on ne s'est pas engueulés**.

3. La randonnée de la semaine dernière nous a beaucoup plu. C'était ni trop court, ni trop long – pas trop crevant** donc – et dans un endroit formidable !

* Incise : indication, généralement courte, insérée à l'intérieur d'une phrase, comme une sorte de parenthèse.
** Français familier : super = formidable, très bon(ne).
se marrer = s'amuser, rire ; s'engueuler = se disputer, se quereller ; crevant = très fatigant, épuisant.

11 Répétez.

1. Allô, oui, bonjour… Non, pas encore… Malheureusement non… Pas de problème, ce sera fait, soyez sans crainte… Je vous assure… Vous auriez préféré que… Oui, bien sûr, bien sûr… Je comprends très bien, mais c'était prévu ainsi… Ah non ! ni pour mardi, ni pour mercredi, nous sommes surchargés… pas avant vendredi… Le vendredi treize, c'est ça, comme prévu… Mais je vous en prie… À votre service monsieur.

2. Allô, oui, bonjour… Je voudrais parler au directeur s'il vous plaît… de la part de Tarik… T-A-R-I-K, oui, oui, seulement Tarik… Oui, il est au courant… Ah ! Il est en réunion… Pouvez-vous lui dire que je cherche à le joindre ?… Vous ne pouvez pas le déranger ? Je vous assure que c'est très important… Si, c'est urgent, je vous assure… J'insiste… non, c'est réellement urgent… Vous pourriez le regretter, mademoiselle, je me permets de vous le dire… Vous allez voir ce que vous pouvez faire ? Ah très bien, parfait, je vous remercie… Je reste en ligne oui…

[R]

12 Répétez. Faites monter la voix sur le premier groupe rythmique.

J'ai tort / ou j'ai raison ?

1. Je me trompe ou non ?
2. Vous êtes d'accord ou vous n'êtes pas d'accord ?
3. Vous convenez que c'est vrai ou non ?
4. Vous trouvez que je fais une erreur ou non ?
5. Vous approuvez ce que je propose ou non ?
6. Vous adhérez à ma proposition ou non ?

13 Répétez ces différentes formulations d'une même interdiction.

1. N'entre pas, je t'interdis d'entrer.
2. Vous n'entrez pas s'il vous plaît ! Je vous répète que l'entrée est interdite !
3. Personne n'entre ! C'est interdit !
4. Que les enfants n'entrent pas ! L'entrée est interdite aux enfants !
5. Je vous interdis formellement d'entrer ! Compris ?
6. Vous êtes priés de ne pas entrer sans permission.

14 Répétez les phrases en respectant le rythme du locuteur.

1. Bravo cher confrère.
2. Bravo, vraiment, pour votre intervention lors du congrès.
3. C'était d'une grande rigueur.
4. Et d'une force ! d'une vigueur !!
5. Et merci !
6. Vous avez fait réagir l'auditoire.
7. Heureusement ! car ça ronronnait et on s'endormait.
8. Encore bravo !

15 Lisez ces citations à voix haute en même temps que le locuteur. Répétez-les autant de fois que nécessaire pour les mémoriser.

« Ce qu'on ne peut pas dire, il ne faut surtout pas le taire, mais l'écrire. »
Jacques DERRIDA

« Écrire : essayer méticuleusement de retenir quelque chose : arracher quelques bribes précises au vide qui se creuse, laisser quelque part un sillon, une trace, une marque ou quelques signes. »
Georges PEREC

16 Écoutez ce message téléphonique. Notez les liaisons et les enchaînements. Répétez en suivant le rythme et les pauses du locuteur.

Bonjour Rémi… J'arriverai en train, à la gare du Nord, mercredi trente octobre.
Si par hasard, tu pouvais te libérer, pourrais-tu venir me chercher ?
Je resterai au « Café du départ » – derrière la gare – jusqu'à quatre heures moins le quart.
Si, à cette heure-là, tu n'y es pas, je prendrai le métro et je t'attendrai, derrière le « Bar du RER », entre quatre heures et quatre heures trente.
Si, à cette heure, tu n'as toujours pas pu te libérer, rendez-vous alors le soir à la « Brasserie Georges » vers vingt heures.
À mercredi soir au plus tard !
Conserve ce message, je ne pourrai pas te rappeler et tu ne peux pas me joindre.

INTERPRÉTATION

17 Préparez cet extrait théâtral pour le dire à voix haute, puis écoutez l'interprétation proposée.

> Je prends le chemin de fer. Je vais dans mon compartiment, je prends ma place qui était réservée. Le train part. Au même instant, arrive le monsieur qui avait la même place, le même numéro que moi. Par courtoisie, je lui cède ma place, je vais dans le couloir, il dit à peine merci. Je reste debout deux heures. Au bout de deux heures, le train s'arrête à une gare, le monsieur descend du train. Je reprends ma place, parce que c'était d'abord ma place. De nouveau, le train démarre. Au bout d'une heure, le train s'arrête à une autre gare. Voila le monsieur qui remonte, il veut reprendre sa place. Juridiquement, avait-il le droit de la reprendre ? C'était ma place, aussi bien que la sienne […] Nous avons eu un procès.
>
> Eugène Ionesco (1909-1994), *Tueur sans gages*, © Éditions Gallimard, 1974.

18 Préparez cet extrait théâtral pour le dire à voix haute, puis écoutez l'interprétation proposée.

> Si tu veux revenir à la maison, il faut que tu saches pourquoi tu reviens, Renaud, parce que revenir c'est une idée plus lourde que de partir. Quand on part on a tout l'espace devant soi, l'air est tout neuf et tout léger, les phrases d'adieu se perdent très haut dans le ciel comme des cerfs-volants, même si on souffre en partant, c'est une souffrance heureuse qui marche vers la liberté. Mais revenir à la maison ancienne, où les papiers peints ont jauni, Renaud, c'est autre chose, Renaud. Il faut, pour revenir, un grand courage, des idées claires, un cœur débarrassé du remords. Dans les retours, il n'y a plus d'étonnement. Ni de découvertes. Oui, Renaud, il faut que tu saches bien pourquoi.
>
> Denise Bonal (1921-2011), *Dérives et petits détails* in *Brèves d'auteurs* (collectif), © Actes Sud, 1993.

IV / 3

PHONIE-GRAPHIE

Voir partie IV, chapitre 3, *Les consonnes liquides* :
– [ʀ] – [l] (page 193).

Dictée

19 Écoutez et écrivez.

....
....
....
....
....
....
....
....
....

[ʀ]

ÉCRITURE CRÉATIVE

20 Écrivez, seul ou à plusieurs, des phrases ou des textes (virelangues, proverbes, récits, poèmes, chansons, recettes…) contenant un grand nombre de [ʀ]. Vous pouvez vous inspirer des exemples proposés dans le corrigé (p. 223) et les écouter.

Les consonnes liquides
[R] – [l]

SENSIBILISATION

PROVERBES

Prudence est mère de sûreté.

Un proverbe est l'esprit d'un seul et la sagesse de tous.

DISCRIMINATION

Faites le point
Entendez-vous la différence entre [R] et [l] ?

1 Entendez-vous [R] ou [l] ? Classez les mots dans le tableau. Écoutez pour vérifier.

la me…	une to…nade	le sab…e	un go…fe	une p…age
une …ade	des a…gues	des emb…uns	un ou…agan	un …equin
le …ittora…	une c…ique	des …ouleaux	une voi…e	des ga…ets
une î…e	le c…apotis	les f…ots	une …igne	une ba…eine
un ma…in	un ato…*	la ma…ée	un pha…e	un po…t
une fa…aise	un navi…e	les goé…ands	un c…abe	une ba…que

[R]
[l]

	[R]	[l]
En finale	la mer –	le littoral – une île – ....
À l'initiale	une rade –	le littoral – ....
Entre deux voyelles	un marin –	une falaise – ....
[R] ou [l] + consonne	une tornade –	des algues – ....
Consonne + [R] ou [l]	une crique –	le clapotis – ....

* Seul mot de la liste avec une lettre double.

187

Entraînement articulatoire

2 Répétez. Distinguez bien [R] et [l].

1. À l'initiale

loup	et	roue
lampe		rampe
long		rond
lire		rire
lit		riz

2. En finale

aile	et	air
cil		sire
bal		bar
mule		mur
mal		mare

3. Entre deux voyelles

village	et	virage
calé		carré
calotte		carotte
foulure		fourrure
sceller		serrer

4. Dans un groupe consonantique

pli	et	prix
blâmer		bramer
flic*		fric*
clan		cran
blanche		branche

* Français familier : flic = policier ; fric = argent.

3 Répétez. Allongez le [l] dans la seconde phrase.

– *Il a dit.* [iladi] → – *Il l'a dit.* [il:adi]

– Elle attend. → – Elle l'attend.
– Il entend rire. → – Il l'entend rire.
– On va licencier. → – On va le licencier.
– On peut laver ? → – On peut le laver ?
– Il veut lancer ? → – Il veut le lancer ?

4 Répétez les itinéraires. Faites les enchaînements.

Du Havre à Laval en passant par Alençon.

1. De Tours à Lausanne en passant par Autun.
2. De Grenoble à Istanbul en passant par Athènes.
3. De Gibraltar à Limoges en passant par Albi.
4. De Lille à Berlin en passant par Hanovre.
5. De Londres à Bruges en passant par Calais.
6. De Toulouse à Dakar en passant par Alger.

5 Répétez les suites de sons : [lR] et [Rl].

    [lR]   [Rl]

1. Il rêve de partir pour la Roumanie.
2. Elle rêve d'aller vers le nord.
3. Elle rêve d'aller voir la mer.
4. Ils rêvent de passer par l'équateur.
5. Elles rêvent de dormir sur la plage.

6 Prononcez le nom de ces sites naturels français. Écoutez pour vérifier.
- La baie des tortues en Guadeloupe
- Les plages de Biarritz
- Le ballon d'Alsace
- Les volcans d'Auvergne
- Le cap de la Chèvre à Crozon en Bretagne
- Le parc ornithologique de Camargue
- Les gorges de l'Ardèche
- L'île Rousse en Corse

7 Écrivez les adjectifs et prononcez les phrases. Écoutez pour vérifier.

C'est lisible.   → C'est illisible.
C'est rationnel.   → C'est irrationnel.

1. C'est certainement légal. → ....
2. C'est peut-être remédiable. → ....
3. Ça paraît logique. → ....
4. Ça semble régulier. → ....
5. Ça me semble légitime. → ....
6. Ça a l'air réparable. → ....
7. C'est un être réfléchi, rationnel et responsable. → ....
....

[R]

[l]

8 Les animaux émettent des sons pour communiquer. Répétez.

1. [R]
L'âne brait.
Le cerf brame.
L'abeille bourdonne.
L'éléphant barrit.
Le cochon grogne.
Le lion rugit.

2. [l]
Le chat miaule.
Le mouton bêle.
Le serpent siffle.
La vache meugle.
Le coucou coucoule.
Le lapin clapit.

3. [R] et [l]
Le sanglier grommelle. – Le loup hurle. – La tourterelle roucoule.

9 Répétez (↓). Distinguez bien les mots en gras.

– Ève **rêve** qu'elle se **lève**.
– Le **roi** fait la **loi**.
– L'alcool **rend lent** ou violent.
– **Prends** ce **plan**.
– Coupe les **branches blanches**.
– On **lira** sous les **lilas**.
– Elle a **arrêté** d'**allaiter**.

– Le **car cale**.
– L'eau **coule** dans la **cour**.
– Rose est ma **seule sœur**.
– Faisons un **tour** à **Toul**.
– **Elle erre** sans rien faire.
– Ils jouent aux **boules** au **bourg**.
– **Jules jure** de dire la vérité.

RYTHME ET INTONATION

10 Écoutez. Notez les liaisons et les enchaînements. Répétez en respectant le rythme et l'intonation.

Dans un lieu célèbre à Paris…
Le hall est plein de journalistes qui affluent de partout.

Salle de restaurant 1.   Le personnel prépare la salle, dresse les tables.
Salle de restaurant 2.   Le sommelier râle ; il cherche partout sa carte des vins.
                                Le maître d'hôtel plaisante : « Encore ! »
Bar.   Des journalistes s'interpellent, commandent,
       trinquent ; le barman est débordé.
Salon Goncourt.   Le jury du prix Goncourt délibère encore, porte close.
Salon Colette.   On dispose des fleurs sur la table de deux couverts.
Salon Rodin.   Une grande table ovale est dressée.
Salon Renaudot.   Le salon est en travaux.
Salon Goncourt.   La porte s'ouvre. Le président du Jury sort.
La foule s'approche, les micros se bousculent.

11 Répétez. Respectez l'intonation qui descend en fin de phrase.

Il veut le dire et le redire, son discours.

[R]
[l]

1. Ils veulent les détruire et les reconstruire, les immeubles.
2. Elles veulent la lire et la relire, la lettre.
3. Ils veulent le défaire et le refaire, le monde.
4. Elle veut l'entendre et le réentendre, le solo de batterie.
5. Elles peuvent les voir et les revoir, les reportages.
6. Ils peuvent en prendre et en reprendre, des frites.

12 Écoutez, puis répétez les phrases de mémoire sans regarder le texte.

– Je ne sais plus.
– Je ne me rappelle plus.
– Je ne me rappelle plus de rien, de rien.
– J'ai un trou de mémoire.
– Je n'ai plus le moindre souvenir.
– J'ai tout oublié.

13 Répétez.

– Pour quel emploi postulez-vous ?
– Y a-t-il longtemps que vous êtes à la recherche d'un emploi ?
– Qu'est-ce qui vous attire dans notre entreprise ?
– Quels étaient vos résultats scolaires ?
– Quel est votre niveau en anglais commercial ?
– Quels logiciels informatiques maîtrisez-vous ?
– Quels sont vos loisirs préférés ?
– Quelles sont vos prétentions salariales ?

14 Répétez les phrases en les enchaînant.

1. – Ne nous bagarrons pas.
   – Collaborons, coopérons.
   – Il faut débattre et non nous battre.

2. – L'affaire est difficile.
   – Restons prudents.
   – Restons rationnels.
   – Récapitulons les solutions raisonnables.

3. – Ne parlons plus de ça.
   – Parlons d'autre chose.
   – Il vaut mieux qu'on n'en parle plus pour le moment.
   – Ce n'est pas le moment de revenir là-dessus.
   – Passons à autre chose.

15 Ces phrases sont incomplètes. Écoutez-les en entier, puis répétez-les de mémoire.

Bravo pour votre réussite !…
→ *Bravo pour votre réussite !* **C'est un coup de maître !**

1. Bravo et merci pour votre repas !…
2. Bravo pour votre organisation !…
3. Bravo et merci pour votre article !…
4. Bravo pour votre réélection !….

16 Répétez chaque phrase, puis lisez le texte en continu.

– Encore !
– C'est pas vrai !!!
– C'est la troisième fois en trois jours !
– Non, c'est trop ! Vraiment tu exagères !
– C'est incroyable !
– Tu trouves ça normal ? Trois fois en trois jours ?
– C'est invraisemblable !
– Lundi, l'aile droite, mardi le pare-chocs arrière et aujourd'hui la porte arrière droite !
– C'est la dernière fois, mais alors la dernière fois, que je te prête ma voiture !

17 Écoutez les dialogues une première fois, puis écoutez à nouveau et prenez de mémoire le rôle de B.

1. A : – Laquelle de ces trois routes on prend ?
   B : – La plus courte.

2. A : – Lequel de ces termes est incorrect ?
   B : – Aucun n'est incorrect, mais les deux sont familiers.

3. A : – Lequel de ces deux tableaux est à votre avis un faux Renoir ?
   B : – Je dirais que le vrai Renoir, c'est celui-ci.

4. A : – Laquelle de ces deux phrases est, selon vous, la mieux formulée ?
   B : – Celle-ci est mieux tournée.

5. A : – Pour lequel de ces partis voterez-vous ?
   B : – Je ne voterai pour aucun d'entre eux.

6. A : – À laquelle de ces personnes voudriez-vous ressembler ?
   B : – À celle-ci peut-être…

[ʀ]
[l]

18 Lisez ces citations à voix haute en même temps que le locuteur. Répétez-les autant de fois que nécessaire pour les mémoriser.

« La lecture d'un roman jette sur la vie une lumière. »
Louis ARAGON

« La mélancolie, c'est le bonheur d'être triste. »
Victor HUGO

19 Écoutez. Notez les liaisons et les enchaînements. Répétez en suivant le rythme et les pauses du locuteur.

Voici le programme de la journée de vendredi.
Nous partirons après le petit-déjeuner – aux_alentours de dix_heures – pour_une visite de la ville de Nice. Je vous montrerai ses richesses : ses églises baroques, ses palais, ses villas coloniales ou russes. Nous flânerons sur la promenade des Anglais, puis vous serez libres de déjeuner dans la ville, là où vous le souhaiterez. Vers trois heures, nous nous retrouverons sur le port et nous nous rendrons en car à la célèbre principauté de Monaco. Nous prendrons le temps de visiter le musée océanographique et nous ferons une halte dans le jardin exotique, puis nous rejoindrons la place du Palais avant de visiter les rues de la vieille ville. Nous reviendrons à l'hôtel, pour le dîner, entre vingt heures et vingt heures trente.

[R]
[l]

INTERPRÉTATION

20 Préparez cet extrait de roman pour le dire à voix haute, puis écoutez l'interprétation proposée.

> Les parents dînent à Genève. Mon petit frère dort dans son lit et, du mien, je vois le rai de lumière indiquant que, dans la chambre voisine, Madeleine va se coucher. Des bruits familiers accompagnent cette opération : un peu d'eau qui coule, une chaise que l'on repousse sans ménagement ; une fenêtre qui s'ouvre et des volets qui se ferment ; quelqu'un va et vient ; une chanson fredonnée à mi-voix, dont je devrais à force connaître les paroles mais que je néglige, attentive à ce qui va suivre et qui seul m'intéresse. Enfin le grincement du sommier annonce que Madeleine s'installe dans son lit. Je l'écoute tapoter les oreillers, creuser le matelas à la recherche d'une position confortable, se redresser et heurter un peu brutalement le bois de lit. Va-t-elle éteindre la lampe de chevet et s'endormir à son tour comme mon frère dont j'entends la respiration bruyante, chargée, de petit garçon toujours enrhumé ?
>
> Anne WIAZEMSKY (1947), *Hymne à l'amour*, Coll. Folio, © Éditions Gallimard, 1996.

21 Préparez cette poésie pour la dire à voix haute, puis écoutez l'interprétation proposée.

> Îles
> Îles
> Îles
> Îles où l'on ne prendra jamais terre
> Îles où l'on ne descendra jamais
> Îles couvertes de végétations
> Îles tapies comme des jaguars
> Îles muettes
> Îles immobiles
> Îles inoubliables et sans nom
> Je lance mes chaussures par-dessus bord car je voudrais bien aller jusqu'à vous.
>
> Blaise CENDRARS (1887-1961), « Feuilles de route », *Au cœur du monde,* © Denoël.

PHONIE-GRAPHIE

[R]
[l]

22 Sélectionnez, dans le chapitre ou dans votre lexique personnel, des mots avec les graphies de [R] et de [l]. Notez-les.

[R]		[l]	
« r »	« rr »	« l »	« ll »
....	....	....	....
....	....	....	....

Attention

• Le « r » ne se prononce pas dans :
– *monsieur, messieurs, un gars* ;
– les mots terminés en « -er » :
verbes ➙ *chanter, manger* ;
adjectifs ➙ *léger, premier* ;
noms ➙ *un boulanger, un étranger*…

• Le « l » ne se prononce pas dans :
– *un outil, du persil, un sourcil, un fusil, un cul-de-sac* ; *gentil, saoul.*

>>> Voir le *Tableau des graphies* (page 199). <<<

Dictée

23 Écoutez et écrivez.

1. Romain Lesieur
   Allée des Tuileries
   38000 Grenoble

   à
   Hôtel de la Belle Étoile
   4, rue du Fer-à-Cheval
   83700 Saint-Raphaël

   Madame, Monsieur,
   ....
   ....
   ....
   ....
   ....
   ....
   ....

2. Romain Lesieur
   Allée des Tuileries
   38000 Grenoble

   à
   Agence Cycland
   17410 Saint-Martin-de-Ré

   Madame, Monsieur,
   ....
   ....
   ....
   ....
   ....
   ....
   ....

[R]
[l]

ÉCRITURE CRÉATIVE

24 Écrivez, seul ou à plusieurs, des phrases ou des textes (virelangues, proverbes, récits, poèmes, chansons, recettes…) contenant un grand nombre de [R] et/ou de [l]. Vous pouvez vous inspirer des exemples proposés dans le corrigé (p. 224) et les écouter.

Épilogue

1 Ce texte ne contient, mis à part la dernière phrase, que des mots inventés. Mais, bien articulé et bien rythmé, il semblera normal. Essayez.

> La voix d'ombre. Le locassier puterle ; la coquelionne dandule ; la bruse bibrionne ; la frousette lujarde ; le huppelin asp'asp' ; le féjard goguinne ; le golion hulète ; la polypse ouinte ; le pétassier carquignolle ; l'hypolobe frouit ; la vardasse cyclauque ; le maliborche flûtiole ; l'ananthrope maule ; le bouveron volute ; le rouart dondole ; la dardavelle ouaque-ouasse ; le muselin vandrille ; le tasson pataracte ; le gurgistre roulpe ; le colopinge laute ; la vesque bronde ; la virvogne garglaube ; […] le dodeluphore catarapte ; le frimier ourge ; la vengette fifrelouse ; la livelelle gurgumise ; l'homme blêmit.
>
> Valère Novarina (1947), *Le Jardin de reconnaisance*, éditions POL, 1997.

2 Ce texte de français parlé ne contient aucune ponctuation. À chacun de le découper, de le rythmer et de le faire vivre. Essayez.

> Vous avez vu ce qui s'est encore passé la nuit dernière et en plein centre vous vous rendez compte si ce n'est pas affreux de voir des choses pareilles ça vous fait froid dans le dos on ne sait même plus comment on vit de toute façon c'est ce qu'on finit par se dire c'est une horreur une véritable horreur et chaque jour qui passe c'est pire c'est à faire peur on se demande si ça va pouvoir continuer comme ça longtemps et où on va à ce train-là c'est épouvantable […] il ne se passe pas un jour un seul sans qu'il y ait une abomination quelque part et on ne nous dit certainement pas tout n'est-ce pas parce que si on savait tout ce qui se passe par en dessous dans le monde il y aurait de quoi devenir fou fou à lier.
>
> Louis Calaferte (1928-1994), « Un riche, trois pauvres »,
> *Théâtre complet, pièces baroques II*, éditions Hesse, 1994.

ANNEXES

Phonie-graphie : les voyelles

On entend			Graphies de base et graphies secondaires			Attention !
/A/	[a]	a	• cas, garage, plat, placard	à	• à, ça, déjà, là-bas, au-delà, voilà	• une femme
				â	• se fâcher, râler, pâle, théâtre	• Adverbes : fréquemment, récemment, élégamment, méchamment
					• Passé simple : nous aimâmes, vous aimâtes	
	[wa]	oi	• voie, croire, soie, poignet	oî	• boîte, croître	• poêle, poêlon, moelle, moelleux
		oy	• voyage, croyance, soyeux, voyou			
	[i]	i	• ici, tirelire, catimini, itinéraire	î	• abîme, dîner, île, gîte	• week-end, feeling, meeting, speech
		y	• anonyme, synonyme, bicyclette, mystère	ï	• maïs • stoïque, égoïste, ambiguïté, inouï	• dealer, speaker • business
	[y]	u	• sur, refus, multitude, gageure	û	• sûr, brûler, dû, piqûre	• Verbe avoir : j'ai eu, j'eus, tu eus, il eut, nous eûmes, vous eûtes, ils eurent
				uë	• aiguë, ambiguë, contiguë, exiguë	
	[u]	ou	• sourd, chouchou, roucouler, pourtour	où oû	• où • goût, croûte, coûter	• foot, surbooking, cool, look • août, saoûl (soûl) • clown • blues, putsch, pudding • fuel
/E/	[e] syllabe ouverte	er	• entrer, palmier, premier, berger	é	• entrée, bébé, hébété, téléguidé	• pied • œsophage, fœtus
		ez	• entrez, assez, nez, rez-de-chaussée			
		es	• mes, ces, lesquels, cesser			
	[e] ou [ɛ] syllabe ouverte	et	• ballet, ticket, bouquet, briquet	è	• très, (au)près, abcès, procès	• hockey, jersey, jockey, volley
		ai	• j'étais, il voudrait, paie, monnaie	ê	• arrêt, forêt, intérêt	
		ay	• payer, monnayer, pays, paysage	ë	• Noël	
	[ɛ] syllabe fermée	e + C	• mer, ciel, escale, septembre	è	• mère, scène, zèle, espèce	• abdomen, dolmen, pollen, spécimen
		e + CC	• antenne, ennemi, flemme	ê	• bête, fête, fenêtre, pêle-mêle	
		ei	• reine, beige, pleine, enseigne	aî	• aîné, chaîne, maître, naître	
		ai	• maire, haine, bancaire, plaine			

ANNEXES

On entend		Graphies de base et graphies secondaires			Attention !
/Œ/	[ø] ou [œ]	eu	• jeu, il pleut, heureuse, neutre • jeune, seul(e), veuf, bonheur	eû	• jeûne	• œil, œillet, œillade • vous faisiez, nous faisons, on faisait • en faisant, un faisan • bluff, club, rush, puzzle, pin-up
		œu	• œufs, bœufs, vœu • œuf, cœur, sœur, œuvre			
	[œj]	euil	• feuille, fauteuil, cerfeuil, écureuil			
		cueil	• accueil(le), recueil(le), cercueil			
		gueil	• orgueil, orgueilleux, s'enorgueillir			
/O/	[o] ou [ɔ]	o	• mot, sot, vos, rigolo • molle, sotte, vol, rigolote	ô	• bientôt, impôt, contrôle, symptôme	• oignon • maximum, forum, rhum, album • alcool • (music-)hall, crawl
		au	• maux, mauve, saut, saute, faux, fausse			
		eau	• eau, cadeau, peau, beau			
/Ẽ/	[ɛ̃]	in	• lin, lapin, juin, loin	im + p/b	• impossible, imbuvable	• agenda, examen, référendum • thym • faim, essaim, daim • Reims
		yn	• synthèse, synthétique, syncope, larynx	ym +p/b	• sympathique, symbolique, symphonie, lymphatique	
		ain	• bain, plainte, malsain, vainqueur			
		ein	• frein, sein, serein, atteindre			
	[œ̃] ou [ɛ̃] [wɛ̃]	éen	• européen, lycéen, méditerranéen			
		ien	• musicien, vaurien, bienfait, je retiens	um + p/b	• humble	• parfum
		un	• un, jungle, à jeun, emprunt			
		oin	• besoin, poing, conjoint, il rejoint			
–	[ɑ̃]	an	• banque, hanter, amande, pantin	am + p/b	• lampe, ambulance, gambader	• paon, faon, taon • Caen, Jean
		en	• dent, lente, amende, centenaire	em + p/b	• ensemble, tempête, remplir	
		enn (préfixe)	• ennui, enneiger, ennuyer	em + m (préfixe)	• emmener, emmagasiner, emménager	
–	[ɔ̃]	on	• pont, montagne, ronchon, rond-point	om + p/b	• ombrage, sombre, pompon	• bonbon • nom, prénom, surnom

ANNEXES

Phonie-graphie : les consonnes, les semi-consonnes, les semi-voyelles

On entend	Graphies de base et graphies secondaires				Attention !
[p]	p	épreuve, pipe, épeler, cap	pp	grippe, steppe, opprimer, appeler	trop important (liaison)
[b]	b	bombe, club, biberon…	bb rare	abbé, abbaye, rabbin	
[t] [tj]	t ti + voyelle	torture, tempête, tartine, trou métier, entretien, huitième, garantie, volontiers Formes verbales : vous sanglotiez, nous fêtions, je soutiens, tu obtiens…	tt th	goutte, sotte, trottinette, attendrir thé, thym, théâtre, théorie, athée	prend-il ? entend-elle ? comprend-on ? dit-il ; grand ami (liaison)
[d]	d	rade, mode, dedans, dadais	dd rare	addition, addiction, adduction, caddie	
[k] [kœj]	c + a, o, u, cueil	cacao, sacoche, rancœur, culture recueil(lir), cercueil, écueil	cc + a, o, u ch	occasion, impeccable, accord, occuper chœur, écho, orchestre, chaos, chronologie	ecchymose
	k	kilo, kimono, kermesse, souk	ck	hockey, stocker, ticket, pickpocket	
	qu	quai, maquis, expliquer, plastique, quinquagénaire	q	En fin de mot : cinq, coq	
[kw] [kɥ]	qu + a qu + i	aquarelle, quatuor, équateur, square équidistant, ubiquité			
[ks]	x cc + e, i	excès, taxi, connexion, complexe succès, vacciner, occident			pacs
[g]	g + a, o, u	pingouin, argument, aveugler, gag	gg rare	aggraver, agglomération, toboggan, suggestion	second, secondaire spaghetti, ghetto
	gu + e, i, y	bague, guetter, guichet, Guy, fatiguer			
[gɥ] [gw]	gu + i gu + a	linguistique, aiguille, ambiguïté Guadeloupe, jaguar, guano			
[gz]	(e)x	examen, exercice, exister, exulter, Xavier, xénophobe, xylophone, xérès			
[f]	f	facile, chef, soif, vif, bafouer	ff ph	coffre, joufflu, effrayant, effacer, offrir pharmacie, phobie, phrase, alphabet, diphtongue, aphone	
[v]	v	cave, veuve, avis, raviver, vivement		wagon	

ANNEXES

On entend		Graphies de base et graphies secondaires			Attention !
[s]	s	• sac, silence, sport, parasol, présélection	ss x sc	• poisson, dessert, classe, assurance • six, dix, soixante • science, ascenseur, scène, scinder	
	c + e, i, y	• cité, pièce, social, ancien, bicyclette			
	ç + a, o, u	• façade, leçon, balançoire, reçois, aperçu			
	ti + V	• attention, patience, essentiel, facétie, initiative, superstitieux			• balbutier, initier
[z]	V + s + V	• visa, désert, réserve, cuisine	x	• dixième, deuxième, sixième	• les adieux, deux enfants (liaison)
	z	• zèbre, bazar, dizaine, gazon	zz rare	• jazz, puzzle, muezzin	
[ʃ]	ch	• chat, rechercher, ronchon, moustachu	sch	• schéma, schisme, putsch	• short, shérif, shampooing
[ʒ]	j	• joufflu, ajuster, joyau, jasmin			• [dʒ] : jeep, job
	g + e, i, y ge + a, o, u	• gentil, géographie, magie, gymnastique • vengeance, pigeon, nageoire, il nageait, en mangeant, nous plongeons			
[m]	m	• madame, maman, aimer, moment	mm	• immense, grammaire, commode, mammifère	• automne, condamner (« m » muet dans ces mots)
[n]	n	• non, nord, menu, lune	nn	• chienne, monnaie, sonnette, innover, connaître	• En avril (liaison)
[ɲ]	gn	• ligne, peigner, agneau, chignon			• rare [gn] : diagnostic, stagner
[l]	l	• langue, lire, île, mal, profil	ll	• salle, colle, allumer, illisible, mille, tranquille, Lille	
[ʀ]	r	• restaurant, retard, entrée, portière	rr	• pierre, terre, arracher, horrible	• le premier étage (liaison)
[j]	i	• hier, pied, bien, Orient			
	y	• moyen, rayon, royauté, voyez, payer, yoga			
	V + il V + ille ill	• ail, soleil, écureuil, fenouil • muraille, merveilleux, feuille, grouiller • papillon, brillant, billet			
[w]	w + a, i Voir « oi » p. 196	• whisky, sandwich, tramway, watt			• week-end
[ɥ]	u + i, y, a, e	• aujourd'hui, bruyamment, nuage, buée			

ANNEXES

L'articulation des voyelles du français

Les voyelles orales

[i]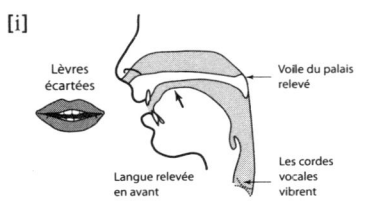
Exemple : si [si]

[y]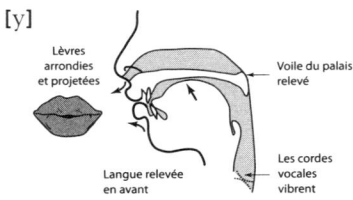
Exemple : su [sy]

[u]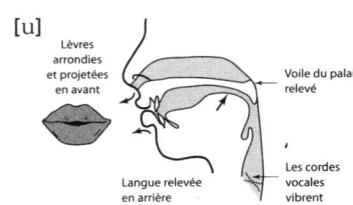
Exemple : sou [su]

[e]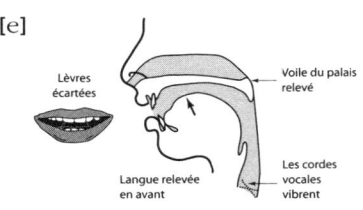
Exemple : ses [se]

[ø]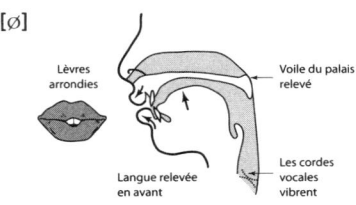
Exemple : ceux [sø]

[o]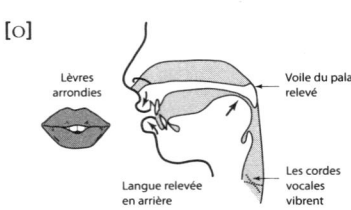
Exemple : sot [so]

[ɛ]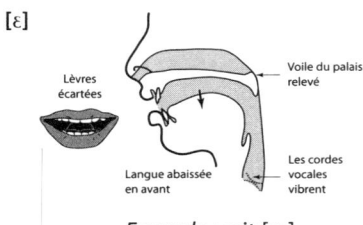
Exemple : sait [sɛ]

[œ]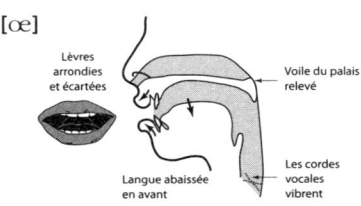
Exemple : seul [sœl]

[ɔ]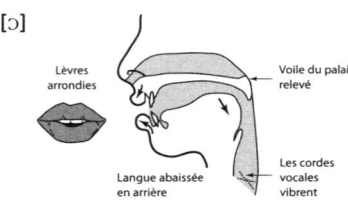
Exemple : sotte [sɔt]

[a]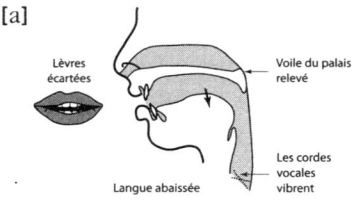
Exemple : sa [sa]

Les voyelles nasales

[ɛ̃]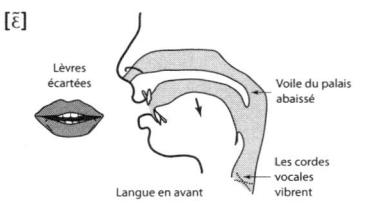
Exemple : sain [sɛ̃]

[ɑ̃]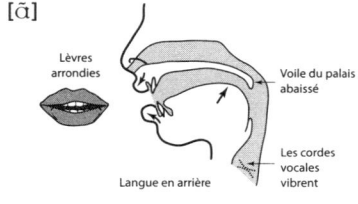
Exemple : sans [sɑ̃]

[ɔ̃]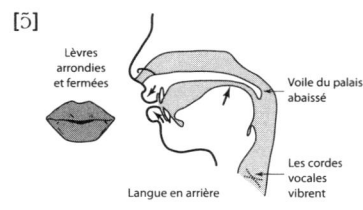
Exemple : son [sɔ̃]

ANNEXES

L'articulation des consonnes du français

Les occlusives orales

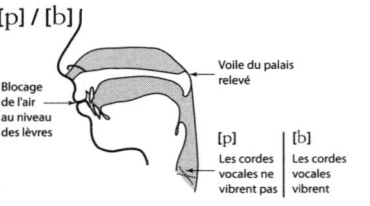

Exemples : pas [pa] – bas [ba]

Exemples : tant [tɑ̃] – dans [dɑ̃]

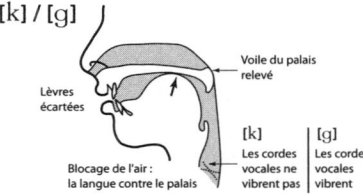

Exemples : cas [ka] – gars [ga]

Les occlusives nasales

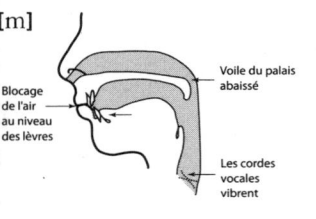

Exemple : ma [ma]

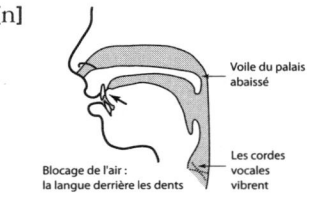

Exemple : na [na]

Exemple : gnangnan [ɲɑ̃ɲɑ̃]

Les constrictives

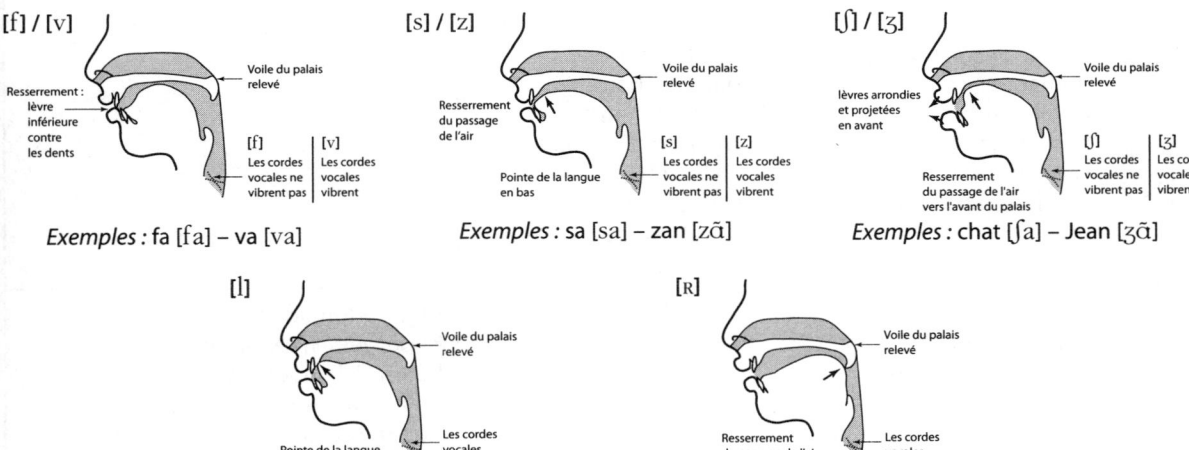

Exemples : fa [fa] – va [va]

Exemples : sa [sa] – zan [zɑ̃]

Exemples : chat [ʃa] – Jean [ʒɑ̃]

Exemple : la [la]

Exemple : rat [ʁa]

Les semi-voyelles

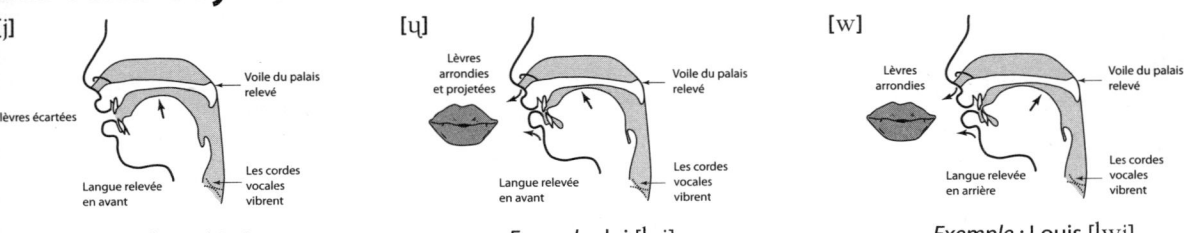

Exemples : ail [aj]

Exemple : lui [lɥi]

Exemple : Louis [lwi]

201

ANNEXES

Le « h » français

En français, bien que le « h » en début de mot ne soit jamais prononcé, on distingue les mots commençant par un « h » dit « aspiré » (généralement mots d'origine germanique) des mots commençant par un « h » dit « non aspiré » ou « muet ».

	« h » dit « aspiré » : pas d'élision, pas de liaison		« h » dit « non aspiré » ou « muet » : élision, liaison
ha-	une hache, hacher, un hachis, un hachoir… le hachisch une hachure, hachurer les yeux hagards une haie les haillons haïr, la haine, haïssable le hâle haleter, haletant le hall les halles un halo une halte un hameau les hanches le hand-ball un handicap, handicaper un hangar un hanneton hanter, une hantise happer une harangue, haranguer un haras un haricot	harceler hardi, la hardiesse hasarder, un hasard, hasardeux un harem un hareng hargneux, la hargne un haricot un harnachement, harnacher, un harnais une harpe une harpie un harpon le hasard, hasardeux, hasarder hâter(se), la hâte, hâtif/ive, hâtivement la hausse, hausser le haut, en haut, la hauteur, hautain(e)… un haut fonctionnaire, le haut débit, un haut-le-cœur, un haut-parleur… un havre de paix	habiller, un habit habituer, une habitude, habituel une haleine halluciner, une hallucination, hallucinant harmoniser, l'harmonie, un harmonium… un Hawaïen
he-	héler hennir, un hennissement hérisser, un hérisson une hernie un héron un héros, les héros une herse un hêtre heurter, un heurt, un heurtoir		un hebdomadaire héberger, l'hébergement hébéter, l'hébétude un hectare, un hectolitre… une hélice, un hélicoptère, héliporter un Hélléniste les Helvètes un hémophile, une hémorragie… un hémiplégique, un hémisphère… hériter, des héritiers, un héritage… hésiter, une hésitation… hétéroclite un hétérosexuel une heure, un horaire un hexagone

ANNEXES

	« h » dit « aspiré » : pas d'élision, pas de liaison		« h » dit « non aspiré » ou « muet » : élision, liaison, enchaînement
hi-	un hibou hideux la hiérarchie, hiérarchiser, hiérarchique… les hiéroglyphes la hi-fi hirsute hisser		hiberner, l'hibernation un hibiscus hilare, l'hilarité l'Himalaya un Hindou, l'hindouisme un hippodrome, un hippocampe, un hippopotame… une hirondelle les Hispanophones, hispanisant, hispanique une histoire, les historiens, historique… hiverner, l'hiver, l'hivernage
hy-			*Tous les mots avec les préfixes grecs (hydr-, hydro- hyper-, hypo- hypno- hyst-)* : les hydrocarbures, l'hydratation, l'hypertension, l'hypotension, l'hypnose, l'hystérie…
ho-	un hobby hocher, un hochement de tête, un hochet un hold-up La Havane la Hollande, hollandais(e) un homard la Hongrie, hongrois(e) la honte, honteux, honteusement le hoquet une horde	un hors-d'œuvre, un hors-jeu, un hors-piste, un hors-la-loi, un hors-série, un hot-dog une hotte le houblon la houle, houleux houspiller une housse le houx	l'homéopathie un homme, un hominidé homogène, l'homogénéité, un homonyme, un homosexuel… honnête, l'honnêteté honorer, les honneurs… un hôpital, hospitaliser, l'hospitalisation… un horaire l'horizon, horizontal… une horloge, un horloger des hormones un horodateur, un horoscope… une horreur, horrible, horrifié… un hospice hostile, l'hostilité un hôtel, l'hôtellerie, les hôteliers
hu-	un hublot huer, la huée un huguenot un huit, le huitième humer	humecter hurler, un hurlement un hurluberlu un hussard une hutte	huiler, l'huile, huileux un huissier, les huisseries des huîtres les humains, l'humanité… l'humeur humide, l'humidité… humilier, l'humilité, les humbles… l'humour, un humoriste

Remarque

Lorsqu'un « h » figure à l'intérieur d'un mot, entre deux voyelles, le « h » n'est jamais prononcé, mais les deux voyelles le sont.

Exemples : ahuri(e) [ayri]   un cahier [kaje]   la cohue [kɔy]   la cohésion [kɔezjɔ̃]
cohérent [koerɑ̃]   dehors [dəɔʀ]   ébahi [ebai]   envahir [ɑ̃vaiʀ], envahissant
Tahiti [taiti]   prohiber [pʀoibe], la prohibition   trahir [tʀaiʀ], la trahison

203

ANNEXES

Tableau synoptique

Partie I

Chapitres 1-3	Observation et discrimination	Entraînement rythmique et intonatif	Interprétation
La syllabe, l'accent…	8-10	10-12/5-12*	13
Le cadre intonatif…	14-15	Déclaration : 16/4-10 – Interrogation : 18/11-20 – Injonction : 21/21	21
Les procédés expressifs	23	24-27/4-15	28

Partie II

Chapitres	Sensibilisation (proverbes)	Discrimination	Entraînement articulatoire	Rythme et intonation : phrases et textes							Interprétation (textes littéraires)
				Déclaration	Interrogation	Injonction	Exclamation, expressivité	(Mini) dialogues	Textes : citations	Textes divers	
[i]-[y]-[u]-[j]-[ɥ]-[w]	30	30-31	32-34	35/11-16	36/17-18	37/19	37/20-23	38/24-28	39/29	40/30-31	40
/E/ : [e]-[ɛ]	43	43	44	47/12-13	47/14	47/15	48/16	48/17	48/18	48/19	48
/OE/ : [ø]-[œ]-[ə]	51	51	52	54/8	55/11	54/9	54/10	54/10	55/12	53/13	56
/O/ : [o]-[ɔ]	58	58	59	62/11-12	62/13	63/15	62/14	63/16	63/17	63/18	64
/E/-/ŒE/-/O/	66	66	67	71/14	71/15	71/16	71/17	72/18	72/19	72/20	73
• Orales / Nasales • [ɛ̃]-[ɑ̃]-[ɔ̃]	75 –	76 79	76 79	– 82/9-11	– 83/12-13	– 84/14-15	– 84/16-17	– 85/18-20	– 86/21	– 86	– 86

Partie III

Le [ə] instable	90	90	92	94/9	95/10-12	95/11	95/11	95/10-12	95/13	96/14	96
Les liaisons…	98	99	101	–	–	–	–	–	107/14	107/15	108

Partie IV

[p]-[b]	110	110	111	113/13	113/14	114/15	114/15	114/16	114/17	114/18	115
[b]-[v]	117	117	118	119/9-10	120/11	120/12	121/13	121/14	122/15	122/16	122
[t]-[d]	124	124	125	127/11	128/12-13	128/14	128/15	129/17	128/16	129/18	129
[k]-[g]	133	133	134	135/10-11-13	136/12-13	137/14	137/15	137/17	137/18	138/19	138
[f]-[v]	141	141	142	143/9	144/10-11	144/12	144/13	145/14	145/15	145/16	146
[s]-[z]	149	149	150	153/13-15	153/16	154/17	154/18	154/19	154/20	154/21	155
[ʃ]-[ʒ]	159	159	160	162/10-11	163/12	163/13	163/14	164/15	164/16	164/17	164
[s]-[ʃ]-[z]-[ʒ]	167	167	168	169/7	169/8	170/9	170/10	170/11	171/12	171/13	171
[ʒ]-[j]-[ɲ]	173	173	174	175/7	176/8	176/9	176/10	176/11-12	177/13	177/14	177
[ʁ]	180	180	181	183/9-11	184/12	184/13	184/14	184/14	184/15	185/16	185
[ʁ]-[l]	187	187	188	190/10-12	190/13	191/14	191/16-17	191/17	192/18	192/19	192

* Pages/numéros d'exercices

ANNEXES

Index des notions

Accuser de mensonge :
– les procédés expressifs, ex. 2, p. 23
Adresser des reproches *(tu aurais pu…)* **:**
– [i]-[y]-[u], ex. 22, p. 37
Appeler à agir :
– [e]-[ɛ], ex. 18, p. 49 (T)*
Attirer l'attention, annoncer :
– /E/-/Œ/-/O/, ex. 16, p. 71
Changer d'avis *(oh et puis zut !)* **:**
– [i]-[y]-[u], ex. 21, p. 37
Commenter un prix :
– /E/-/Œ/-/O/, ex. 13, p. 70
Confirmer *(oui, si, bien sûr)* **:**
– [i]-[y]-[u], ex. 24-28, p. 38-39
Décrire :
– [k]-[g], ex. 13, p. 136 (T)
– [s]-[ʃ]-[z]-[ʒ], ex. 13, p. 171
Demander conseil/conseiller :
– [t]-[d], ex. 17, p. 129 (T)
Demander des données chiffrées :
– [ɛ̃]-[ɑ̃]-[ɔ̃], ex. 20, p. 85
Demander plus ou moins poliment :
– les procédés expressifs, ex. 7, p. 26
– [e]-[ɛ], ex. 15, p. 47
– [b]-[v], ex. 12, p. 120
– [ʒ]-[j]-[ɲ], ex. 9, p. 176
Demander pourquoi :
– [p]-[b], ex. 14, p. 113
Demander des renseignements :
– [t]-[d], ex. 13, p. 128
Demander une réponse :
– les procédés expressifs, ex. 12-13, p. 27
Demander/solliciter l'opinion de quelqu'un :
– [ʀ], ex. 12, p. 184
Dire comment faire :
– [ə] instable, ex. 14, p. 96 (T)
Dire/demander de (ne pas) faire quelque chose :
– /OE/, ex. 9, p. 54
– /O/, ex. 15, p. 63
– [p]-[b], ex. 15, p. 114
– [t]-[d], ex. 15 p. 128
– [ʃ]-[ʒ], ex. 13, p. 163
    donner des conseils / faire des recommandations :
    – le cadre intonatif, ex. 25, p. 22 (T)
    – [t]-[d], ex. 14, p. 128
    – [f]-[v], ex. 16, p. 145
    – [s]-[z], ex. 21, p. 154

donner des instructions :
– le rythme, ex. 11, p. 12
– le cadre intonatif, ex. 21, p. 21 (T)
– [s]-[ʃ]-[z]-[ʒ], ex. 9, p. 170
donner des ordres :
– le rythme, ex. 11, p. 12
– [i]-[y]-[u], ex. 19, p. 37
– [s]-[ʃ]-[z]-[ʒ], ex. 9, p. 170
inciter à agir :
– [s]-[z], ex. 17-18, p. 154
insister :
– [ʃ]-[ʒ], ex. 13, p. 163
inviter à entrer :
– [ɛ̃]-[ɑ̃]-[ɔ̃], ex. 14, p. 84
Dire son ignorance :
– [ʀ]-[l], ex. 12, p. 190
Donner son opinion :
– [ʀ], ex. 10, p. 183
Expliquer :
– le cadre intonatif, ex. 5, p. 16
– [i]-[y]-[u], ex. 31, p. 40 (T)
– /O/, ex. 12, p. 62
Exprimer son accord *(c'est exact)* **:**
– [s]-[z], ex. 19, p. 154
Exprimer son espoir *(vivement)* **:**
– [f]-[v], ex. 13, p. 144
Exprimer/manifester des sentiments divers :
– le cadre intonatif, ex. 4, p. 16
– les procédés expressifs, ex. 3-5-6, p. 24-25
    admiration :
    – [b]-[v], ex. 13, p. 121
    – [ʃ]-[ʒ], ex. 14, p. 163
    contentement, joie, émotion… :
    – les procédés expressifs, ex. 2-14, p. 23-27
    – [s]-[z], ex. 23, p. 155 (T)
    découragement :
    – les procédés expressifs, ex. 14, p. 27
    étonnement :
    – [i]-[y]-[u], ex. 26, p. 39
    mécontentement, irritation :
    – les procédés expressifs, ex. 16, p. 28 (T)
    – [i]-[y]-[u], ex. 22, p. 37
    – /O/, ex. 14, p. 62
    – [ɛ̃]-[ɑ̃]-[ɔ̃], ex. 17, p. 84
    – [k]-[g], ex. 20, p. 138 (T)

* (T) : texte.

ANNEXES

regrets :
– [i]-[y]-[u], ex. 28, p. 39
soulagement (enfin) :
– [f]-[v], ex. 13-17, p. 144-146
Exprimer un souhait *(pourvu que)* :
– [i]-[y]-[u], ex. 27, p. 39
Faire le point :
– [ɛ̃]-[ɑ̃]-[ɔ̃], ex. 15, p. 84
Faire des reproches :
– [ʀ]-[l], ex. 16, p. 191
Féliciter :
– les procédés expressifs, ex. 11, p. 27
– [b]-[v], ex. 13, p. 121
– [ʀ], ex. 14, p. 184
– [ʀ]-[l], ex. 15, p. 191
Fixer un rendez-vous :
– [ʀ], ex. 16, p. 185 (T)
Hésiter :
– [ɛ̃]-[ɑ̃]-[ɔ̃], ex. 11, p. 83
Inciter à acheter :
– [p]-[b], ex. 18, p. 114 (T)
Informer, expliquer :
– le rythme, ex. 3-10, p. 10 (T)-12
– /E/-/Œ/-/O/, ex. 20, p. 72 (T)
Insister :
– les procédés expressifs, ex. 4, p. 24
– [f]-[v], ex. 11, p. 144
Interagir au téléphone :
– le rythme, ex. 2-4, p. 9-10
– le cadre intonatif, ex. 10, p. 18
– [ə] instable, ex. 1, p. 90
– [ʀ], ex. 11, p. 183 (T)
Interroger quelqu'un :
– le cadre intonatif, ex. 7-11 à 20, p. 17-21
– [i]-[y]-[u], ex. 17, 18, p. 36
– /Œ/, ex. 11, p. 55
– /E/-/Œ/-/O/, ex. 15, p. 71
– [b]-[v], ex. 11, p. 120
– [s]-[ʃ]-[z]-[ʒ], ex. 8, p. 169
– [ʒ]-[j]-[ɲ], ex. 12, p. 177
– [ʀ]-[l], ex. 13, p. 190
Nuancer, rectifier :
– [i]-[y]-[u], ex. 25, p. 38
– [s]-[z], ex. 15, p. 153
Prendre congé :
– le rythme, ex. 7, p. 11
Présenter un programme :
– [ʀ]-[l], ex. 19, p. 192 (T)
Proposer :
– [b]-[v], ex. 16, p. 122 (T)

Proposer, accepter *(bien sûr, volontiers)* :
– [e]-[ɛ], ex. 17, p. 48
Qualifier un objet :
– /E/-/Œ/-/O/, ex. 21, p. 73 (T)
Raconter :
– le cadre intonatif, ex. 23, p. 22 (T)
– [i]-[y]-[u], ex. 30, p. 40 (T)
– [ɛ̃]-[ɑ̃]-[ɔ̃], ex. 23, p. 86
– liaisons et enchaînements, ex. 16, p. 108 (T)
– [t]-[d], ex. 19, p. 129 (T)
– [s]-[z], ex. 22, p. 155 (T)
– [ʀ], ex. 17, p. 185 (T)
Rapporter des propos :
– [ʒ]-[j]-[ɲ], ex. 14, p. 177
Récapituler *(donc…)* :
– [ɛ̃]-[ɑ̃]-[ɔ̃], ex. 13, p. 84
Refuser :
– le rythme, ex. 8, p. 11
Remercier :
– [s]-[z], ex. 23, p. 155 (T)
S'accorder sur une date de rendez-vous :
– /E/-/Œ/-/O/, ex. 18, p. 72 (T)
Se disputer :
– /Œ/, ex. 14, p. 56 (T)
S'enquérir de quelqu'un :
– les procédés expressifs, ex. 17, p. 28 (T)
S'exclamer :
– les procédés expressifs, ex. 9-10, p. 26
– [e]-[ɛ], ex. 16, p. 47
– /Œ/, ex. 10, p. 54
– [ɛ̃]-[ɑ̃]-[ɔ̃], ex. 16, p. 84
– /E/-/Œ/-/O/, ex. 17, p. 71
– [ə] instable, ex. 11, p. 95
– [f]-[v], ex. 13, p. 144
– [k]-[g], ex. 17, p. 137
– [ʃ]-[ʒ], ex. 14, p. 163
– [s]-[ʃ]-[z]-[ʒ], ex. 10-11, p. 170
– [ʒ]-[j]-[ɲ], ex. 10, p. 176
S'informer :
– [k]-[g], ex. 17, p. 137 (T)
S'insurger :
– [s]-[z], ex. 19, p. 154
S'interroger :
– [e]-[ɛ], ex. 14, p. 47
– [ɛ̃]-[ɑ̃]-[ɔ̃], ex. 12, p. 83
Suggérer :
– /O/, ex. 16, p. 63
Tenter d'apaiser :
– [ʀ]-[l], ex. 14, p. 191

CORRIGÉS

I/1 La syllabe, l'accent, le groupe rythmique
(p. 8-13)

1 1. Peut-être. (2 syl.) – C'est possible. (3 syl.) – C'est même probable. (4 syl.) – Vous faites une erreur ! (5 syl.) – 2. Mais oui. (2 syl.) – C'est exact. (3 syl.) – Je suis d'accord. (4 syl.) – Je n¢ discut¢rai plus. (4 syl.) – 3. J'approuve. (2 syl.) – Je suis pour. (3 syl.) – Ça va marcher. (4 syl.) – C'est une bonne idée. (5 syl.) – 4. Pardon. (2 syl.) – Désolé. (3 syl.) – J'ai oublié. (4 syl.) – J¢ vous prie d¢ m'excuser. (5 syl.) – 5. Très bien. (2 syl.) – Ça nous plaît. (3 syl.) – Nous vous r¢mercions. (4 syl.) – C'est c¢ que nous voulions ! (5 syl.)

2 1. Bonjour, / après le bip sonore, / l'appel sera facturé 35 centimes la minute / depuis un poste fixe. / Pour ne plus écouter ce message, / appuyez sur dièse / lors du prochain appel. / – 2. Bonjour, / et bienvenue / sur le nouveau service vocal / du groupe MMM. / Nos conseillers / sont à votre écoute / du lundi au vendredi / de six heures / à dix-huit heures trente. / – 3. La société Rapido / vous prie / de patienter quelques instants. / Nous allons traiter votre appel. / – 4. Vous allez être mis en relation / avec un conseiller. / Merci de rester en ligne… / Tous nos conseillers sont occupés ; / nous nous efforçons / d'écourter votre attente. / Merci de patienter. / Tous nos conseillers sont occupés. / Veuillez rappeler / ultérieurement. /

3 Expression idiomatique, / ça veut dire / qu'elle est propre / à un idiome, / propre à une langue, par exemple, / en français / on dit / « casser sa pipe » pour / « mourir », / il n'y a qu'en français / qu'on dise « casser sa pipe » / pour « mourir ». / Mais comme c'est une expression / qui passe souvent / par une image, / on dit / « expression imagée ». / Il y en a / dans toutes les langues, / certaines langues en ont plus, / le français / en a beaucoup, / l'anglais aussi, / l'italien en abonde / – je crois qu'il y en a un peu moins / en allemand – / mais il y en a / dans toutes les langues, / et c'est nécessaire. / Je dirais que l'expression imagée / elle est propre au langage. /

4 1. Je suis **dé**solée / de ne pas pouvoir vous répondre, / mais **lai**ssez-moi un message / et **je** vous **ra**ppellerai. / – 2. Vous êtes **bien** chez Fred et Sami, / **mais** nous sommes absents. / **Mer**ci de laisser vos coordonnées / **et** la raison de votre appel. / – 3. Je ne suis **pas** joignable / **pour** le moment. / Je suis **soit** sous un tunnel, / **soit** sous ma couette. // **Ra**ppelez-moi. /

11 1. Tu vas aller chercher le vélo **bleu** – pas le **rouge** – et tu vas réparer la roue avant. 2. Tu vas aller chercher le vélo **bleu** et tu vas réparer la roue **avant** – **pas** la roue arrière. 3. Tu vas aller chercher le vélo **bleu** et tu vas **réparer** la roue avant – mais tu ne la **changes pas**.

I/2 Le cadre intonatif
(p. 14-22)

1 1. – Ça va aller ? – Ça va aller. 2. – Ce n'est pas fini. – Ce n'est pas fini ? 3. – On aura le temps. – On aura le temps ? 4. – Ça fait des histoires. – Ça fait des histoires ? 5. – On se retrouve là-bas ? – On se retrouve là-bas. 6. – Tout ne sera pas prêt à temps ? – Tout ne sera pas prêt à temps.

2 1. Tu tournes à gauche ? – 2. Tu mets ça là ! – 3. Tu poses ta question maintenant ! – 4. Vous ne posez pas de question ? – 5. Vous vous arrêtez !

3 A. → 1-2 – B. → 2-1 / 3-4.

6 1. On arrivera à l'heure, avec un peu de chance. – 2. Ça m'a énervé, au lieu de me calmer. – 3. J'ai obtenu un rendez-vous, grâce à ton intervention. – 4. Il a atteint un bon niveau, à force de s'entraîner. – 5. On ne peut pas partir, à cause des événements.

13 1. Vous préférez le sucré **ou** le salé ? – 2. Vous cuisinez au beurre **ou** à l'huile ? – 3. Vous êtes végétarien **ou** carnivore ? – 4. Vous êtes plutôt scientifique **ou** plutôt littéraire ? – 5. Vous êtes plutôt de droite **ou** plutôt de gauche ? – 6. Vous êtes plutôt philanthrope **ou** plutôt misanthrope ?

I/3 Les procédés expressifs
(p. 23-28)

1 1. B – 2. A – 3. B – 4. A – 5. A – 6. A.

2 A. – Ce-n'est-pas-vrai ! Tu **MENS**. – Mais c'est **fff**aux, c'est **COM**plètement **faux** ! – **CO**mment peux-tu dire ça ? – Mais, c'est une **hooo**nte ! B. – **QU**'est-ce qu'on est bien ici ! C'est **MER**veilleux ! – Je suis **TELL**ement contente ! **VRAI**ment ! – On est **bieeen**, on est bien, on est bien !

3 1. mécontentement, irritation – 2. simple information – 3. critique ironique – 4. étonnement – 5. doute scepticisme.

14 1. – Quand je pense à tous les livres qu'il me reste à lire ! *Ah, je m'en réjouis, je jubile !* – Quand je pense à tous les livres qu'il me reste à lire ! *Oh, quelle barbe !*

207

CORRIGÉS

2. – Quand je pense au travail qui nous attend ! *Ça va être passionnant !* – Quand je pense au travail qui nous attend ! *Les bras m'en tombent !*
3. – Quand je pense que tu disais que tu m'aimais ! *Quelle comédie !* – Quand je pense que tu disais que tu m'aimais ! *C'était le bon temps !*

II/1 Les voyelles [i] [y] [u] et les semi-voyelles [j] [ɥ] [w] (p. 30-42)

1 **1.** 2-1-3 – **2.** 3-1-2 – **3.** 1-2-3 – **4.** 3-2-1 – **5.** 1-3-2 – **6.** 3-2-1 – **7.** 1-3-2– **8.** 1-2-3.

2 **A. 1.** gentille – **2.** fille – **3.** Papi – **4.** maquis – **5.** mordille – **6.** sourcil.
B. 1. boue – **2.** touille – **3.** fouille – **4.** mou – **5.** nouille – **6.** roue.

3 *Monsieur Dup**ui**s* ([ɥ]) *est né en j**ui**n* ([ɥ]) *1950 à Saint-Malo. Il est mal**ou**in* ([w]) *d'origine, mais vit maintenant à Cal**ui**re* ([ɥ]), *dans le hameau de « La B**ui**sse »* ([ɥ]). *Il a un fils, L**ou**is* ([w]), *qui est h**ui**ssier* ([ɥ]). *M. Dup**ui**s* ([ɥ]) *est un homme aux épaules p**ui**ssantes* ([ɥ]) *et à l'air réj**ou**i* ([w]). *C'est un habit**ué*** ([ɥ]) *du « Café du c**oi**n »* ([w]) *où il va j**ou**er* ([w]) *aux dés. Et p**ui**s* ([ɥ]), *il a une curieuse passion : les m**ou**ettes* ([w]) *et les ping**ou**ins* ([w]) !

7 **A.** barbu, poilu, bossu, joufflu / la sculpture, la reliure, la gravure, la coiffure / une brûlure, une coupure, une piqûre, une déchirure / la longitude, l'exactitude, la lassitude, l'aptitude.
B. réduire, traduire, introduire, reproduire / situer, accentuer, distribuer, polluer.

11 Dans une rue / un soir à huit heures… / Le bus 68 / s'arrête au terminus. / Une voiture rouge / brûle un feu rouge. / Un type furieux / insulte le conducteur de la voiture. / Un cycliste / file à toute allure. / Des parapluies s'ouvrent. / Un homme enfouit les mains / dans les poches / de son pardessus. / Une femme en jupe de cuir / court vers l'abribus. / L'enfant refuse de courir. La femme crie / : « Louis, suis-moi ! » / Une jeune fille en noir fume, / debout sous la pluie. / Un chien aboie / une sirène # hurle. / Les hirondelles se réunissent / sur les fils téléphoniques.

12 **1.** Je vous ai entendu(e)(s) et vous m'avez ému(e). – **2.** Je vous ai vu(e)(s) et je vous ai reconnu(e)(s). – **3.** Je vous ai aperçu(e)(s), mais vous ne m'avez pas vu(e). – **4.** Je vous ai déplu, mais vous ne m'avez pas exclu(e). – **5.** Vous m'avez suivi(e) et je ne vous ai pas fui. – **6.** Je ne vous ai pas cru(e)(s), vous ne m'avez pas convaincu(e).

13 **1.** J'ai retenu des places, /oui, / huit places, / pour le huit juillet. – **2.** Six, / oui, / six truites, / tout de suite, / oui, / pour la table dix-huit ! – **3.** Non, / ce n'est pas lui, / Louis. // Louis, / c'est… lui / là-bas, / celui qui s'en va sous la pluie. – **4.** Si si, / c'est bientôt à vous, / je vous assure, / restez ici, / ne vous éloignez pas trop.

14 **1.** On se dispute de plus en plus, depuis qu'on vit en couple. – **2.** Je lui trouve un air plus bourru, depuis qu'il est barbu. – **3.** Je te trouve de plus en plus taciturne, depuis que tu es revenu. – **4.** On ne s'ennuie plus du tout, depuis qu'on est réunis.

15 **1.** N'en parlons plus, puisque ce sujet est tabou. – **2.** Demain ce sera sûrement à la une, puisque les journalistes l'ont su. – **3.** Je vais m'occuper de tout, puisque je suis élu. – **4.** J'ai pu m'éclipser avant la nuit, puisque personne ne m'avait reconnue. – **5.** Tu ne seras pas surpris de mon refus, puisque tu connais mon point de vue.

16 **1.** À mesure que l'édifice décrié se construisait, *les critiques s'atténuaient.* – **2.** À mesure que les nuages s'accumulaient, *la température diminuait.* – **3.** Les injustices se sont accentuées à mesure que *les richesses se sont accrues.* – **4.** Au fur et à mesure de la discussion, *les attitudes ont évolué.* – **5.** Le scénario s'est modifié *au fur et à mesure du tournage du film.*

18 **1.** Vous l'avez reçue, la facture de l'huissier ? – **2.** Vous l'avez entendu, le flûtiste du quatuor ? – **3.** Tu l'as reconnu, le moustachu tatoué en costume gris ? – **4.** Vous les avez convaincus, les élus de la commune ? – **5.** Tu les as revendues, tes chaussures de cuir ? – **6.** Vous l'avez entendu, le discours du ministre de la Culture ?

23 **1.** Tu fouines partout ! Tu fouilles partout ! *Tu abuses !* – **2.** Tu nous pilles… Tu nous dépouilles. *Tu es un filou !* – **3.** Tu critiques tout… Tu juges de tout. *Tu nous ennuies !* – **4.** Tu séduis tout le monde… Tu réussis tout. *Tu m'éblouis !* – **5.** Tu t'occupes de tout… Tu surveilles tout. *Tu me rassures !* – **6.** Tu dis tout… Tu répètes tout. *Tu nous trahis !*

24 **1.** – Si, si, bien sûr, je vous le confirme, je l'ai reçue *le jour suivant l'achat.* **2.** – Si, si, oh, que si ! Et je n'ai pas pu me rendormir *de toute la nuit.* **3.** – Mais si… Je l'ai su, bien entendu. Je l'ai su

CORRIGÉS

tout de suite après leur entrevue. **4.** – Si, si, vous pouvez en être sûre, je les ai rendus *à la dernière minute certes, mais je les ai rendus.*

31 – Parce que c'est un système… *souple.* – Parce que c'est une formule… *plus sûre que les actions en bourse.* – Parce que c'est un contrat… *plus rémunérateur que d'autres formules d'épargne.* – Et surtout, parce que l'assurance-vie… *bénéficie d'une fiscalité privilégiée.* – Bref, c'est l'outil d'épargne… *préféré des Français.*

34 **1.** anonyme – **2.** sismique – **3.** cyclique – **4.** synonymes – **5.** périphérique – **6.** héroïque – **7.** politique – **8.** psychiques – **9.** idyllique – **10.** hypocrite – **11.** stoïque – **12.** égoïste.

35 **1.** mûr / mûres – **2.** sûr / sur – **3.** Flûte / flûte – **4.** doux / d'août – **5.** saoul / sous – **6.** coup / cou.

36 **Dictée :** Le chef de l'État français est élu pour cinq ans au suffrage universel direct. Le Président de la République nomme le Premier ministre et, sur proposition de celui-ci, les membres du gouvernement.
Il préside le Conseil des ministres, promulgue les lois et il est le chef des armées. Il peut dissoudre l'Assemblée nationale et, en cas de crise grave, exercer des pouvoirs exceptionnels.

37 **Écriture créative : exemples**
Phrases : • Un jour de canicule sur un véhicule où je circule gesticule un funambule… (R. Queneau, *Exercices de style*, © Gallimard.) – • Louis prend soin de lui en fuyant Louise qui l'ennuie. – • Un tatoué enroué et enjoué a bafoué un avoué en dénouant ses souliers.
Texte : Menu – Légumes crus à l'huile d'olive de Chypre / Soupe aux choux rouges de Russie / Taboulé du Liban / Moules frites de Bruxelles / Cuisses de grenouilles de Bulgarie / Fondue au gruyère suisse / Couscous de Tunisie / Morue au court-bouillon du Portugal / Courge au four de Roumanie / Tiramisu d'Italie / Coupe de fruits rouges de Suède

II/2 Les voyelles [e] [ɛ] *(p. 43-50)*

1 **1.** Il fait frais. → [ɛ]-[ɛ] – **2.** L'hiver sera sec. → [ɛ]-[ɛ] – **3.** Mon siège est occupé. → [ɛ]-[ɛ]-[e] – **4.** Il va chez son banquier. → [e]-[e] – **5.** La pièce a du succès. → [ɛ]-[ɛ] – **6.** J'ai la flemme d'y aller. → [e]-[ɛ]-[e] – **7.** Achète un gros poulet au marché. → [ɛ]-[ɛ]-[e] – **8.** Elle est arrivée le treize. → [ɛ]-[e]-[ɛ].

4 • *une télévision* – un téléphone, une télésurveillance, un télésiège. – • *une télécabine*, une télécommande, un télégramme, un téléobjectif.

6 • **-ée :** une pincée, une bouchée, une gorgée, une poignée, une soirée, une matinée, une maisonnée. – • **-ité :** la crédibilité, l'hospitalité, la fragilité, l'instabilité, la vulnérabilité, la nervosité, l'immortalité.

7 • **-aire :** un colocataire, un propriétaire, un publicitaire, un universitaire, un retardataire, un célibataire. – • **-aine :** une quinzaine, une vingtaine, une trentaine, une quarantaine, une cinquantaine, une centaine.

8 … en jup<u>ette</u> sortent en courant du jardin<u>et</u> de leur maisonn<u>ette</u> pour s'enfoncer dans la ru<u>elle</u> en riant, car ils ont trouvé des piéc<u>ettes</u> et vont s'acheter une tart<u>elette</u>.

10 **1.** [ɛ]-[ɛ] : une fenêtre ouverte, un bonnet de laine, une adresse courriel.
[e]-[e] : une télé allumée, des souliers usés, un fichier endommagé.
2. [e]-[ɛ] : des papiers en règle, un cuisinier en goguette, un clavier anglais.
[ɛ]-[e] : un parquet ciré, un vêtement démodé, un billet périmé.

11 **1.** O<u>n h</u>ésite <u>à</u> vou<u>s h</u>éberger. – **2.** Dans cet <u>h</u>ebdomadaire, vous saurez tout sur les # hérons et les # hérissons. – **3.** Il <u>est</u> rentré dans son pays en # héros. – **4.** Leur <u>h</u>élicoptèr<u>e a</u> perdu so<u>n h</u>élice en survolant la # Hongrie. – **5.** Près de la # haie, il y a un parterre avec de<u>s h</u>erbe<u>s a</u>romatiques.

12 Un bijoutier baisse son volet en fer. Les caissiers de la BNP encaissent les derniers chèques de la journée. Une librair<u>e e</u>mpaquette des best-sellers. Un grand-pèr<u>e e</u>ssoufflé, très chargé de paquets bien ficelés, s'arrête et s'appuie su<u>r un</u> réverbère. Des gens emmitouflés se pressent dans le RER. Un père Noël harassé cour<u>t à</u> la crèche chercher son dernier-né. / Quelque<u>s é</u>trangers désorientés errent sans savoir quoi faire.
Il <u>est</u> sept <u>h</u>eures, il neige, c'est la veille de la fête de Noël.

13 **1.** Ils passèrent par derrière, cassèrent une vitre et *pénétrèrent dans la pièce.* – **2.** Elles s'arrêtèrent sous le réverbère, craquèrent une allumette et *allumèrent une cigarette.* – **3.** Elles relevèrent la tête, se dévisagèrent et *se replongèrent dans leur lecture.* – **4.** Ils ajustèrent leur visière, tournèrent la clef et *démarrèrent en soulevant la poussière.*

CORRIGÉS

19 Voici un célèbre portrait de Baudelaire peint par Gustave Courbet en 1848. Vous le savez Baudelaire est un des poètes français les plus célèbres. Il est né à Paris en 1821. Sa mère avait vingt-sept ans quand il est né et son père – qui était sexagénaire – est mort quelques années après et sa mère s'est remariée avec un militaire que Baudelaire détestait. Après ses études secondaires – il était pensionnaire dans un collège lyonnais – sa mère et son beau-père voulaient qu'il devienne ambassadeur, mais Baudelaire ne le souhaite pas ; il préfère mener une vie de bohème et devenir poète. Ce portrait de Courbet est, comme vous le voyez, un portrait de Baudelaire, homme de lettres, la plume à la main.

23 1. pleine – 2. vaine – 3. saine – 4. freine – 5. sereine – 6. claires.

24 • la scolarité : la réussite et l'échec scolaire – • le collège et les collégiens – • le lycée et les lycéens – • les têtes de classe – • l'université et les étudiants – • la vie estudiantine.

25 1. faites / fête – 2. vert / vers / verre – 3. chêne / chaînes – 4. Qu'est-ce / caisse / pelles / pèle(-mêle) – 5. mère / maire / mer – 6. serre / serres / cerf – 7. terre / taire.

26 **Dictée :** 1. Malgré un été sec, les réserves d'eau ne se sont pas épuisées. – 2. Malgré le succès de sa pièce, le metteur en scène s'est décidé à ne pas partir en tournée. – 3. Malgré une sévère défaite aux élections régionales et une poussée de l'opposition, la majorité s'est déclarée satisfaite. – 4. Malgré les efforts et la bonne volonté des maîtres, un collégien sur cinq sait à peine lire et compter. – 5. Malgré l'arrestation d'un suspect, les investigations policières ne se sont pas arrêtées.

27 **Écriture créative : exemples**
Phrases : • Robert, éméché et énervé, est entré sans payer au ciné du quartier. – • Pierre, très en colère, jette à terre la belle théière verte de sa belle-mère Adèle qui l'exaspère. – • Le bébé d'Irénée est né cet été dans un pré, près d'un gué dans une vallée des Pyrénées, et l'abbé Hervé l'a baptisé.
Texte : Mon grand-père vit dans le Cher, mais ma grand-mère, vit en Lozère.
Ma mère habite dans l'Isère, mais mon père vit dans le Finistère.
Moi, je vis et je travaille à Hyères, mais je vais chaque année chez ma mère, en plein hiver, dans l'Isère et en été je vais chez mon père, près de la mer, dans le Finistère.

II/2 Les voyelles [ø] [œ] [ə] *(p. 51-57)*

1 **Syllabe finale ouverte :**
• « eu » → [ø] : *un lieu,* un feu, heureux. –
• « œu » → [ø] : *des œufs,* des bœufs, un vœu.
Syllabe finale fermée :
• « eu » → [ø] + C : *une coiffeuse,* heureuse, curieuse. → [œ] + C : *un coiffeur,* un meuble, une veuve. – • « œu » → [œ] + C : *un œuf,* une œuvre, une sœur. – • « euil » → [œ] + C : *un deuil,* une feuille, un seuil. – • « cueil », « gueil » → [œ] + C : *l'accueil,* l'orgueil, cueillir. – • « œil » → [œ] + C : *un œil.*

5 1. nuageux – 2. orageux – 3. venteux – 4. pluvieux – 5. lumineux – 6. boueux – 7. paresseux – 8. vaniteux – 9. orgueilleux – 10. mystérieux – 11. silencieux – 12. nerveux.

6 1. des jeux dangereux, un lieu mystérieux, un milieu joyeux. – 2. une rumeur de meurtre, une heure de bonheur, un seul acteur. – 3. un peu de beurre, des yeux rieurs, un monsieur moqueur, un camaïeu de couleurs. – 4. des hors-d'œuvre copieux, une erreur malheureuse.

8 *Pupitre 2.* Ils sont amoureux tous les deux. Ils n'ont d'yeux que pour Fleur, assise devant eux. – *Pupitre 3.* Deux sœurs jumelles aux yeux bleus feuillettent une revue. – *Pupitre 4.* Le premier en maths compte et recompte ses stylos-feutre. Sa voisine lui pique son agrafeuse. – *Pupitre 5.* Pendant que l'un des deux regarde l'heure, l'autre lui parle d'un nouveau jeu sur son ordinateur. – *Pupitre 6.* Elle est seule. Elle corrige les erreurs signalées par le professeur et recopie. – *Pupitres 7, 8 et 9.* Quelques élèves sérieux écoutent leur jeune professeur qui leur parle d'un chef-d'œuvre inconnu d'eux.

16 **Dictée :** 1. L'éditeur corrige les épreuves des œuvres qu'il publie. – 2. Sont-ils nombreux dans ce secteur à faire un travail ennuyeux et dangereux ? – 3. Seuls ceux qui seront chanceux peuvent participer à ce fameux jeu. – 4. La main-d'œuvre est à pied d'œuvre pour réaliser notre chef-d'œuvre. – 5. Soyons respectueux de la terre de nos aïeux. – 6. La famille en deuil, sur le seuil de sa maison, accueillait ses amis.

17 **Écriture créative : exemples**
Texte : Tout près d'un lieu rocheux, venteux et nuageux,
Un monsieur très sérieux prépare un pot-au-feu.
Par là, se meut un gueux hideux et loqueteux

CORRIGÉS

Qui zieute* le pot-au-feu de ce monsieur sérieux.
Ce monsieur généreux, lui donne son pot-au-feu.
« Ventrebleu ! » dit le gueux « Vous êtes un cordon-bleu ! »
Puis il lui dit « Adieu ! » et part vers Saint-Brieuc.
* Français familier : zieuter = regarder, observer. MLC

II/2 Les voyelles [o] [ɔ] (p. 58-65)

1 Syllabe finale ouverte : • « o » → [o] : *le repos,* une radio, le cacao, un mot. – • « ô » → [o] : *un impôt,* un dépôt. – • « au / eau » → [o] : *des travaux,* la peau, un faux, un oiseau. / **Syllabe finale fermée** : • « o » → [o] + C : *une chose,* une scoliose, une dose, la chicorée. – « o » → [ɔ] + C : *un choc,* un corps, un pilote, une époque. – • « ô » → [o] + C : *un diplôme,* un fantôme. – • « au / eau » → [o] + C : *une pause,* la gauche, une clause, une épaule. – • « um » → [ɔ] + C : *le maximum,* un album.

2 • [o] : une paume, le khôl, saute, les saules, le vôtre, rauque, l'atome, Maud.
• [ɔ] : une pomme, un col, une sotte, un sol, votre, un roc, la tomme, la mode.

3 1. une décoration vieillotte – une enfant pâlotte – une dispute idiote – une tenue rigolote. – 2. Ils tricotent. – Ils bachotent. – Il flotte. – Il sanglote.

4 1. Votre adresse est *fausse.* – 2. La saison sera *chaude.* – 3. Les femmes sont *saines* et *sauves.* – 4. Cette grosse femme *rougeaude, lourdaude* et *pataude,* me semble bien *penaude.*

5 1. un bateau, un chameau, un tonneau, un château, un museau, un cerveau – 2. un morceau, un niveau, une peau, un ruisseau, un sceau, des ciseaux.

6 1. la géologie et les géologues.
2. la graphologie et les graphologues.
3. l'anthropologie et les anthropologues.
4. la spéléologie et les spéléologues.
5. l'astrologie et les astrologues.
6. la neurologie et les neurologues.

7 1. [ɔ]-[ɔ] : un gosse précoce – un homme myope – une époque folle. – 2. [o]-[o] : un bistrot vieillot – un drôle de rôle – un faux numéro. – 3. [ɔ]-[o] : une porte close – une robe mauve – un ténor chauve. – 4. [o]-[ɔ] : une fausse note – une chose idiote – une drôle d'époque.

10 1. en *pneumologie,* à l'*hôpital.* – 2. Mes *propriétaires,* les *informations,* un *apéritif.* – 3. de très gros *frigidaires,* les *restaurants.* – 4. cet *éditorial,* les *écologistes.* – 5. La *décoration,* les *aristocrates,* les *prolétaires.*

12 1. Cette sortie d'autoroute est bloquée pour cause de travaux. – 2. Le match est reporté à cause du mauvais temps. – 3. Les vêtements sont soldés à cause des mauvaises ventes. – 4. Le vol est annulé à cause de la grève. – 5. La police a contrôlé les passeports à cause du tapage nocturne.

13 1. Les végétaux produisent-ils *de l'oxygène* ? – 2. Qu'est-ce qui provoque *le hoquet* ? – 3. La consommation d'alcool modifie-t-elle *les comportements* ? – 4. Qu'est-ce qui est à l'origine *de la hausse du pétrole* ? – 5. Quelles sont les causes *de la pollution de l'eau* ? – 6. Les mauvaises notes à l'école sont-elles la cause *de la démotivation des écoliers* ?

14 1. Encore un zéro ! *Catastrophe ! J'ai encore tout faux !* – 2. Encore des mégots et du Porto ! *Tu fumes trop et tu bois trop !* – 3. Encore sur les réseaux sociaux ! *Mais tu y passes beaucoup trop de temps !* – 4. Encore du boulot ! *Je suis au bout du rouleau* !* – 5. Encore un problème ? *C'est pas possible, autant de problèmes en aussi peu de temps !*
* Être au bout du rouleau = ne plus avoir d'énergie, de ressort.

15 1. **Aude !** Stop ! Arrête ! Cesse de sauter ! – 2. **Médor !** Dehors ! Sors avec ton os ! – 3. **Rose,** ne te moque pas, il ne faut pas te moquer d'Hector. – 4. **Norbert !** Il faut que tu bosses ! Que tu sois autonome ! Cherche du boulot ! – 5. **Laure,** il faut que tu sortes, que tu fasses quelque chose ! – 6. **Léo,** il est trop tôt, dors. Il faut te rendormir.

18 Comme vous le savez probablement, un sceau, apposé sur un écrit, authentifie cet écrit : il en garantit l'origine. Sous la monarchie, le Sceau royal était apposé sur les documents officiels du royaume et un officier de la Couronne était chargé des sceaux royaux ; il était « garde des Sceaux ». C'est désormais, en France, l'autre nom donné au ministre de la Justice.

21 1. pot / peaux – 2. tôt / taux – 3. mots / maux – 4. pause / pose – 5. canaux / canots – 6. port / porcs – 7. corps / cors – 8. eau / haut.

22 **Dictée : Carte postale 1** – Nous sommes dans le Bordelais à 20 kilomètres de Bordeaux. On loge dans une maison d'hôtes. C'est économique, mais ce n'est pas gastronomique. Il fait beau, on se repose. On vous embrasse.
Carte postale 2 – On cabote au large des côtes normandes. On est un peu les uns sur les autres

sur le bateau, mais l'ambiance est très bonne malgré le temps correct, mais pas très chaud. Je prends plein de photos de blockhaus pour mon reportage. Je t'appelle dès que je rentre. Bisous.
Carte postale 3 – Un petit mot de Corse. On fait de la moto ; on se dore au soleil, on dort. On est contents de notre sort. On n'est pas pressés de retrouver le boulot et la métropole, mais on pense à vous. On aura des produits régionaux plein notre sac à dos ! À bientôt !

23 **Écriture créative : exemples**
Phrases : • Ce sera la faute de cette sotte s'il saute dans la Saône. • Cet homme chauve en mauve, qui se sauve, a-t-il peur de mes fauves ? • Le beau bateau jaune qui porte le numéro zéro, sort du port et sa coque folle vogue sur les flots. • J'achète mes gommes à Côme, mon rhum à Rome et ma sauge dans les Vosges.
Texte : Si tu vas à Rome, va voir le forum.
De l'île de Minorque va donc à Majorque.
De San Salvador rapporte-nous de l'or.
Dans le grand New York compte bien tous les blocs.
Observe les phoques près de San Francisco.
Puis pars en bateau pour Valparaiso.
Pour voir Mexico, il faudra monter haut.
Au cœur du Congo, mets bien ton chapeau.
Enfin, à Tokyo, apprends l'art du nô.
Va au Labrador, fais le tour du globe.
Mais ne perd pas le nord !

II/2 Les voyelles /E/ – /Œ/ – /O/ (p. 66-74)

1 /E/ → la Seine, l'Isère, l'Ardèche, le Cher. – /Œ/ → l'Eure, la Meurthe, la Meuse. – /O/ → l'Hérault, la Garonne, la Drôme, l'Escaut, le Lot, la Somme, la Saône.

2 **A. 1.** eux – **2.** B – **3.** dos – **4.** C – **5.** veux – **6.** l'eau – **7.** de – **8.** mes – **9.** tôt – **10.** se.
B. 1. peur – **2.** sort – **3.** sel – **4.** heure – **5.** flore.

3 **1.** Je dis non. – **2.** J'ai fait ça souvent. – **3.** Il s'est joint à nous. – **4.** Ça se produit souvent. – **5.** Tu t'es trahi(e).

6 • un éditeur → N. : un éditorial ; Adj. : éditorial(e). – • un intérieur → N. : l'intériorité ; V. : intérioriser ; Adj. : intérieurement. – • un moteur → N. : la motricité ; V. : motoriser ; Adj. : motorisé(e). – • une faveur → V. : favoriser, défavoriser ; Adj. : favorisé(e), favori(e). – • une odeur → N. : l'odorat ; Adj. : odorant. – • des pleurs → V. : pleurer, déplorer ; Adj. : éploré(e). – • des fleurs, un fleuriste → N. : la floraison ; V. : fleurir, refleurir ; Adj. : floral(e). –
• un peuple, une peuplade → N. : une population, le peuplement ; V. : peupler, repeupler ; Adj. : peuplé(e), repeuplé(e). –
• un meuble, un meublé → N. : le mobilier, l'immobilier ; V. : meubler ; Adj. : meublé(e). –
• le cœur → N. : un écœurement, la cordialité ; Adj. : écœuré(e), cordial(e).

7 **A. 1.** démonter et remonter – **2.** déconstruire et reconstruire – **3.** destructurer et restructurer – **4.** déboucher et reboucher.
B. 5. désorganiser et réorganiser – **6.** se déshabituer et se réhabituer – **7.** désarmer et réarmer – **8.** se désabonner et se réabonner.

12 • nez à nez, dos à dos, pied à pied, corps à corps, œil pour œil, côte à côte. – • des pieds à la tête, un tête à queue, un pied de nez, la main sur le cœur, le bouche à oreille.

14 ...*des objets variés :* un fauteuil Voltaire et un curieux lampadaire, / un vieux pot à eau ébréché, / des photos jaunies, / un tableau représentant un bouquet de fleurs séchées, / un meuble de chevet auquel il manquait un pied, / un médaillon contenant une mèche de cheveux, des œufs de Pâques décorés mais décolorés, deux chapeaux neufs en feutre, et une canne au pommeau sculpté.

15 **1.** – Avez-vous peur avant d'entrer en scène ? – Quel est votre metteur en scène préféré ? – Êtes-vous un comédien heureux ?
2. – Quels sont vos auteurs préférés ? – Quelles œuvres conseillez-vous aux jeunes lecteurs ? – Quel est votre coup de cœur de l'année ? – Êtes-vous un libraire heureux ?

20 Notre décollage est imminent. La durée du vol est d'une heure trente. Il fait beau à Brest et la température extérieure est de 12 degrés. Nous vous rappelons que, pour des raisons de sécurité, il est interdit de fumer dans les toilettes. Les téléphones portables doivent maintenant être éteints et ce, jusqu'à l'arrêt complet de l'appareil. Veuillez attacher vos ceintures et relever le dossier de votre siège. Une notice placée dans la pochette devant votre siège décrit les consignes de sécurité. Veuillez la lire attentivement.
Vous pourrez vous déplacer librement dès l'extinction du signal lumineux.

22 **Dictée :** *Règlement européen concernant les bagages à main dans tous les aéroports de l'Union Européenne.*
Il n'est permis de transporter des liquides que dans des flacons dont le volume n'excède pas 100 ml. Ces flacons ne peuvent être transportés que dans un sac en plastique

transparent et chaque passager ne peut transporter qu'un seul sac, dont la contenance ne peut dépasser un litre. Les sacs doivent être refermables.
Ce règlement s'applique aux liquides comme l'eau et autres boissons et s'étend également au contenu des aérosols ainsi qu'aux articles de toilette tels que le dentifrice, la crème à raser, les gels, les lotions, les crèmes, le rouge à lèvres liquide.

23 **Écriture créative : exemple**
Texte : C'est l'heure de déjeuner :
Un vieux monsieur sérieux prépare un pot-au-feu,
Un jeune randonneur croque dans un chou-fleur,
Ma sœur, qui est cuisinière, fait rissoler des pommes de terre,
Deux gros messieurs rougeauds dévorent un rôti de veau,
Une jeune fille filiforme grignote une biscotte,
Un gourmet guilleret mijote un bœuf en daube,
Un pêcheur dépité guette son déjeuner.
Chacun déjeune comme il veut.
Chacun déjeune comme il peut.   *MLC*

II/3 Les voyelles nasales [ɛ̃] [ɑ̃] [ɔ̃] *(p. 75-88)*

Voyelle orale / voyelle nasale

1 1. concorde → [ɔ̃] : 1re syllabe – 2. cocon → [ɔ̃] : 2e syllabe – 3. attente → [ɑ̃] : 2e syllabe – 4. fanfare → [ɑ̃] : 1re syllabe – 5. pincer → [ɛ̃] : 1re syllabe – 6. pépin → [ɛ̃] : 2e syllabe.

5 • [ɛ̃]-/E/ : le plein → la plénitude ; un citoyen → la citoyenneté. – • [ɛ̃]-[i] : un voisin → le voisinage - voisiner ; un magasin → un magasinier - emmagasiner ; un examen → un examinateur - examiner. – • [œ̃]-[y] : un parfum → une parfumerie - parfumer ; les humbles → l'humilité - humilier ; un tribun → une tribune, un tribunal. – • [ɛ̃]-[a] : un pain → un panier, de la panure - paner ; un gain → un gagnant - gagner ; les humains → l'humanité, l'humanisation - humaniser. – • [wɛ̃]-[wa] : un témoin → un témoignage - témoigner ; un poing → une poignée - empoigner ; le lointain → l'éloignement - éloigner.

6 • « in » → [ɛ̃] : *incompétent, inconcevable, incompréhensible, imbuvable, impatient.*
• « in » → [i-n] : *inattendu, inaccompli, inopportun, inenvisageable, inattentif.*

Opposition [ɛ̃] / [ɑ̃] / [ɔ̃]

1 1. lin, long, lent : 1-3-2 – 2. cent, sain, son : 2-1-3 – 3. ment, mon, main : 2-3-1 – 4. rein, rang, rond : 1-2-3. – 5. fend, fond, faim : 2-3-1 – 6. teinte, tante, tonte : 1-2-3 – 7. menthe, monte, mainte : 2-3-1 – 8. linge, longe, lange : 1-3-2 – 9. Reims, rance, ronce : 1-2-3 – 10. fente, feinte, fonte : 2-1-3.

2 1. Languedoc : Languedocien → [ɛ̃] – 2. Poitou : Poitevin → [ɛ̃] – 3. Berry : Berrichon → [ɔ̃] – 4. Anjou : Angevin → [ɛ̃] – 5. Normandie : Normand → [ɑ̃] – 6. Alsace : Alsacien → [ɛ̃] – 7. Bourgogne : Bourguignon → [ɔ̃] – 8. Gascogne : Gascon → [ɔ̃] – 9. Vendée : Vendéen → [ɛ̃].

4 • [sjɔ̃] : une réunification, une discussion, une planification, une administration, une contestation, une manifestation.
• [ɑ̃ːs] : la divergence, l'exigence, la prévoyance, la tolérance, la persévérance, la défense.
• [mɑ̃] : un apaisement, un renouvellement, un rapprochement, un regroupement, un parlement, un renseignement.

9 1. C'est une bonne musicienne catalane, un peu mondaine. – 2. C'est une grande espionne américaine, un peu maigrichonne.

10 *Chambre 100.* Quelqu'un sanglote. / *Chambre 101.* On entend quelqu'un ronfler. / *Chambre 105.* Le téléphone sonne longuement. / *Chambre 111.* Un enfant appelle : « Maman ! Maman ! ». / *Chambre 115.* Un étranger est en train de prendre un bain moussant. / *Chambre 120.* La femme de chambre chantonne en lavant la salle de bains. / *Chambre 121.* Par la porte entrouverte, dans la pénombre, on entrevoit une ombre. / *Chambre 125.* Quelqu'un éteint la télévision en appuyant sur la télécommande. / *Chambre 131.* … Silence. On dort.

12 1. Que peut-on attendre de cette réunion ? – 2. Qu'en pense-t-on à la direction ? – 3. Qu'en tire-t-on comme conséquence ? – 4. Que préconise-t-on comme solution ? – 5. Comment répond-on à leurs attentes ? – 6. Comment va-t-on présenter notre argumentation ?

16 1. Tu es d'une insolence ! *C'est incroyable ! C'est inimaginable !* – 2. Il est d'une intelligence cet étudiant ! *D'une intelligence rare !* – 3. Elle est d'une naïveté ! *À ce point, c'est étonnant !* – 4. Cette inauguration est d'un ennui ! *On s'emmerde*. Si on s'en allait… discrètement… ?*
* Très familier : s'emmerder = s'ennuyer.

18 1. B : – Maintenant ? / B : – Ah, non ! Pas maintenant, ça ne m'arrange pas !

CORRIGÉS

2. B : – Sincèrement ? / B : – Bon, admettons que je me trompe.
3. B : – Régulièrement ? / B : – Oh, là, là !… Fais attention… n'en prends pas régulièrement.
4. B : – Simple ? Vraiment ? / B : – Bon, dans ce cas… je le prends.

25 1. vingt, vin – 2. peint, pin – 3. Cent, sang, sans – 4. prés**ident**, prés**ident** – 5. tant, temps, t'**attends** – 6. sons, son, sont – 7. ton, thon.

26 **Dictée :** Un sondage paru le 20 septembre, dans le quotidien *Le Monde,* indique qu'environ 70 % des Français considèrent que la répartition des impôts en France est injuste. L'enquête révèle également qu'il y a presque autant de sympathisants de droite que de sympathisants de gauche (72 % contre 79 %) qui défendent le principe du maintien de l'impôt sur la fortune.

27 **Écriture créative : exemples**
Phrases : • Bastien revient d'Amiens et Étienne de Vienne. Alain revient d'Agen et Hélène de Rennes. – • Le chagrin de Martin déteint sur Valentin et chagrine Martine. – • Ce bambin a besoin d'un bon bain, ce marin d'un bon vent et ce coquin d'une bonne leçon.
Texte : Pourquoi donc tant de thym dans ce gratin de thon ?
Pourquoi donc est-ce long de tisser tout ce lin ?
Pourquoi donc tout ce sang ? Tout ce sang sur son sein ?
MLC

III/1 Le [ə] instable (p. 90-97)

1 Allô… Ah, c'est toi ?… Non, non, tu n~~e~~ me déranges pas… Non, non, j~~e~~ t'assure… J~~e~~ te dis qu~~e~~ non !… Oui, je pars demain… Non, pas sam~~e~~di, demain… Quand j~~e~~ reviens ? Oh, ça, je n~~e~~ sais pas !… Cette semaine ou la semaine prochaine, je n~~e~~ sais pas… Non, vraiment, je n~~e~~ peux pas te l~~e~~ dire maint~~e~~nant, je n~~e~~ le sais pas moi-même… Oui, j~~e~~ te l~~e~~ dirai, promis… Ce s~~e~~ra peut-être possible, j~~e~~ vais voir… Mais oui, j~~e~~ te téléphon~~e~~rai… Oui, dès qu~~e~~ j'arriv~~e~~rai… Tu viendras m~~e~~ chercher ? Bon d'accord… Mais si, j~~e~~ veux bien… J~~e~~ te dis qu~~e~~ je n~~e~~ sais pas encore. Écoute, on s~~e~~ rappelle… C'est ça… Oui, oui, j~~e~~ t'embrasse… Au r~~e~~voir !

2 Le journaliste 2 parle un français méridional. Il prononce plus de « e » que le journaliste 1.
Journaliste 2 : Le film « Marius et Jeannette », tourné en 1997 par Roger Guédiguian, raconte les amours de Marius et Jeannette qui vivent dans les quartiers Nord(e) de Marseille. Marius vit seul dans une cimenterie désaffectée qui domine le quartier. Il est le gardien de cette usine en démolition. Jeannette, elle, élève seule ses deux enfants, avec un petit salaire de caissière. Leur rencontre ne sera pas simple car ils sont blessés par la vie… Comme le dit le réalisateur(e), c'est « Une histoire d'amour chez les pauvres… »

3 • « e » non prononcé : un équip~~e~~ment, un accouch~~e~~ment, prochain~~e~~ment, rar~~e~~ment, subit~~e~~ment. – • « e » prononcé : un tremblement, un appartement, exactement, injustement, autrement. – *Règle :* le « e » n'est pas prononcé, s'il est précédé d'**une** consonne.
Le « e » est prononcé, s'il est précédé de **deux ou trois** consonnes.

4 1. Je te l~~e~~ promets. – 2. J~~e~~ te l~~e~~ donne. – 3. Je t~~e~~ le conseille. – 4. J~~e~~ te l~~e~~ prête.

5 • Chute du « e » : la grossièr~~e~~té, la lâch~~e~~té, la malhonnêt~~e~~té, la méchanc~~e~~té, la naïv~~e~~té.
• Maintien obligatoire du « e » après deux consonnes : la fermeté, la pauvreté, la propreté.

6 Il travaille… lorsque c'est inévitable. – parc~~e~~ que son travail lui plaît. – pour que son projet avance. – pendant qu~~e~~ les autres dorment. – depuis qu~~e~~ son père est mort.

12 1. B : T'inquiète pas, *je sais très bien ce que je vais lui dire !* – 2. B : Oui, oui, *je sais très bien ce que je vais lui demander !* – 3. B : Ah ! *Je ne me suis pas posé la question !* – 4. B : Ah ! Je ne sais pas… *Il se peut que ça se passe bien, il se peut que ça se passe mal.*

14 • Notre recette du jour : le pamplemousse aux crevettes On n~~e~~ peut pas faire plus simple ! Pour deux personnes, voici ce qu'il vous faudra :
– un pamplemousse, / – 100 grammes de crevettes, / – un demi-citron, / – de la mayonnaise. / – une pointe de concentré de tomates.
• Coupez le pamplemousse en deux et videz-le délicat~~e~~ment sans l'abîmer. / • Récupérez la chair en prenant soin de bien enl~~e~~ver les peaux de séparation. / • Pressez le citron. / • Puis mélangez délicat~~e~~ment les crevettes décortiquées avec le pamplemousse, le jus d~~e~~ citron et la mayonnaise. / • Gardez-en quelques-unes pour la présentation. / • Ensuite, garnissez les demi-pamplemousses avec le mélange. / • Sur le dessus, ajoutez quelques crevettes et une pointe de concentré de tomates. / • Mettez au frigo et servez bien frais. / • Vous verrez, c'est délicieux !

17 **Écriture créative : exemples**
Phrases : • Ne me dis rien, ne me donne pas de conseils, je ferai ce que je veux. – • Je ne sais pas

ce que je ferai lorsque je me retrouverai seule dans ce lieu reculé. – • Ne me regarde pas, ne te retourne pas, ne me dis pas Adieu, « Au revoir » suffira.
Texte : Vivement le jour, que l'on se lève !
Vivement le printemps que ça reverdisse !
Vivement l'été, qu'on se retrouve !
Vivement ce soir !
Vivement samedi !
Vivement demain !

MLC

III/2 Les liaisons et les enchaînements

(p. 98-108)

1 [b] → La Colombe et la Fourmi – [t] → La Tête et la Queue du serpent – [k] → Le Coq et le Renard – [f] → Le Cerf et la Vigne – [s] → Le Meunier, son Fils et l'Âne – [ʃ] → La Mouche et la Fourmi – [ʒ] → Le Singe et le Chat – [m] → Les Femmes et le Secret – [n] → Le Chêne et le Roseau – [ɲ] → Le Cygne et le Cuisinier – [j] → Le Soleil et les Grenouilles.

2 [t] → 3. Cet_objet appartient-il à ton grand_ami du second_étage ? – [n] → 1. Mon_ancien_étudiant est devenu un_assez bon_avocat. – [z] → 5. Dans_un moment, nous_entrerons chez_elle, sans_un bruit. – [ʀ] → 2. Un léger_incident est survenu au dernier_instant. – [p] → 6. Certaines personnes ont beaucoup_attendu, mais moi, je n'ai pas trop_attendu. – [g] → 4. Cette année, nous avons eu un long_hiver.

3 1. – Elle est arrivée à temps ? – Oui, elle est_arrivée juste_à temps. / 2. – Mes cousins ont apporté un cadeau. – Qu'est-ce qu'ils_ont apporté ? / 3. – Vous_avez beaucoup appris ? – Pas beaucoup appris, non. / 4. – Il est souvent_absent, je trouve. – Souvent absent ? / 5. – Nous sommes_arrivés hier. – Et nous, nous sommes_arrivés avant-hier. / 6. – Il est encore là ? – Oui, il est_encore là !

4 [p] 4. la grippe aviaire – [b] 7. une robe en lin – [f] 10. un veuf actif – [v] 11. un rêve horrible – [m] 6. une somme énorme – [ʀ] 14. un verre à eau – Consonne + [ʀ] : 9. un titre important – [t] 1. un tête à tête – [d] 3. un monde en guerre – [s] *une fausse adresse* – [z] 2. une chose à faire – [n] 8. une bonne amie – [l] 16. un bel avenir – Consonne + [l] : 12. un terrible orage – [k] *un sac à dos* – [g] 18. une longue avenue – [ʃ] 15. le bouche à oreille – [ʒ] 5. l'âge adulte – [ɲ] 17. un pagne africain – [j] 13. un vieil immeuble – [ks] 19. une taxe élevée

6 1. La victime_a été entendue. → [m]
2. La police_a arrêté quatre hommes. → [s] / [tʀ]
3. Un seul homme_a été inculpé. → [l] / [m]
4. Cet homme était inconnu des… → [t] / [m]
5. L'enquête_a été rapidement menée. → [t]
6. Les témoignages_à décharge ont… → [ʒ] / [ʒ]
7. Le procureur_a requis une peine… → [ʀ]
8. La cour_a jugé l'inculpé innocent. → [ʀ]
9. Le juge_a lu le verdict. → [ʒ]
10. La justice_a tranché. → [s]
11. L'audience_a été levée. → [s]
12. L'affaire est classée. → [ʀ].

7 1. C'est_un nez clair. – C'est_un_éclair. –
2. C'est_un grand tamis. – C'est_un grand_ami. –
3. C'est_un nain connu. – C'est_un_inconnu. –
4. C'est_à ranger – C'est_arrangé. –
5. Je suis_en nage. – Je suis_en_âge. –
6. Il est tailleur. – Il est_ailleurs. – 7. C'est tassé. – C'est_assez.

8 1. D'un commun_accord, les gouvernements ont lancé un grand_emprunt qu'ils rembourseront quand_ils le pourront. – 2. Nous recherchons un très bon_hôtel, deux_étoiles au minimum, pas trop_éloigné de la gare. – 3. On déjeunera en plein_air, dans_un restaurant tranquille, sous_une tonnelle bien_ombragée. – 4. « Quand on n'a que l'amour » est_une chanson très_émouvante dont_on se souvient.

10 1. Jean # a cherché un appartement # à acheter ou une maison # à louer. – 2. Le frein # a lâché et le camion # a dévalé la pente. L'accident # a fait deux blessés. – 3. Lyon # est à quelle distance de Paris ? – 4. Quelqu'un # a frappé à la porte. – 5. Pourquoi a-t-on # interrompu cette conversation # intéressante ? – 6. J'ai commandé du vin # et # un plateau de fromages.

11 **Enchaînement :** 2. un fort accent –
4. un seul événement – 9. un agréable endroit –
11. un vieil appartement –
13. un magnifique avion.
Liaison obligatoire : 1. un bon_accent –
6. un grand_événement – 7. un curieux_endroit –
12. un grand_appartement –
15. le dernier_avion.
Liaison interdite : 3. un accent # étranger – 5. un événement # étrange – 8. un endroit # insolite – 10. un appartement # inhabité – 14. un avion # allemand.

12 1. Nous sommes_entrés. / Nous sommes_entrés. – 2. Vous êtes_inquiet. / Vous êtes_inquiet. – 3. Ils vivent_ensemble. / Ils vivent_ensemble. – 4. Ces objets ne

CORRIGÉS

servent à rien. / Ces objets ne servent à rien. –
5. Ils travaillent en équipe. /
Ils travaillent en équipe. – **6.** Elles vous
disent au revoir ! / Elles vous disent au revoir !

15 **A.** … afin de fournir aux étudiants
des espaces de travail, une dizaine d'heures
par jour, et pour se conformer au
standard européen. Nous pouvons nous en
réjouir, mais pour autant il ne faut pas oublier
qu'il reste encore beaucoup à faire pour que
toutes les bibliothèques universitaires soient
plus accessibles la nuit, le week-end et pendant
les vacances. L'objectif à atteindre se
veut ambitieux mais il en vaut la peine.
B. … afin de fournir aux étudiants des espaces
de travail, une dizaine d'heures par jour, et de se
conformer au standard européen. Nous pouvons
nous en réjouir, mais pour autant il ne faut pas
oublier qu'il reste encore beaucoup à faire
pour que toutes les bibliothèques universitaires
soient plus accessibles la nuit, le week-end et
pendant les vacances. L'objectif à atteindre se
veut ambitieux mais il en vaut la peine.
• Le locuteur **A** marque sept liaisons de plus :
bibliothèques universitaires (2 fois),
se conformer au, il ne faut pas oublier,
beaucoup à faire, l'objectif se veut ambitieux.

16 Orpheline à sept ans, elle a d'abord mené
une vie misérable. Placée comme employée
dans un couvent de Senlis, elle devient très
pieuse et bientôt se sent habitée par une
force intérieure qui lui demande de peindre.
Elle se rend chez un marchand de couleurs,
achète des tubes de peinture et des pinceaux,
et elle se met à peindre. Elle s'enferme dans sa
chambre, une petite pièce à une fenêtre qu'elle
loue au premier étage d'une maison, près de la
cathédrale de Senlis. Elle est remarquée un jour
par un collectionneur allemand qui achète trois
tableaux, un bouquet de lilas, un cerisier et deux
ceps de vigne, et décide de soutenir sa carrière.
Une exposition à Paris consacre sa renommée.
Elle devient célèbre. Mais Séraphine est de
plus en plus agitée, souffrant d'hallucinations
et de pensées délirantes. Elle est internée
dans un asile en 1932. À partir de cette date,
elle refusera de peindre et basculera dans le
silence. Elle est abandonnée de tous. Celle qu'on
appelait « Séraphine de Senlis » meurt dix ans
plus tard. Il n'y aura personne à son enterrement.

17 Pierre à pierre et pied à pied / Et cœur à
cœur et tête à tête / Les beaux jours sont passés.
Fil à fil et feuille à feuille / Et un à un # et seul à
seul / Les jours sont beaux et ne passent pas.

IV/1 Les consonnes [p] [b] *(p. 110-116)*

1 **B**arbara **P**age – **P**atrice **P**etit – **B**runo
Berger – **B**rigitte **P**aturel – **P**ierre **B**oulin –
Bernadette **B**agnard.

2 **1.** Je veux un bon bain. – **2.** Il est à Paris
depuis hier. – **3.** Quelle belle brune ! – **4.** Il va voir
un ballet. – **5.** Je prends du poids. – **6.** Je cherche
un magasin de boissons.

9 – Je suis trop en colère pour t'écouter !
– Tu en as trop envie, prends-le !
– Elle est trop instable pour ce travail !
– Ce meuble est trop encombrant !
– J'ai beaucoup à faire !
– Tu as beaucoup à apprendre.
– Il y a beaucoup à dire sur lui !
– Nous avons vraiment beaucoup insisté.
– Ce projet m'a beaucoup intéressé.

21 • **Le « p » final ne se prononce pas :**
un champ, un drap, un loup, trop, un coup,
un galop, un sirop.
• **Le « p » final se prononce :** un clip,
un handicap, un stop, un cep, un check-up,
du ketchup, un top model.

22 **Dictée :** Madame,
Je voudrais faire paraître deux petites annonces
dans votre hebdomadaire pour deux amis
proches.
1. Belle blonde, yeux bleus, bilingue, passionnée,
sportive cherche beau brun pour partager
bonheur. **2.** Postier cherche boulangère pour
partager petits pains et petits billets doux.
J'accompagne cet envoi d'un chèque
correspondant au prix de cette insertion.
Avec mes remerciements, veuillez agréer,
Madame, mes respectueuses salutations.

23 **Écriture créative : exemples**
Phrases : • Mieux vaut la pomme sans la peau
que la peau sans la pomme. – • Quand les papas
papous pouponnent, les mamans papous
bougonnent. – • Un bébé qui babille est un
bébé heureux.
Texte : **Histoire de Papous**
– Chez les Papous, y'a des Papous à poux et
des Papous pas à poux.
– Mais chez les Papous, y'a des Papous papas
et des Papous pas papas.
– Donc, chez les Papous, y'a des Papous papas
à poux, des Papous papas pas à poux,
des Papous pas papas à poux et des Papous
pas papas pas à poux.

– Mais chez les poux, y'a des poux papas et des poux pas papas…
– Donc chez les Papous, y'a des Papous papas à poux papas, des Papous papas à poux pas papas, des Papous pas papas à poux papas et des Papous pas papas à poux pas papas.

(*Gaston*, tome 8, Franquin, éditions Dupuis, 1977.)

IV/1 Les consonnes [b] [v] (p. 117-123)

1 **A.** Voilà ! – Vas vite ! – Berce-le !
B. un rabbin – les ballons – les valises.
C. cuves – verve – servent.

4 **1.** un champ non cultivable – **2.** un vêtement non lavable – **3.** un phénomène non observable – **4.** un argument non recevable – **5.** une situation invivable – **6.** un vin imbuvable.

10 *Table 2.* La ta**b**le est réservée. – un bruit de vaisselle brisée. – *Table 7.* Il est question… – *Table 8.* Mon voisin commande une vodka. – *Dehors.* Le feu passe au vert…

11 **1.** Quel but poursuivez-vous ? *Quel est votre objectif ?* – **2.** Comment voyez-vous *votre avenir ?* – **3.** Quel est votre niveau *en comptabilité ?* – **4.** Étiez-vous *un élève brillant ?* – **5.** Quelle est votre attitude *vis-à-vis de vos subordonnés ?* – **6.** Quand une démarche n'aboutit pas, *abandonnez-vous ?* – **7.** Êtes-vous stable ? *persévérant ? responsable ?* – **8.** À votre avis, *cet entretien d'embauche s'est-il bien passé ?*

20 **Écriture créative : exemples**
Phrases : • Vous, le barbare bizarre, votre bouche brille comme un volcan. – • Voulez-vous bien vendre vos bottes bleues à votre beau voisin bourru ? – • Vois là-bas parmi les bambous beiges voleter et babiller la volage volaille.
Texte : Cette semaine, chez « Bric à Brac », vente de vêtements en vrac. Vous trouverez : des blouses, des bas et des mi-bas, des blue-jeans et des bermudas, des bobs, des bérets et des bonnets, des survêtements et des sous-vêtements, des vestes, des vestons, des blazers et des blousons, des bottes, des bottillons, des bottines, des sabots, des babouches, des savates même…

IV/1 Les consonnes [t] [d] (p. 124-132)

1 **1.** tête, dette : ≠ – **2.** doux, doux : = – **3.** aider, été : ≠ – **4.** tort, tort : = – **5.** tard, dard : ≠ – **6.** poutre, poudre : ≠.

2 **1.** Il a un certain don. – **2.** Mets-le dans la soute. – **3.** C'est une amande. – **4.** C'est codé. – **5.** Quelle tortue !

3 **1.** Je viens de téléphoner. – **2.** Je viens danser chez elle. – **3.** Je viens de discuter avec Tom. – **4.** Je viens de travailler. – **5.** Je viens de dîner chez eux.

9 **A.** – un grand‿avenir – un grand‿enfant – un grand‿ensemble – le second‿étage – le Second‿Empire. / – Avec quoi confond-il ? – Comment s'y rend-on ? – Qui attend-elle ? – Comprend-il ma question ? – Vend-il sa voiture ?
B. – Quand‿il partira, dis-le moi. – Quand‿elle pourra, elle te téléphonera. / – Quand est-ce qu'il partira ? – Quand est-ce qu'elle téléphonera ?

11 **Le 6 janvier :** On tire les Rois, c'est-à-dire on mange une galette dans laquelle on a glissé une fève… – **Le 21 juin :** Des amateurs de tout‿âge jouent partout… – **Le 14 juillet :** Le matin… / À la nuit tombée, on admire les feux … – **Le 1ᵉʳ novembre :** Les familles vont au cimetière fleurir les tombes… – **Le 25 décembre :** Les enfants attendent la visite du père Noël qui a des cadeaux plein sa hotte.

12 **1.** T'as pas d'difficultés ? T'as pas d'problèmes ? – **2.** T'as pas d'diplômes ? T'as pas suivi d'stages ? – **3.** T'as pas d'devoirs ? T'as pas d'textes à lire ? – **4.** T'as pas d'copains ? T'as pas d'copines ? – **5.** T'as pas d'voiture ? T'as pas d'permis d'conduire ?

14 • Ne faites pas *de feu en forêt*. – • Il faudra que *vous rapportiez vos déchets ou que vous les enterriez*. – • Ne détruisez pas les cultures, *ne marchez pas sur un terrain cultivé*. – • Ne cueillez pas *les plantes protégées*. – • Évitez d'effrayer *les animaux*. – • Prenez le temps *et respectez le silence de la nature*.

22 **1.** Le bijou**tier** de mon quar**tier** veut m'ini**tier** à son mé**tier**. / « Ayez pi**tié** de mon père » a balbu**tié** le fils du fores**tier**. – **2.** La ges**tion** de la popula**tion** mondiale pose de nombreuses ques**tions**. / Atten**tion** à la banalisa**tion** de la consomma**tion** d'alcool. / Nous leur appor**tions** chaque jour une por**tion** de notre repas. / Nous no**tions** les quelques no**tions** essentielles. – **3.** Êtes-vous ambi**tieux** ? minu**tieux** ? supersti**tieux** ? / Nous avons un

217

entre**tien** avec un Égyp**tien**, un Kowei**tien**, un Lao**tien** et un Haï**tien**. – **4.** Après quelques péripé**ties** à la sor**tie** de la gare, nous avons eu la garan**tie** de pouvoir continuer notre voyage. / Pouvez-vous définir les termes suivants : démocra**tie**, autocra**tie**, gérontocra**tie** ? / La calvi**tie** et la presby**tie** vous guettent, messieurs !

23 **1. On entend les deux consonnes finales :** « **-ict** » : un verdict, strict, un district. • « **-ect** » : correct, indirect, l'intellect. • « **-act** » : *un contact,* le tact, intact, un tract. • « **-inct** » : l'usage varie pour distinct [distɛ̃] ou [distɛ̃kt]. – **2. On n'entend pas les deux consonnes finales :** • « **-ict** » – « **-ect** » : *le respect,* un suspect. • « **-act** » : l'usage varie pour (in)exact [inɛgza] ou [inɛgzakt]. • « **-inct** » : l'instinct.

24 **Dictée :** Monsieur,
Suite à notre conversation téléphonique concernant une publicité pour votre entreprise, j'ai le plaisir de vous adresser deux propositions de maquette pour la promotion de votre nouveau produit. J'ai aussi demandé à notre création d'imaginer trois logos, je les soumets aussi à votre choix. J'attends vos réactions. N'hésitez pas à nous contacter pour tout renseignement complémentaire. Dans l'attente de votre réponse, veuillez agréer, Monsieur, mes salutations distinguées.   Thierry Dutoit

25 **Écriture créative : exemples**
Phrases : • Tu es têtu Théodore, tu es trop têtu. Tu t'entêtes ! • Oui, tu t'entêtes à tort, tu t'entêtes bêtement. Tu as tort de t'entêter.
Texte : T'es-tu
T'es-tu dit,
Têtu
Que tu m'importunes […]. (Jean Demeuses)

IV/1 Les consonnes [k] [g] *(p. 133-140)*

1 **1.** Mai[g]re comme un [k]lou – **2.** Or[g]eilleux comme un paon – **3.** Rouge comme un [k]o[k] – **4.** Frais comme un [g]ardon – **5.** Ré[g]lé comme une horloge – **6.** [g]ras comme un [k]ochon – **7.** [g]ris comme une souris – **8.** Méchant comme la [g]ale – **9.** Rapide comme l'é[k]lair – **10.** [g]ros comme une maison.

2 **1.** C'est un drôle de gars. – **2.** C'est un problème de coût. – **3.** Je vais à Gand. – **4.** Il la cassait. – **5.** Il faut l'aguerrir. – **6.** Ne l'écoute pas !

11 *Compartiment 1.* Une banquière consulte les comptes de son plus gros client / sur son_ordinateur. – *Compartiment 2.* Un_excentrique est couché sur la banquette, son gros sac à dos à côté… – *Compartiment 3.* Cinq jeunes_écoutent un groupe Rock. – *Compartiment 4.* Une grand-mère conte_un conte de Grimm_à une fillette_aux cheveux bouclés. – *Compartiment 5.* Quatre colonels guindés jouent au poker. – *Compartiment 6.* Une femme_élégante cherche quelque chose dans son bagage_en cuir. – *Dans le couloir,* des gamins crient, le contrôleur réclame le silence.

16 **1.** Mais qu'est-ce que c'est que ce mec ? *Il est complètement désaxé et déséquilibré !* – **2.** Qu'est-ce que c'est que ce cirque ? *Qu'est-ce que c'est que cette pagaille ?* – **3.** Mais qu'est-ce que c'est que ce gouvernement ! *Ils sont incompétents ou quoi ?* – **4.** Mais qu'est-ce que c'est que ces ragots ! *Les gens racontent n'importe quoi !* – **5.** Qu'est-ce que c'est que ce gaspillage ! *C'est dingue de claquer du fric comme ça !*

23 **1. On entend le « -c » en finale dans la majorité des mots :** ➞ avec, sec, un choc, un sac, un tic, le mastic.
2. On n'entend pas le « -c » en finale dans les mots suivants : ➞ l'estomac, le caoutchouc, le marc, un porc, un banc, le tabac, un clerc.
3. On entend le « -g » en finale dans les mots suivants : ➞ un gang, un grog, un iceberg, un zigzag, le ping-pong, le mailing.
➞ *suffixe « -ing » :* un bowling, un briefing, un brushing, un camping, un jogging, un meeting, un ring, un string, le zapping, le pressing ;
➞ *suffixe « -ang » :* un boomerang, le slang.
4. On n'entend pas le « -g » en finale les mots suivants : ➞ long, le sang.

24 **1.** un cheval ➞ un cavalier, la cavalerie, la cavale, la cavalcade – **2.** la chair ➞ carnivore, un régime carné, carnassier, la carnation, le carnaval – **3.** un cheveu ➞ capillaire – **4.** un chant ➞ une cantatrice, une cantate, un cantique – **5.** un char ➞ un carrosse, une carrosserie, un carrossier – **6.** charger ➞ une cargaison, un cargo.

25 **Dictée :** Monsieur,
Suite à la réception du catalogue de la nouvelle collection, je vous avais passé commande, sur Internet, le mercredi 5 octobre, d'une housse de couette de couleur grise, d'un bagage en cuir et d'un déguisement de clown. / Quinze jours plus tard, je n'ai toujours reçu aucun colis, ni aucune confirmation de la commande, alors

que j'ai réglé par chèque à la commande. Si vous souhaitez me garder au nombre de vos clients, je vous saurais gré de régler le problème dans les vingt-quatre heures. / Veuillez agréer, Monsieur, mes respectueuses salutations.

Paul Glaçon

26 Écriture créative : exemples
Phrase : Oscar était hagard lorsqu'il entra, encombré de bagages, dans la grande gare de Mâcon.
Texte : J'aime tout autant cancaner à Caen que faire des gammes à Gand ou gambader à Cannes.
J'aime tout autant faire des gammes à Cannes que gambader à Caen ou cancaner à Gand.
J'aime tout autant cancaner à Cannes que faire des gammes à Caen ou gambader à Gand. *MLC*

IV/2 Les consonnes [f] [v] (p. 141-148)

1 1. C'est son fils. – 2. Faites un vœu. – 3. Elle a perdu la voix. – 4. Il vend des faux. – 5. Vous parlez enfin. – 6. Une grève est inévitable. – 7. Tout le monde sauf les chauves. – 8. Il travaille en vain.

9 … – une jeune fi<u>ll</u>e <u>à</u> vélo, dans la voie réservée, avec son violoncelle sur l<u>e</u> dos, / – un <u>i</u>ndividu furieux traverser l<u>e</u> boulevar<u>d en</u> vitupérant, / – un<u>e</u> femme vêtue d<u>e</u> vert s'enfoncer dans la foule, / – un <u>en</u>fant sauter dans les flaques, / – des fumeur<u>s i</u>nvétérés fumer d<u>e</u>hors en frissonnant, / – des verres s<u>e l</u>ever derrière la vitre d'un café, / – et des feuilles voler dans l<u>e</u> vent d<u>e</u> novembre.

10 1. Vous avez vérifié les visas ? – 2. Vous avez fouillé les valises ? – 3. Vous avez surveillé les arrivées ? – 4. Vous avez observé les voyageurs ? – 5. Vous avez délivré des sauf-conduits ? – 6. Vous avez veillé à la validité des vaccins ?

14 Répliques de Martin : – Je *vous ai déjà vue, ici.* / – La dernière fois, *vous attendiez quelqu'un.* / – Qui *est venu ?* / – Et qui *doit revenir ce soir, je suppose ?* / – Ce n'est plus *lui que vous attendez ?* / – Je peux savoir *pourquoi vous êtes ici ?*

20 **phon(o)-** / **-phonie :** l'(appareil) phonatoire, un phonographe… l'orthophonie, l'aphonie, la cacophonie. – **phil(o)-** / **-phil(e) :** la philosophie, la philologie, la philanthropie… être francophile, bibliophile, cinéphile. –

photo- : photographier, photocopier… un photomaton, une photothèque, la photosynthèse… être photogénique. – **-phobe :** une phobie, l'agoraphobie… être francophobe, xénophobe… – **-graphe :** un stylographe, l'orthographe, un biographe, un photographe…

21 [af] : aphasie, aphone, aphorisme, aphrodisiaque, aphte. – [ef] : éphèbe, éphémère, éphéméride. – [ɔf] : ophtalmie, ophtalmo(logiste).

22 **Dictée :** Madame, Monsieur,
Achevant actuellement mon Master en informatique à l'université de Versailles, je suis, dans le cadre de cette formation, à la recherche d'un stage de fin d'études. Je souhaiterais effectuer ce stage dans votre entreprise et bénéficier ainsi de l'expérience d'un des leaders des services informatiques en France.
Sérieux, motivé et efficace, je me chargerai volontiers de toutes les missions que vous voudrez bien me confier. Vous trouverez ci-joint mon CV. Dans l'attente d'une réponse de votre part, Veuillez agréer, Madame, Monsieur, l'expression de ma considération distinguée.
Toufik Valadon

23 Écriture créative : exemples
Phrases : • Un évadé dévalait la vallée de Névache sur un vilain vélo volé, qu'il avait volé à un valet de ferme dans une pauvre ferme aux fins fonds d'une forêt profonde. – • Il file vite sur son fil le vieux funambule vêtu de vert.
Texte : – Mon fidèle Favien.
Favien, mon favori,
servez-moi un festin,
un vrai festin, Favien.
Un fabuleux festin,
de lièvre et de grives,
de figues et d'olives,
de fèves au genièvre,
de goyaves suaves,
avec des vins, Favien.
De savoureux vins fins.
– et vous mon cher Favien,
s'il vous plaît, je vous prie,
soyez donc mon convive. *MLC*

IV/2 Les consonnes [s] [z] (p. 149-158)

1 1. Vous <u>a</u>vez dansé. – 2. Elles s'écrivent. – 3. Nous savons ça. – 4. Ils <u>o</u>ublient. – 5. Ils <u>en</u>trent. – 6. Ils s'informent.

CORRIGÉS

2 **A.** le sel / scellé / un sauna – **B.** un dessert / Asie / six cents – **C.** il vise / il hausse / une Russe.

8 1. une population sous-alimentée – 2. une main-d'œuvre sous-employée – 3. une entreprise sous-équipée – 4. une photo sous-exposée – 5. un magazine sous-informé – 6. des ressources sous utilisées – 7. un risque sous-estimé.

13 *Cellule dix.* Il scie pour la troisième fois les six barreaux de sa cellule. – *Cellule douze.* Il perfectionne sa diction en faisant et refaisant des exercices. – *Cellule seize.* Il dessine des zèbres. Il signe Zanzibar. – *Cellule dix-sept.* Il essaie de percer le mur qui le sépare de la cellule seize. – *Cellule dix-huit.* Assis face à face, ils philosophent sur le sens d'une existence en prison.

15 1. Ce n'est pas un virtuose, mais c'est *un bon musicien*. – 2. Ce n'est pas une femme ensorcelante, mais c'est *une femme séduisante*. – 3. Ce n'est pas totalement déraisonnable, mais ce n'est pas *très raisonnable*. – 4. C'est un cas assez difficile, mais ce n'est pas *un cas désespéré*. – 5. C'est une confidence sincère, mais ce n'est pas *un secret*. – 6. C'est une situation insolite, mais pas *exceptionnelle*.

21 Vous êtes sur « Infofac ». Il est seize heures, et nous sommes le dix mars. / Si vous cherchez un job pour cet été il faut y penser dès maintenant et ne pas laisser passer votre chance. / Consultez dès à présent les annonces sur les sites spécialisés. Envoyez votre candidature sans oublier de vérifier que les dates proposées correspondent à vos disponibilités. / Pensez aussi à solliciter vous-même les entreprises. Toutes celles qui recrutent pour l'été ne passent pas forcément une annonce. Elles comptent sur le bouche à oreille. (Avant d'envoyer votre candidature spontanée, vous pouvez aussi les appeler pour savoir si elles ont des besoins particuliers.)

25 • [s] → « s » : le capitalisme, la coexistence, le conseil des ministres, la constitution, un ministre, le Sénat, le suffrage universel, un syndicat. – « ss » : *une ambassade,* l'Assemblée nationale, la classe politique, une démission, une dissolution. – « ti » : l'Assemblée nationale, la constitution, la démocratie, la diplomatie, une dissolution, une élection, une initiative populaire, une nation, l'opposition. – « c » : les citoyens, l'hémicycle. – « ç » : la franc-maçonnerie. – « x » : [ks] l'extrême droite, les taxes.

• [z] → « s » : une crise, l'Élysée, un isoloir, l'opposition, un partisan, un président. – « x » : [gz] la coexistence, le pouvoir exécutif.

26 (Les mots de l'exercice sont en italique.)
1. Le « s » final se prononce : • « -as » → Dans quelques mots : *un ananas*, un as, un atlas*. – • « us » → Dans la majorité des mots : *un bus*, un blocus, un bonus, *un campus*, un cursus, un hibiscus, un lapsus, *un prospectus*, un rictus, *un virus*… – • « -os » → Dans les mots suivants : un albatros, un albinos, le Calvados, *le cosmos*, Éros, le Laos, un mérinos, intra-muros, *un os*, le pathos, *un rhinocéros*, le tétanos, un thermos. – • « -is » → Dans quelques mots : un iris, *un lys*, du maïs, *une oasis, le tennis*, un tournevis, une vis / bis, gratis, *jadis*. – • « -ès » → Dans quelques mots : un exprès, un faciès, Hermès, un herpès, un kakatoès, *un palmarès, un pataquès*, du xérès / un express. – • « -ous » → Dans quelques mots : *un burnous*, un couscous*, tous*.

2. Le « s » final ne se prononce pas : • « -as » → Dans la majorité des mots : *un ananas**, le bas, *un bras*, un cabas, un cadenas, un canevas, un cas, un compas, un coutelas, un débarras, un haras, un lilas, un mas, *un matelas, un pas, un repas, un tas*, un tracas, le verglas… – • « -us » → Dans les mots suivants : *un abus, un intrus, un jus*, un obus, un pardessus, le pus, un rébus, un talus / diffus, inclus, obtus, perclus, reclus / ci-dessus, *le dessus*. – • « os » → Dans les mots suivants : un avant-propos, *le chaos, un dos*, un enclos, *les os, un propos, le repos*, un tournedos / gros, clos, mi-clos, dispos. – • « -is » → Dans la majorité des mots : assis, compris, concis, indécis, précis, soumis… / un avis, *une brebis*, un colis, un coloris, un croquis, un devis, *le mépris, le paradis*, un permis, un préavis, un radis, une souris, *un tapis,* un vernis, un vis-à-vis… – • « ès » → Dans quelques mots : un abcès, un accès, *un congrès*, un cyprès, *un décès, un excès, du grès, un procès*, un progrès, *un succès* / après, auprès, près, très. – • « -ous » → Dans la majorité des mots : sous, *les dessous*, au-dessous, *nous*, vous, tous*, *un burnous*, un rendez-vous*, un remous / absous, dissous, résous…

* Pour ces mots les deux prononciations sont possibles.

27 **Dictée :** Monsieur,
Suite à notre conversation téléphonique concernant votre projet publicitaire, j'ai le plaisir de vous adresser, ci-joint, une liste de propositions.
Je précise, qu'en ce qui me concerne, je suis disponible dans un mois et serai en mesure de réaliser personnellement votre projet.
Je reste à votre entière disposition pour toute

information ou précision qui vous serait nécessaire.
Dans l'attente de votre réponse, veuillez agréer, Monsieur, l'expression de mes salutations distinguées.   Jules Bazin

28 Écriture créative : exemples
Phrases : • Les sœurs Zoé et Zélie sèment la zizanie, mais Zélie nie et Zoé rit. – • Choisis six cents chemises et si ces six cents chemises sont réussies, choisis-en six cents autres.
Texte : Suzette : – Ciel ! Cécile ma sœur, si la chose se sait…
Cécile : – Mais tais-toi donc Suzette, ceci est un secret. Es-tu sûre ma Suzette de celer mon secret ?
Suzette : – Cécile je te l'assure, je tairai ce secret.
Cécile : – Mais si par un hasard la chose se savait ?
Suzette : – Si le secret se sait, c'est qu'il se sera sauvé.
Cécile : – Ciel ! et si par hasard ce secret se sauvait ?
Suzette : – Ce ne serait, Cécile, certes pas le premier !   *MLC*

IV/2 Les consonnes [ʃ] [ʒ] (p. 159-166)

1 1. Juliénas – 2. **Ch**ablis – 3. Clos de Vou**g**eot – 4. Crozes-Hermita**g**e – 5. **Ch**ignin – 6. Saint-Joseph – 7. **G**evrey-**Ch**ambertin – 8. **Ch**âteau Margaux.

2 A. *cage*, bouche, ange, fige, hache, beige. B. *léger*, boucher, cachot, âgé, des champs, agi. C. *choix*, joue, chute, chêne, jarre, gîte.

3 1. Mettez-les dans le cachot ! – 2. Attention à la marche ! – 3. On va dans le Gers. – 4. C'est chaud. – 5. C'est un potage.

6 1. le chiffrage – 2. le séchage – 3. le défrichage – 4. l'affichage – 5. l'accrochage – 6. le parachutage – 7. le marchandage – 8. l'échafaudage.

10 *Premier étage gauche.* Un agent de change est plongé dans ses chiffres. – *Premier étage droite.* Une femme de ménage range le linge repassé. – *Deuxième étage gauche.* Un étrange personnage cache des objets sous les lits. – *Quatrième étage droite.* Une journaliste tchèque rédige un reportage pour le journal « Voyages ». – *Dernier étage gauche.* Un singe essaie de s'échapper de sa cage. – *Sous les toits.* Deux jeunes fument en cachette dans un logement inoccupé.

11 1. « Le Petit Chaperon rouge », c'est l'histoire d'une grand-mère *qui est mangée par un méchant loup et sauvée par un gentil chasseur.* – 2. « Le Chat botté », c'est l'histoire d'un chat reçu en héritage *qui se charge de faire la fortune de son maître.* – 3. « Les Cygnes sauvages », c'est l'histoire d'une méchante reine *qui jette des sorts et change les fils d'un roi en cygnes sauvages.*

15 1. – Oh oui… *quel chargement !* / 2. – Oui, dis donc, *quel orage !* / 3. – Oui… *et que des jeunes surtout !* / 4. – Et *quelle belle moustache !* / 5. – Oui, *mais quelle chaleur !* / 6. – Oui, *quel changement !*

22 Dictée : 1. Je voudrais retoucher des photos. Quel logiciel pourrais-je télécharger ? – 2. Ma messagerie ne relève plus les messages. Aidez-moi ! – 3. J'envoie un fichier en PDF : on me dit qu'il est endommagé. Que puis-je faire ? – 4. Je cherche un bon plan pour un Iphone pas cher. – 5. Je crois que j'ai perdu tous mes montages vidéo en changeant d'ordi. Est-ce que j'ai une chance de les récupérer ? – 6. J'ai un problème d'affichage. Comment est-ce que je peux ajuster la page à la taille de l'écran ? – 7. Puis-je récupérer un fichier que j'ai jeté dans la corbeille ?

23 Écriture créative : exemples
Phrases : • Si tu me fauches ma robe jaune, moi, je m'en fiche, je te fauche ta robe fuchsia. / • Un chenapan a fauché les hachoirs du boucher qui a appelé les gendarmes. / • Les pigeons jouent dans les joncs devant le pigeonnier du château.
Texte : Le juge : – Vous êtes bien jolie Mademoiselle Julie. Belles joues rouges, bien jolies jambes, charmants genoux, bouche engageante. Vous êtes aguichante, Mademoiselle Julie.
Mademoiselle Julie : – Sachez, Monsieur le Juge, sauf votre respect, que je n'aguiche pas les hommes un peu âgés.   *MLC*

IV/2 Les consonnes [s] [ʃ] [z] [ʒ] (p. 167-172)

1 1. chance : [ʃ]-[s] – 2. souche : [s]-[ʃ] – 3. sachet : [s]-[ʃ] – 4. chasseur : [ʃ]-[s] – 5. c'est cher : [s]-[ʃ] – 6. six chats : [s]-[ʃ] – 7. chanson : [ʃ]-[s] – 8. chez soi : [ʃ]-[s].

2 1. gaz, gaz, gage : 1-2 – 2. zen, gêne, gêne : 2-3 – 3. zèle, gel, zèle : 1-3 – 4. geste, zeste, zeste : 2-3 – 5. léger, lésé, léger : 1-3 – 6. ose, ose, auge : 1-2.

CORRIGÉS

4 1. Qu'ils s'enrichissent ! – 2. Qu'ils se rafraîchissent ! – 3. Qu'ils franchissent la frontière ! – 4. Qu'ils s'affranchissent ! – 5. Qu'ils ne s'avachissent pas !

9 1. Qu'elle répète son texte jusqu'à ce *qu'elle le sache* ! – 2. Qu'on les cherche jusqu'à ce *qu'il fasse nuit* ! – 3. Qu'on ne me dérange pas jusqu'à ce *que les résultats soient affichés*. – 4. Qu'on ne touche à rien jusqu'à ce *que la police soit arrivée*. – 5. Qu'on les laisse réfléchir jusqu'à ce *qu'ils soient sûrs de leur choix*. – 6. Que personne ne bouge jusqu'à ce *que nous ayons donné le signal de départ* !

16 Dictée : Chers amis,
Je vous écris de ma chambre… Je suis en voyage au Japon, mais je ne recherche pas les endroits touristiques. Au contraire, je les fuis et je me plonge en revanche dans le silence de lieux insolites. C'est le printemps et les cerisiers sont chargés de fleurs. C'est un plaisir des yeux ! Les gens que j'ai la chance de rencontrer sont charmants et très gentils… Je suis touchée par ce pays, son histoire et ses traditions. J'espère que vous allez bien. Sincèrement. Chantal

17 Écriture créative : exemples
Phrases : • Sacha et Joséphine jouent à chat perché depuis six heures. – • Et si j'osais ? Et si j'osais vous supplier à genoux de me chanter une chanson ? – • Je vous assure, laissez les gens jaser si ça les amuse.

Texte : Charles chuchote
Zoé zozote
Suzon susurre
Zazie s'insurge
Suzie jacasse et Georges jase.   MLC

IV/2 Les consonnes [ʒ] [j] [ɲ] (p. 173-179)

1 1. rage – 2. volaille – 3. rouille – 4. vitrage – 5. maille – 6. âgé – 7. bougie – 8. piller – 9. caillou – 10. pigeon.

2 … nationale, notamment les vins de Bourgogne, de Champagne, du Beaujolais et du Bordelais. Il n'y a pas de grands crus en Auvergne, mais cette région volcanique est connue pour ses eaux pétillantes. Il n'y a pas non plus de grands vins en Bretagne et en Normandie, mais on y boit d'excellents cidres.

3 1. un envoi → un envoyeur, un envoyé (spécial) / (r)envoyer. – 2. un balai → une balayette, le balayage, un balayeur / balayer. – 3. une paie, un paiement → une paye, un (mauvais) payeur / payer. – 4. un essai → un essayage / essayer. – 5. la monnaie → un faux-monnayeur / monnayer. – 6. une craie → un crayon / crayonner.

4 débrayer → le débrayage – nettoyer → le nettoyage – maquiller → le maquillage – essayer → l'essayage – gaspiller → le gaspillage – convoyer → le convoyage – piller → le pillage – balayer → le balayage.

6 Le paysage est grandiose. – Il règne une paix totale. – Les jeunes filles ont le sourire aux lèvres – L'accueil a été mémorable. – Ce voyage est merveilleux !

7 • **Pavillon « Les Glaïeuls »** : M. Bigeard sort accompagner sa fille à un stage de judo. La compagne de M. Bigeard sommeille dans un fauteuil au soleil.
• **Pavillon « Les Fougères »** : La famille Royal est en voyage aux Antilles. Leur jardinier repeint la grille et le grillage du jardin.
• **Pavillon « Les Jonquilles »** : Mᵐᵉ Castagnau opère un grand nettoyage du pavillon. M. Castagnau joue au billard avec son gendre. / Camille et Camomille cueillent des groseilles en riant.
• **Pavillon « Les Œillets »** : Rougemont, le romancier, qui lit sous le tilleul, souligne au crayon des passages de La Bruyère.

8 1. Pourquoi me **craignent**-ils ? Je n'aime pas qu'on me **craigne**. – 2. Pourquoi **feignent**-elles de ne rien savoir ? C'est incroyable qu'elles **feignent** l'ignorance. – 3. Pourquoi n'**éteignez**-vous pas la télévision ? Il faut que vous **éteigniez** ! – 4. Pourquoi me **contraignez**-vous ? Vous savez bien que je n'aime pas qu'on me **contraigne**. – 5. Pourquoi ne **peignez**-vous plus ? On aimerait bien que vous **peigniez** à nouveau.

9 1. Veuillez *surveiller votre langage*. – 2. Veuillez ne pas nous déranger et *éloigner les journalistes*. – 3. Veuillez avoir l'obligeance de *m'envoyer une facture détaillée*. – 4. Ayez la gentillesse de *me parler sans hargne et de ne pas me tutoyer*. – 5. Soyez assez aimable pour *être bref et ne pas vous éloigner du sujet*.

11 1. Moi, je suis *bijoutier, horloger-bijoutier*. – 2. Moi, mon travail, *c'est balayer, nettoyer, passer la serpillière*. – 3. Moi, je travaille *dans une agence de voyage*. – 4. Et moi, *dans un village de Bourgogne, je suis employé municipal*. – 5. Moi, je gagne ma vie *en faisant des petits déménagements*.

CORRIGÉS

18 **Dictée (carte postale) :** Après avoir sillonné les vignobles du Beaujolais et de la Bourgogne, nous voilà à Lyon. On déguste des spécialités lyonnaises délicieuses, accompagnées de vins merveilleux. Les enfants ont voulu voir le théâtre de marionnettes. Nous avons donc fait la connaissance du légendaire Guignol, de sa femme Madelon, une ménagère débrouillarde, de Gnafron, amateur de Beaujolais, de Flageolet le gendarme et de plein d'autres personnages… Tout le monde se joint à moi pour vous envoyer nos meilleures pensées.   Jeanne

19 **Écriture créative : exemples**
Phrases : • Il vaut mieux surveiller les lieux ; ça grouille de fripouilles et de canailles. – • Le chandail rouge est à ta taille, c'est le seul qui t'aille. – • Il magouille, je bredouille, tu bafouilles. Tout cafouille !
Texte : À la montagne,
à la campagne,
en Auvergne
ou en Bretagne,
à Avignon,
à Perpignan,
où que tu ailles,
emmène-moi.

IV/3 Les consonnes [R] *(p. 180-186)*

1 **1.** par (1) – **2.** phare (2) – **3.** père (2) – **4.** guerre (1) – **5.** sourd (2) – **6.** lire (1).

2 **1.** J'errerai encore longtemps. – **2.** Tu serreras les dents. – **3.** Elle espérera toute sa vie. – **4.** Il s'emparera du pouvoir. – **5.** On le pleura beaucoup. – **6.** Il mourrait sans son chien.

6 **1.** Ce ne sera pas indolore, ça fera un peu mal. – **2.** On se reverra, on se retrouvera. – **3.** Nous serons nombreux, mais j'organiserai tout et j'achèterai le nécessaire. – **4.** Si tu te rendors, tu ne te lèveras pas. – **5.** Nous le rappellerons quand nous serons de retour.

9 • Le ministre de l'Intérieur reçoit des représentants des gendarmes et des CRS. / • Le ministre des Sports regarde une rencontre sportive à la télévision. / • Le nouveau ministre des Armées répète la Marseillaise. / • Le ministre du Travail prend un peu de repos en écoutant Schubert. / • Le ministre de la Culture prépare un discours pour une inauguration. / • Le ministre des Affaires étrangères regarde par la fenêtre.

16 Bonjour Rémi… J'arriverai en train, à la gare du Nord, mercredi trente octobre. / Si par hasard, tu pouvais te libérer, pourrais-tu venir me chercher ? / Je resterai au « Café du départ » – derrière la gare – jusqu'à quatre heures moins le quart. / Si, à cette heure-là, tu n'y es pas, je prendrai le métro et je t'attendrai derrière le « Bar du RER » entre quatre heures et quatre heures trente. / Si, à cette heure, tu n'as toujours pas pu te libérer, rendez-vous alors le soir à la « Brasserie Georges » vers vingt heures. /
À mercredi soir au plus tard ! / Conserve ce message, je ne pourrai pas te rappeler et tu ne peux pas me joindre.

19 **Dictée :** On coupera les bois morts, on taillera les rosiers, on arrachera les herbes folles. On retournera la terre et on la fumera. On sortira de la serre les pots qui y ont passé l'hiver. On sèmera, on plantera, on arrosera. Voilà ce que nous ferons à la fin de l'hiver, dès que les premiers bourgeons sortiront. Et puis, on surveillera, on attendra que tout cela sorte de terre.

20 **Écriture créative : exemples**
Phrases : • Si les dictatures durent, les dictateurs meurent. – • Trois gros rats, qui trottaient sur un étroit trottoir, rencontrèrent soudain trois étranges tortues. – • File dare-dare à la gare, car l'autocar n'attendra pas si tu es en retard !
Texte : **Crime**
Roues qui crissent
Freins qui freinent
Porte qui grince
Pas qui résonnent
Homme qui crie
Chien qui hurle.   *MLC*

IV/23 Les consonnes [R] [l] *(p. 187-194)*

1 • **En finale :** [R] → *la mer,* un navire, un phare, un port. / [l] → *le littoral,* une île, un atoll, une voile. – • **À l'initiale :** [R] → *une rade,* des rouleaux, un requin. / [l] → *le littoral,* une ligne. – • **Entre deux voyelles :** [R] → *un marin,* la marée, un ouragan. / [l] → *une falaise,* les goélands, des galets, une baleine. – • **[R] ou [l] + C :** [R] → *une tornade,* une barque / [l] → *des algues,* un golfe. – • **C + [R] ou [l] :** [R] → *une crique,* des embruns, un crabe. / [l] → *le clapotis,* le sable, les flots, une plage.

7 **1.** C'est certainement **ill**égal. – **2.** C'est peut-être **irr**émédiable. – **3.** Ça paraît **ill**ogique. –

CORRIGÉS

4. Ça semble **irr**égulier. – **5.** Ça me semble **ill**égitime. – **6.** Ça a l'air **irr**éparable. – **7.** C'est un être **irr**éfléchi, **irr**ationnel et **irr**esponsable.

10 *Salle de restaurant 1.* Le personnel prépare la salle, dresse les tables. – *Salle de restaurant 2.* Le sommelier râle ; il cherche partout sa carte des vins, le maître d'hôtel plaisante : « Encore ! » – *Bar.* Des journalistes s'interpellent, commandent, trinquent ; le barman <u>est</u> débordé. – *Salon Goncourt.* Le jury du prix Goncourt délibè<u>re en</u>core, porte close. – *Salon Colette.* On dispose des fleurs sur la table de deux couverts. – *Salon Rodin.* Une grande tab<u>le o</u>vale est dressée. – *Salon Renaudot.* Le salon est <u>en</u> travaux. – *Salon Goncourt.* La porte s'ouvre. Le président du Jury sort. – La foule s'approche, les micros se bousculent.

15 1. Bravo et merci pour votre repas ! *Un vrai régal !* – 2. Bravo pour votre organisation ! *Remarquable !* – 3. Bravo et merci pour votre article ! *Lumineux et… courageux.* – 4. Bravo pour votre réélection ! *Ce n'est pas une surprise, mais bravo tout de même.*

19 Je vous montrerai ses richesses : ses <u>é</u>glises baroques, ses palais, ses villas coloniales ou russes. Nous flânerons sur la promenade des <u>A</u>nglais, puis vous serez libres de déjeuner dans la ville, là où vous le souhaiterez. Vers trois h<u>eu</u>res, nous nous retrouverons sur le port et nous nous rendrons en car à la célèbre principauté de Monaco. Nous prendrons le temps de visiter le musée océanographique et nous ferons une halte dans le jardin exotique, puis nous rejoindrons la place du Palais avant de visiter les rues de la vieille ville. Nous reviendrons à l'hôtel, pour le dîner, entre vingt h<u>eu</u>res et vingt h<u>eu</u>res trente.

23 Dictées : **1.** Madame, Monsieur,
Je souhaiterais réserver, pour la période du 3 au 6 avril, une chambre dans votre hôtel qui m'a été recommandé par de nombreuses personnes. Nous souhaiterions une grande chambre double, au calme et sur cour, et une chambre à deux lits au même étage. Nous vous enverrons des arrhes dès que nous aurons reçu votre réponse.
Salutations distinguées.
2. Madame, Monsieur,
Nous souhaiterions faire le tour de votre île avec un groupe d'amis. Il nous faudrait douze vélos adultes pour le quatorze juillet. Vous serait-il possible de nous les réserver ou, si cela ne vous est pas possible, de me le faire savoir rapidement afin que nous prenions d'autres dispositions, car en arrivant à douze nous ne pouvons pas improviser. Merci de votre réponse rapide.

24 Écriture créative : exemples
Phrases : • Angèle la boulangère se gèle chez elle avec sa belle-mère Esther. – • Les flics ont trouvé du fric et un flingue dans les fringues du frère d'Albertine Blansec. – • Pourquoi Anatole ne rit-il pas ? Pourquoi Anatole est-il toujours en train de ronchonner, de râler, de rouspéter ? Qui pourrait me le dire ?
Texte : Avez-vous remarqué l'air très hagard d'Edgar, l'air égaré d'Édouard, l'air ahuri d'Igor et celui éberlué de notre cher Albert ? Qu'est-il donc arrivé ? Faut-il craindre le pire ?

MLC